马克思主义文艺理论中国化时代化研究论文集

第1辑

中国文联理论研究室 ◎ 编

中国文联出版社

图书在版编目（CIP）数据

马克思主义文艺理论中国化时代化研究论文集. 第1辑 / 中国文联理论研究室编. -- 北京：中国文联出版社，2023.6
　　ISBN 978-7-5190-5203-4

　　Ⅰ. ①马… Ⅱ. ①中… Ⅲ. ①马克思主义－文艺理论－中国－文集 Ⅳ. ①A811.691-53

中国国家版本馆CIP数据核字(2023)第091925号

编　　　者	中国文联理论研究室
责任编辑	徐国华
责任校对	潘传兵
封面设计	吴燕妮
出版发行	中国文联出版社有限公司
社　　　址	北京市朝阳区农展馆南里10号　　邮编　100125
电　　　话	010-85923025（发行部）　　010-85923091（总编室）
印　　　刷	北京地大彩印有限公司
开　　　本	787毫米×1092毫米　　1/16
印　　　张	26
字　　　数	337千字
版　　　次	2023年6月第1版第1次印刷
定　　　价	78.00元

版权所有·侵权必究
如有印装质量问题，请与本社发行部联系调换

编辑说明

2020年11月4日至6日，由中国文联主办，中国文联理论研究室、中国文联文艺评论中心、中国文联网络文艺传播中心、中国艺术报社承办习近平总书记文艺工作重要论述理论研讨会在北京召开。会议旨在深入学习贯彻习近平总书记文艺工作重要论述，进一步加强新时代马克思主义文艺理论建设。会议筹备期间，承办方面向全国文艺理论界和文联系统征集了一批学习研究习近平总书记文艺工作重要论述的理论文章，经过遴选，部分优秀论文作者参加了会议。同年12月，遴选的论文由《中国文艺评论》杂志以增刊的形式刊发。

为进一步推动习近平总书记文艺工作重要论述学习宣传贯彻和研究阐释，为新时代文艺工作和文联工作高质量发展提供理论遵循和行动指南，按照中国文联党组指示，中国文联理论研究室现将遴选出的优秀论文汇编成《马克思主义文艺理论中国化时代化研究论文集》（第1辑）出版发行。

文章根据内容分为学习体会、创作心声、理论阐释、工作探讨四个部分，相信对于推动广大文艺工作者学习贯彻习近平总书记文艺工作重要论述，研究阐释马克思主义文艺理论中国化时代化的最新成果，推进新时代文艺创作和理论评论具有积极的参考价值。文章作者信息沿用增刊发表时的信息，特此说明。

中国文联理论研究室
2023年6月

目 录

学习体会

（按作者姓氏笔画排序）

让文艺成为人民生活的精神支柱	王廷信	3
文艺作品要以人民为主角	毛时安	9
试论习近平总书记的文艺人民性思想	方竹学	17
"两创"方略的坚实基础、实践路径、理想境界	仲呈祥	23
论当下文艺的"人民性"	向云驹	29
发挥少数民族文艺在铸牢中华民族共同体意识中的作用	刘 成	38
以人民为中心　拓展文艺创作路径	祁述裕　王筱淇	45
文艺审美中人民主体地位的多维存在	张 晶	51
从"人民性"到"以人民为中心"的文艺观	张玉能	58
网络文艺安全是时代新课题	张金尧	66
社会主义核心价值观是文艺作品的精神支柱	张德祥	73
为人民鼓舞而从之	罗 斌	79
文艺人民性的内在向度	金永兵	87
坚持现实主义的广阔道路	孟繁华	92

新时代的文艺最需要释放"正"能量 .... 胡崇炜　97
试论以人民为中心的艺术追求和影视创作实践 .... 葛学斌　104
在新思想指引下勇攀文艺高峰 .... 董学文　112
新时代文艺中国精神表现途径刍议 .... 蒋述卓　119
坚持以人民为中心创作导向的当代意义 .... 路　侃　125

创作心声

（按作者姓氏笔画排序）

本立而道生
　　——对中国书协三场重要活动的一点体会 .... 叶培贵　135
扎根生活沃土　攀登艺术高峰 .... 冯双白　142
从人民中来　到人民中去
　　——谈电影《周恩来回延安》的艺术创作 .... 刘　劲　148
文学书写应积极有效回应时代关切 .... 刘　琼　155
努力开创新时代西藏摄影人的新境界 .... 赤列江才　161
人民的需要就是我创作的动力
　　——以人民为中心创作导向的实践与体悟 .... 张千一　167
词为人民写　歌为人民咏
　　——从《奋斗才有幸福来》歌词创作谈起 .... 张咏民　174
心中有观众　下笔才有神 .... 陈涌泉　180
为时代发声　写人民故事 .... 林蔚然　186
摄影要纪人民之实 .... 晋永权　192
新时代再造红色曲艺经典 .... 贾振鑫　198

理论阐释

（按作者姓氏笔画排序）

当代中国文艺评论三题 .... 王一川 207
中国杂技创作的当代进步 .... 尹　力 214
人民认可是影视评论的首要任务 .... 厉震林 221
坚持新时代文艺批评的最高标准 .... 白建春 228
"以人民为中心创作导向"的理论实践维度及时代内涵 .... 李　晶 233
向"以人民为中心"的舞蹈创作高地而动 .... 张　萍 239
当代书法如何把握人民的需求 .... 张瑞田 247
在新时代语境下重构人民文艺 .... 陈耀辉 253
提升新时代文化治理体系十策 .... 郑晓幸 260
论网络文艺的人民性 .... 郑焕钊 266
刍议京剧的现代转换 .... 单跃进 274
主题性美术创作中的"人民性"表达 .... 孟宪平 281
人工智能发展与网络文艺的人民性 .... 赵丽瑾 288
"以人民为中心"文艺创作三题 .... 胡智锋　徐　梁 294
人民群众是艺术的欣赏者，更是创造者 .... 傅道彬 300
文艺价值的精神向度 .... 蔡　毅 307
坚持以人民为中心
　繁荣发展新疆少数民族文学 .... 赛娜·伊尔斯拜克 314
坚持"以人民为中心"创作导向
　把握好文艺实践的几对关系 .... 戴　清 322

工作探讨

（按作者姓氏笔画排序）

国家治理体系现代化视角下文联职能及其实现	王　晓 331
围绕中心　多翼互动	
推动河南文联工作和文艺事业创新发展	王守国 338
以人民为中心，以精品服务人民	邓长青 344
文艺"人民性"的遵循与实践	张小莉 351
繁荣发展社会主义文艺的有生力量	
——深圳市发挥"文艺两新"作用的	
实践与探索	张忠亮　刘上江　林坤城 357
锻造"四力"能力　做文艺调研高手	陈　冰 364
坚持以精品奉献人民的浙江实践与思考	陈　瑶 369
在深入生活、扎根人民中进行无愧于时代的文艺创造	武雪梅 375
坚持以人民为中心的创作导向的湖南认识与实践	欧阳斌 384
立足云南　深挖民族文化　开创少数民族电影新时代	赵春明 390
评文论艺以明德　培根铸魂为复兴	
——"傅雷杯"全国文艺评论征文大赛启示	胡晓军 396
为人民创作　为时代讴歌	柳　萍 402

学习体会

让文艺成为人民生活的精神支柱

王廷信　中国传媒大学艺术研究院常务副院长、教授

习近平总书记指出:"人民不是抽象的符号,而是一个一个具体的人,有血有肉,有情感,有爱恨,有梦想,也有内心的冲突和挣扎。"[1] 有关"人民"的概念,在不同历史时期都有不同的理解或界定。当人民被当作一个集合性的词汇来理解时,它所代表的当是由众人组成的群体,也是一种社会性的群体。在这个群体中,每个人的意志虽各有区别,但共同的意志是存在的,那就是生存和更好地生存。在新时代,中国社会的主要矛盾已经转化为人民日益增长的美好生活需要和不平衡不充分的发展之间的矛盾。人民就是对美好生活有期待的有血有肉的人,也是对更好地生存怀有梦想的具体的人、生动的人。而文学艺术作为人民精神生活的寄托,就应把人民的愿望当作出发点和归宿。

---

[1] 习近平:《坚持以人民为中心的创作导向》,《习近平谈治国理政》第二卷,北京:外文出版社,2017年,第317页。

一

　　创作是文艺活动的核心，作品是文艺存在的根本。古往今来，举凡优秀的文艺作品都深刻地吸引着人民，每件经典的文艺作品之所以被广为传颂，虽然境况各有不同，但有一点是相同的，那就是广大人民能够从作品中看到自身的影子，或以寄情、或以明志、或以抒怀。人民的爱恨情仇均可借以合理释放，并转化为生活的动力。要而言之，都是因为这些作品从不同侧面映射出人民的心声。鲁迅是中国现代文学史上的巨匠，他的《阿Q正传》中的阿Q、《祝福》中的祥林嫂之所以能作为经典形象长期被人们所把玩、所体味，是因为阿Q形象代表了那个时代相当一部分农民的典型性格，祥林嫂形象也体现了那个时代相当一部分农村女性典型的生存境况和性格特征。鲁迅正是借助诸如阿Q、祥林嫂等一系列鲜活的人物形象，深刻反映了潜藏在那个时代人们心底的叹息，捧出了那个时代底层人民被欺凌的灵魂，是文学创作贴近人民的典范。

　　朱熹云："问渠那得清如许？为有源头活水来。"何为活水？与人民的愿望紧密相连、息息相关的生活就是活水，人民所感所想、所爱所恨、所言所为就是活水。文艺清流正是源自这片活水。也正是从这个意义上说，习近平总书记指出："艺术可以放飞想象的翅膀，但一定要脚踩坚实的大地。文艺创作方法有一百条、一千条，但最根本、最关键、最牢靠的办法是扎根人民、扎根生活。"[①] 任何脱离人民愿望的想象，都会被人民所唾弃、为历史所淘汰。如果说杜甫没有底层生活

[①] 习近平：《坚持以人民为中心的创作导向》，《习近平谈治国理政》第二卷，北京：外文出版社，2017年，第319页。

的经验，就很难创作出一首首如泣如诉的诗作；如果说鲁迅没有对他所处时代的农民生活的谙熟，不能深入悉心体察他所处的时代农民的心理特征，就很难塑造出一个个反映国民性格弱点的农民形象；如果说柳青没有在皇甫村长达14年的居住经历，融入当地农民生活、充分了解和体验当地农民的情愫，就无法创作出具有时代特征的长篇巨著《创业史》；如果说赵树理未曾体验过晋东南地区如火如荼的百姓生活，不熟悉晋东南地区人民的语言和长期养成的生活习惯、价值追求，也无法成为"山药蛋派"的领袖。

马克思曾在《1844年经济学哲学手稿》中提出"人的本质力量对象化"的命题。他说："人不仅通过思维，而且以全部感觉在对象世界中肯定自己。"[①] 在马克思看来，人的本质力量是人在改造自然、改造社会中体现出来的精神力量，它是让人摆脱自然和社会束缚的自由力量。如果说生存只是为了保全生命、延续生命的话，那么更好地生存就是为了赢得生命的品质，这些品质体现出人的自由意志和生命尊严。人民吃不饱、穿不暖、行不通、住不敞，人民对于美好生活的需要不能得到满足，何谈自由和尊严？艺术是凝结着人的情感的感性形式，文艺作品是文学家、艺术家为民众创作出来的感性对象，民众对于艺术作品的欣赏也需要"以全部感觉在对象世界中肯定自己"。如果我们的文艺作品不能深刻反映人民的幸福和疾苦，如果我们的文艺创作脱离群众，创作出大量人民不愿欣赏、无法欣赏的作品，那么人民如何从中得到启示和激励？如何从中感受到自己意志的自由和生命的尊严？鲁迅的小说之所以深刻，是因为它像一面清晰的镜子，能够映射出鲁迅所处时代底层人的精神世界，能让读者从阿Q形象中看到自己阿Q的一面，从祥林嫂形象中看到自己祥林嫂的一面，能让人们从对阿Q

---

① 马克思：《1844年经济学哲学手稿》，见杨炳编：《马克思恩格斯论文艺和美学》（上），北京：文化艺术出版社，1982年，第36页。

和祥林嫂性格弱点的否定中肯定自己。

二

在新时代的中国，人民不仅体现为工人、农民这些站在生产第一线的人群，也体现为干部、知识分子、军人等所有以合法劳动为社会创造财富的个体组成的群体。在当代中国，举凡以合法劳动为自己创造财富、为社会贡献力量的人，均是人民的一员。因此，文艺要紧随时代的步伐，要在由不同的社会角色构成的复杂的社会体中感受人民的呼吸、触摸人民的脉搏，进而从这个复杂的社会体中捕捉人民的灵魂、塑造人民的形象。

社会是由一个个追求公平和正义的鲜活的人组成的，文艺工作者不能站在个人的狭隘立场上，而是要站在充分维护人民正当权益的公平、正义的立场上，扎根人民生活，体察人民诉求、反映人民的精神愿望。当正义不能及时来到人民身边时，文艺要为正义的迟到甚或缺席疾呼；当人民的尊严受到蔑视时，文艺要为人民的尊严而战；当人民的生命受到威胁时，文艺要成为人民捍卫生命的精神支柱；当人民的自由遭到践踏时，文艺要成为守护人民自由的使者。优秀的文艺作品都能成为人民实现美好愿望的情感寄托和精神动力。当生活遭遇坎坷时，人民都会从优秀的文艺作品中找到生存的精神依据；当生活喜遇幸福时，人民也能从优秀的文艺作品中找到抒怀的通道。

托尔斯泰在小说《安娜·卡列尼娜》中写道："幸福的人都是相似的，不幸的人各有各的不幸。"在当代中国，由于人民日益增长的美好生活需要和不平衡不充分的发展之间的矛盾，幸福和不幸并存，文艺创作尤其不能忘记那些还处在不幸之中的人群。习近平总书记高度重视西部民族地区的脱贫攻坚工作，强调全面建成小康社会"一个都不能少"，这是我们党不忘初心、牢记使命的具体体现。物质贫困是直接关系到人民进入小康生活看得见的障碍,精神贫困则是阻挡人民进入小康生活摸不到的"绊脚石"。文艺工作者不仅要担当起让众多尚处于物质贫困中的人群进入美好生活而呐喊的职责,还要担当起让无数仍然处在精神贫困中的人群进入美好生活而助威的重任。

三

文艺创作是一项高度精神化的活动,文艺工作者要善于体察人民的精神愿望、洞悉人民的情感结构、反映人民的生命意趣、激发人民的生命意志。

人民的精神愿望渗透在人民忙碌而辛劳的生活当中。人民生活有如一片茂密的丛林,不深入其中,是难以体察其丰富性和深刻性的。不扎根人民、深入人民生活,就像站在丛林外品味丛林一般,难以了解人民当中一个个鲜活而具体的生命的长势和愿望,不会从他们的汗水中嗅到劳动的艰辛,不会从他们的言谈中感受到生活的苦乐,不会从他们的表情中体会到埋在心底的无奈,也不会从他们的由衷一笑中觉察到对于幸福的体验。当还有无数儿童因贫困而不能上学时,当还有无数患者因缺钱而不能就医时,当还有大量老人因体衰而万般无助时,当还有大批"寒士"因缺"广厦"不得安居而少欢颜时,当还有众多善良者被恶势力强暴而蒙受冤屈时,文艺创作者心中要有他们、笔下要写他们,要让他们的精神愿望化为国家兴旺、社会进步的能量。

人民的情感结构都是在特定的文化环境和社会境遇中塑造的。情感结构具体表现为人对安危的担忧、对命运的无奈、对美好生活的向往等,呈现出强烈的经验特征,直接决定着人的心理状态、情绪表达和具体行动。每个时代的人民都有每个时代人民的情感结构,皆因其所处的文化环境和社会境遇而不尽相同。人民是一个整体,在这个整体中,每个人的情感结构都是特殊的、珍贵的。文艺工作者要善于从人民所处的文化环境和社会境遇中洞悉不同人特殊的情感结构，要在这种情感结构中找到人民的思维方式、表情方式和行动方式，才能让作品真正从情感结构的深处贴近人民，也才能真正反映人民的心声。罗中立的《父亲》描画了中国社会转型时期一位普通农民的形象。这个形象之所以感人，正是由于他抓住了20世纪70年代末中国农民的情感结构，让观众从"父亲"满脸皱褶中、从其皴裂的双手所捧的饭碗中、从其深邃的目光中看到了中国农民对于生活的期待。

人民的生命意趣是在具体可感的生活中体现的。中国地大物博、人口众多，不同的地区、不同的民族都有各自的风尚。不同地区、不同民族的人民也都生活在这些风尚当中，并在其中创造价值、展现价值、感受价值。文艺家要在百姓具体可感的生活中体会其生命意趣和价值追求。电影《百鸟朝凤》中的焦三爷拒绝为土庄村长查老爷子吹奏唢呐曲《百鸟朝凤》，是因为查老爷子任村长时做了很多坏事，德不配曲，故酬金再多也被耿直倔强的焦三爷拒绝；而当火庄的窦村长逝世时，焦三爷主动请命、冒着生命危险为其吹奏《百鸟朝凤》，是因为窦村长赶走了日本鬼子、为村里修了水库，德配其曲，才使其葬礼上奏响了《百鸟朝凤》这首华丽金曲。电影《百鸟朝凤》真实反映了民间唢呐艺人的生命意趣和价值追求，故而催人泪下、撼人心扉。

随着中国经济社会的飞速发展，物质贫困将会逐步消除。但在中国经济社会发展过程中积累下来的诸多矛盾和问题也会导致人的精神贫困。精神贫困主要体现在一部分人对金钱权力的追逐、对社会美德的丢弃、对享乐主义的沉湎、对老弱病残的忽视、对邪恶势力的屈服等等。这些症状程度不同地体现在当代中国的社会生活中，不断侵蚀着人的灵魂、消耗着人的意志，诱人懈怠、让人沉沦。精神是立国之本、立人之魂，文艺工作者要创作出优秀的作品，就要从灵魂深处揭示这些精神贫困的根源，抑恶扬善，激发人民的生命意志，让文艺成为人民生活的精神支柱，让人民真正从精神上站起来、富起来、强起来。

文艺作品要以人民为主角

毛时安　中国文艺评论家协会原副主席、研究员

　　2014年10月15日，习近平总书记亲自主持文艺工作座谈会并发表了重要讲话。此后，习近平总书记又在多个场合多次发表相关讲话，还先后给部分文艺单位、个人回信，充分体现了党中央对文艺工作的高度重视、对广大文艺工作者的殷切关怀。习近平总书记的讲话和信件思想深刻、语气亲切，可谓字字珠玑、句句真理。其中对"以人民为中心"的创作导向的表述，我认为是最重要和最关键的。社会主义文艺，从本质上讲，就是人民的文艺。文艺就要反映好人民的心声。历史唯物主义认为，人民群众是社会实践的主体，也是书写创造历史的主体。我认为，就文艺创作者而言，"以人民为中心"首先是要明确起点，并向内注入自身、塑造自己的灵魂。必须看到，人民是文艺创作的起点，正因为人民为我们提供了素材、养料和灵感，因此文艺作品理所当然地要以人民为主角。其次是要明确归宿，并向外进行传播、引领社会的风尚。文艺工作者的作品必须使人民群众感受到中华美学精神带来的享受和喜悦，认识到自己创造时代、发展社会的价值和意义。

以人民为主角——创作方向谈

中华人民共和国的前30年,全国各族人民在党的领导下,经过艰苦卓绝的奋斗,为中国走出积贫积弱、落后挨打的历史奠定了一个坚实的发展格局。改革开放后的40多年,中国经济社会发展取得了令全世界震撼的巨大进步。创造这一人类历史上从未有过的奇迹的主体,就是全体中国人民。由此可见,中国的现当代文学艺术的最大优势,就在于时代变化的巨大幅度和社会生活的极大丰富——试问在40年前,我们怎么可能想象中国的企业能进入世界五百强且名列前茅?试问在20年前,当我们仰望比尔·盖茨的时候怎么能想象阿里、腾讯、联想的横空出世?仅以上海而言,中华人民共和国成立不久,大批的产业工人和知识分子自觉响应党的号召,奔赴祖国各地,以自己的青春、知识、智慧和技术,成为推动社会主义建设的重要力量。20世纪60年代国家暂时困难时期,上海工人在崇明岛战天斗地、围海造田,种出了农垦58号优质粮。20世纪90年代,上海的产业工人和广大市民在产业转型和城市改造的历史过程中,承受了下岗、转岗和大动迁的沉重压力和巨大风险,为上海的国际化、现代化作出了永载史册的贡献。没有人民的创造、奉献和牺牲,就不可能有今天的上海,上海的普通百姓,是值得我们文艺工作者用心去爱、用情去写的人。他们怀抱的理想和追求,他们承受的苦难和压力,他们克服的艰难和险阻,从他们的喜怒哀乐中透射、焕发的理想主义、英雄主义,以及埋头苦干、吃苦耐劳、甘于奉献的精神,值得我们文艺工作者用自己的一生,用自己的全部心力去为之描画、为之赞美、为之服务。毫不夸张地说,今天的中国是全世界素材最丰富、内容最多样的文艺富矿,中国是当之无愧的文艺素材大国。各国作家、艺术家只要来到中国,来到上海,无不惊叹、震撼于这一点。一位爱尔兰作家每天听着上海熙熙攘攘的市声,由衷地赞美:"我的窗外就是一首上海交响乐!"他希望通过在上海的写作，让世界各国读者了解巨变中的中国，特别是普通上海人的生活变迁及思想情感。一位挪威作家欣喜地说："上海是未来。我来上海后，就成为这未来中的一分子，这对我而言是个美丽的惊喜，因为一直以来，我认为自己只是属于'曾经'而已。"诺贝尔文学奖得主、法国作家勒克莱齐奥十分认同为人民而写作的理念。他认为，中国小说为普通人而写，这种面向大众的文化精神，早在孔子"有教无类"的教育思想中就体现出来了。

外国作家艺术家如此，作为中国的文艺工作者，我们更有责任、更理所应当地要表现我们的人民，为他们树立起一座座足以传世的文学艺术的丰碑。这就是"以人民为中心的创作导向"，每一位有良知、有追求的文艺工作者必须"始终把人民的冷暖、人民的幸福放在心中，把人民的喜怒哀乐倾注在自己的笔端"。

供给侧的思考——创作目的谈

从计划经济时代到中国特色社会主义市场经济时代，"以人民为中心"一直是永恒的命题，也始终充满着具体而复杂的变化。我们必须意识到，将"以人民为中心的创作导向"真正落到实处、细处，是一项与时俱进、守正创新、不断自我革新的使命。

人民，既是一个永恒的概念，又是一个内涵和外延随时代不断变化的范畴。作为文艺创作的目标群体，如今的"人民"相比过往年代的"人民"，发生了巨大而深刻的变化。在阶级矛盾、民族矛盾主导的时代，人民是一个十分清晰的群体；在计划经济时代，人民是一个整齐划一的群体。他们的衣食住行大体一致，物质和精神生活基本相似。但在市场经济时代，"人民"已经成为一个经济收入落差大、思想活跃度高、审美趣味多样化、地区发展不平衡，带有强烈、丰富的个性色彩的群体。有鉴于此，"文艺为什么人"的问题已经不再是一个绝对固化、明确、整齐、具有完全一致性的课题了。

面对这样的"人民",文艺创作要具备"供给侧的思考",即从供需关系的时代变化,来创作、提供、满足社会大众各向度、各层次、各种品位和趣味的精神文化需求。党的十九大报告指出:我国社会的主要矛盾已经转化为人民日益增长的美好生活需要和不平衡不充分的发展之间的矛盾。我们的文艺创作和传播,就要按报告所要求的那样满足人民过上美好生活的新期待,必须提供丰富的精神食粮;不断深化供给侧结构性改革,把提高供给侧体系的质量作为主攻方向。

2019年,舞剧《永不消逝的电波》问世并迅速成为一部现象级的新作品。它以充满青春活力和时代气息的艺术想象,以崭新的舞蹈叙事和精准细腻的人物塑造,再现了共产党人李侠、兰芬夫妇以爱和信念支撑起来的高贵灵魂。该剧一年演出超过百场,全国巡演几乎场场爆满,多次加演仍一票难求。该剧之所以广受人民群众的欢迎,是因为它唤醒了人们沉睡的历史记忆、触动了观众心灵的悸动,尤其是受到了年轻观众的广泛好评,发出了"我们把掌声留给英雄,把泪水留给自己"的赞叹。大量的"90后""00后"自发"二刷""三刷",苏州一位年轻警察五次开车来沪追剧。该剧在广州大剧院演出时,一位观众带着母亲从长沙一路追剧,这已是她第九次进场观剧了。在舞剧《永不消逝的电波》的供给侧看来,需方已不再满足一般化、大路货的精神文化产品,不再满足简单化、脸谱化的艺术表达。当代文艺的有效性,必须在受众的接受中才能充分实现,何况今天的观众与老一代观众相比,既有审美代际的叠加,又有审美代际的差异。他们见多识广,思维更敏捷、观念更创新,正期待着能征服他们、超越他们的艺术而不是落后于他们所期待的"艺术"。梨园行有句老话:"编戏的是骗子,演戏的是疯子,看戏的是傻子。"过去,我们面对的是急需扫盲的"傻子";今天,我们面对的"傻子"大都是大学毕业甚至拥有更高学历。这些"傻子"不但不傻,而且具备甚至超过了一般"骗子"(编剧)、一般"疯子"(演员)的水准和能力。不得不承认,至今还有不少自以为是的"骗子"和"疯子",其思想力、想象力和艺术能力远远落后于"傻子"的预期,成了在"傻子"陷阱里挣扎的猎物。

就供给侧而言,如何提高全系统的质量已经成为文艺创作的重中之重。目前文艺创作面临的瓶颈,正是精品太少,粗劣之品太多。接受美学认为,文艺创作必须以受众为中心,充分顾及读者的阅读、欣赏的精神需求。我们要努力用更多习近平总书记称颂的"像蓝天上的阳光"一样的好作品,去照亮世道、温暖人心。

深入生活永不歇——创作方法谈

进入新时代以来,现实题材创作已成为文艺主潮,从中可见一些感人的作品,可感众多创作者的热情。但遗憾的是,其中仍有不少作品明显缺乏生活的基础、生活的质感,个别甚至靠着新闻报道和艺术技巧在硬编。

生活是文艺创作的源泉。深入生活是所有文艺工作者成功的唯一法门。正如巴金所说:"如果你在自己身上找不到欢乐,你就到人民中间去吧!"1986年,他在《致青年作家》一文中写道:"所谓划时代的巨作不是靠个人的聪明才智编造出来的,它是作家和人民心贴心之后用作家的心血写出来的。"20世纪50年代初,巴金自愿参加抗美援朝志愿军慰问团,亲赴朝鲜战场深入生活将近半年。他冒着极大的生命危险,终日在前线战壕里与最可爱的人同甘共苦,开掘了他们内心深处不惜生命、保家卫国的美丽、坚强,并创作了小说《团圆》和一批散文作品。《团圆》很快被改编为家喻户晓的电影《英雄儿女》,英雄王成"向我开炮"的呐喊,成了几代人永恒的记忆。著名油画家王式廓以中国农村土改为题材的巨幅油画《血衣》,从延安时代产生了初步想法,到1949年参加北京郊区土改,1954年完成草图,1957年完成大样，再到1973年基本完成油画，历经了20个春秋寒暑。20年间，王式廓不断地去农村深入生活，对中国农民在历史瞬间爆发出来的情感和行动，有了真切的体悟和透彻的理解，可谓"二十年磨一画"，使鲜活的生活最终成为永恒的作品。

我们已进入了一个以互联网为传播手段的信息时代。社会和生活的信息以空前的速度传播着，以空前的规模累积和扩散着——互联网一天的内容就相当于1.68亿张VCD或2940亿封电子邮件的容量；社区帖子一天200万个，相当于《时代》杂志770年的文字量；全世界每天卖出手机73.8万台，高于每天37.1万的婴儿出生数。有研究表明，人类文明90%的数据是过去几年诞生的。有人问，难道这么庞大的信息，还不足以支撑文艺创作的需要吗？还需要我们继续用传统的深入生活的方式去进行创作吗？对第一个问题，我的回答是否定的；对第二个问题，我的回答则是肯定的。

我无意抹杀互联网给世界、给人类带来的积极的变化。我只是想指出事物的另一方面。网络世界包括其提供的信息，对于文艺创作来说有着明显的、重大的缺陷。因为它是一个虚拟的世界，它的喧哗和热闹其实是没有生命温度、生活热度的冰冷的东西，它数量虽多、规模虽大，但缺乏文艺创作所必需的生活质感和人性肌理，没有那种人与人直接接触所能得到的"体验"及其碰撞的光亮。文艺创作，绝不能只依靠一个数码堆积的符号化、碎片化的世界，绝不能满足在一个从网络文字符号到转换文学符号的过程中。由于网络信息庞杂到眼花缭乱的程度，而其意义所指则是众声喧哗和意象模糊的，因而据此"创作"出来的东西，往往缺乏整体思考，显得扁平化，令人深陷于非理性的摩擦和强烈的片面性中。托马斯·弗里德曼在《世界是平的》一书中认为，经济一体化时代我们生存的世界正在被抹平：人们靠鼠标点击可以越过万水千山，抹平高山大海，铲平高高低低的世界市场。一个非直接接触的网络世界也把生活和现实压缩成一个看似一览无余的平面了。我们可以在瞬间知道的世界，却既没有实际生活和人性的纵深感，也没有人物丰满凹凸的立体感，我们得到的其实只是一个平面的表象。英国作家福斯特把小说人物划为"圆形人物""扁平人物"两类，认为创作者倘主要凭借网络世界提供的素材，甚至沉湎于网络世界的虚拟生活中，充其量只能制造出干瘪苍白没有血色的扁平人物，而断断创造不出丰满立体感人的"圆形人物"来。

还有人问，深入生活，难道我自己的生活就不是生活，我还不够深入它吗？我的回答，当然是，但还很不够。对于以文艺创作为业的人来说，在漫长的创作生涯中，自己的生活作为创作素材会逐渐收缩，类似池塘的淤积。"问渠那得清如许？为有源头活水来"，只有深入生活，才能引进"源头活水"。文学艺术的成功，第一推动力来自生活，第二推动力来自创作主体，包括他们的才华才情、艺术想象、创作状态、对艺术的理解和把握……

不仅现实题材，即便是历史题材也需要来自现实生活的营养和灵感。京剧名家尚长荣创排《贞观盛世》时，就多次到陕西实地考察，体会历史的现实激情。因此，他在台上的表演虽已成为历史的人物和故事，但每一个观众都可以从中听到当代中国在历史画卷中激起的回声。

总之，无论何时何地，深入生活不仅没有过时，而且需要不断强化深化。这就是习近平总书记反复强调作家艺术家要深入生活的根本原因。深入生活，不仅有助于我们体验现实生活的感性形态，直接触碰、触摸生活的质感，特别是鲜活的生机勃勃的、创造推动着社会前进的、活生生的"人"和人的灵魂、精神、情感的真切脉动，更有助于我们准确全面地把握理解真实的生活和生活背后的意义。熟悉自己陌生的"他者"的生活，并把"他者"的生活转化为自我生活体悟的有机成分，从而创作出洋溢着勃勃生机的优秀的文学作品，诚如习近平总书记所说："文艺创作方法有一百条、一千条，但最根本、最关键、最牢靠的办法是扎根人民、扎根生活。"①

　　艺术可以放飞想象的翅膀,但一定要脚踩坚实的大地。这个大地不是别的,就是人民,就是生活。

---

　　① 习近平:《在文艺工作座谈会上的讲话》,北京:人民出版社,2015年,第19页。

试论习近平总书记的文艺人民性思想

方竹学　河北省文联党组成员、副主席

习近平总书记的"文艺人民性"思想就是"坚持以人民为中心的创作导向",是对马克思主义文艺理论的丰富和发展。深刻理解习近平总书记关于文艺人民性的思想,对于我们坚持马克思主义文艺观,深耕中华大地,充分汲取人民滋养,不断创新创作出符合时代要求的优秀文艺作品,具有十分重要的意义。

习近平总书记关于文艺工作的重要论述蕴含着人民性的丰富内涵

帕斯卡尔说过"人因为思想而伟大"。在不同的历史时期,马克思主义者提出了阶段性文艺理论、文艺思想。伟大的理论产生了伟大的思想,指导了不同时期的文艺实践。马克思是近代最伟大的思想家、哲学家、社会学家,提出了把艺术作为意识形态的形式之一。列宁首先提出文艺理论的"人民性"即文艺为"千千万万劳动人民服务"的命题,是马克思主义文艺理论的基本环节。毛泽东把马克思主义具体化,提出"我们的问题基本上是一个为群众的问题和一个如何为群众的问题",是推动新中国文艺发展的纲领性文献。

习近平总书记的"文艺人民性"思想与马克思主义文艺观是一脉相承的。习近平总书记关于文艺工作重要论述始终蕴含着人民性的科学内涵,尤其表现在:从文艺创作导向看,社会主义文艺是人民的文艺,必须坚持以人民为中心的创作导向,要反映好人民心声,就要坚持为人民服务、为社会主义服务这个根本方向;以人民为中心,就是要把满足人民精神文化需求作为文艺和文艺工作的出发点和落脚点,把人民作为文艺表现的主体,把人民作为文艺审美的鉴赏家和评判者,把为人民服务作为文艺工作者的天职;要解决好"为了谁、依靠谁、我是谁"这个问题,为人民抒写、为人民抒情、为人民抒怀;有没有感情,对谁有感情,决定着文艺创作的命运。从文艺时代责任看,中华民族精神,既体现在中国人民的奋斗历程和奋斗业绩中,体现在中国人民的精神生活和精神世界中,也反映在几千年来中华民族产生的一切优秀作品中,反映在我国一切文学家、艺术家的杰出创造活动中;要承担记录新时代、书写新时代、讴歌新时代的使命,勇于回答时代课题,从当代中国的伟大创造中发现创作的主题、捕捉创新的灵感,深刻反映我们这个时代的历史巨变,描绘我们这个时代的精神图谱。从文艺发展规律看,文艺的一切创新,归根到底都直接或间接来源于人民。文艺创作方法有一百条、一千条,但最根本、最关键、最牢靠的办法是扎根人民、扎根生活。新时代我国社会主要矛盾是人民日益增长的美好生活需要和不平衡不充分的发展之间的矛盾,必须坚持以人民为中心的发展思想。从强化问题导向看,文艺不能"为艺术而艺术",只写一己悲欢、杯水风波,脱离大众、脱离现实;文艺不能在市场经济大潮中迷失方向,不能在为什么人的问题上发生偏差,否则文艺就没有生命力。从坚定文化自信看,要善于从中华文化宝库中萃取精华、汲取能量,保持对自身文化理想、文化价值的高度信心,保持对自身文化生命力、创造力的高度信心,使自己的作品成为激励中国人民和中华民族不断前行的精神力量。从坚守艺术理想看，强调在发展社会主义市场经济条件下，要处理好义利关系，认真严肃地考虑作品的社会效果，讲品位，重艺德，为历史存正气，为世人弘美德，为自身留清名，努力以高尚的职业操守、良好的社会形象、文质兼美的优秀作品赢得人民喜爱和欢迎。要有信仰、有情怀、有担当。要做到胸中有大义、心里有人民、肩头有责任、笔下有乾坤。

习近平总书记文艺人民性思想的实践内涵

马克思主义文艺理论，就像一条奔腾不息的长河，在每一位共产党人的心中流淌，特别是中国特色社会主义步入新时代，习近平总书记关于文艺工作重要论述更加温暖，浸润心灵。习近平总书记偏爱"文艺范儿"的表达风格，常用典雅蕴藉且高度概括的经典名句，来传达自己的观点与思想，为人们津津乐道，引发人们对相关文艺作品的关注。这与他熟读世界经典作品，体味文化温润心灵、引领未来的重要作用有着密切关系。

黑格尔说，人的实践活动是艺术的来源；艺术的最终统一是感性和理性的统一。思想源自实践。习近平总书记关于文艺工作重要论述的产生与形成，也是有基础条件的，正定就是他形成文艺工作重要论述的实践之地。正定是习近平总书记施展政治才华，展现责任担当最初的"试验田"，是他从政起步的地方。如果说陕西七年知青经历中"为群众做实事"的信念在他心里生根发芽的话，从他在正定工作期间的奋斗轨迹和心路历程来看，坚持以人民为中心的文艺理念已经开始付诸实践。

一是以高度精神文明引领"小康"梦。坚持目标导向，建设科学化生活的现代农村，把农村建成高度精神文明和高度物质文明的高水平的文明村，使农村成为优良传统、先进思想、现代文明的集合体，使千家万户成为小康之家。1985年元月投入运营的正定县第一个县级影剧院——常山影剧院，经常邀请外地剧团演出交流，丰富正定人民的文化生活，传播传统艺术，推进精神文明建设，助力"小康"梦。

二是擘画基层文艺蓝图。以问题为牵引，抓好公社文化站和文化中心建设，改变不少大队文化生活单调、得不到精神享受的状况。1982年12月27日，习近平在全县精神文明建设先进集体和先进个人代表会议上讲到，公社文化站要达到"四有"标准（有专职干部、有活动场所、有经费、有活动项目），集镇文化中心要具备"两室"（图书室、游艺室）、"两场"（影剧场、体育场）、"两队"（文艺演出队、体育队）。根据群众的传统习惯，当时的正定组织了各种专业和业余文化团体为人民群众演出健康愉快、生动活泼、形式多样、丰富多彩的文艺节目。

三是文艺创作反映人民伟大实践。树立根魂意识，编写《正定古今》，为引导人民大众树立正确的历史观、价值观提供基本知识和价值判断，让更多人了解正定，敬礼伟大的正定人民。

四是在转化与创新中彰显文化自信。源远流长的历史，给正定留下了瑰丽灿烂的文化古迹。"九楼四塔八大寺"是正定古城的骄傲和象征。注重对历史文化的发掘和利用，确定旅游兴县思路，让古建筑活起来，重放光彩。费尽心力将"荣国府"实景建成永久建筑，为弘扬和传播《红楼梦》留下了可观可感的载体，使"荣国府"成为全国第一个影视拍摄基地，开创了中国旅游的"正定模式"，也成为改革开放初期全国文化事业和旅游产业发展最早的成功典范。同时，邀请中国文联原党组书记林默涵题字，让艺术家为人民的初心和誓言在正定大地上展现。建成以国画写意形式突出历史名人生动事迹为背景，弘扬正定历史文化的"常山公园"。"荣国府"和"常山公园"的兴建，使正定的旅游业进入了黄金时期，当时仅旅游门票收入每年就达到一千多万元。富起来的正定人民，幸福的脸上洋溢着精神力量和文化自信。

五是到基层寻求"源头活水"。1984年3月28日,习近平同志在给县委、县人大、县政府、县政协四大班子领导的信中写道:到基层调查,要一下到底,亲自摸情况,直接听反映,寻求源头活水。要虚心向人民学习、向生活学习,从人民伟大实践和丰富多彩生活中汲取营养,达到"洞察社会人生的深邃目光和独特视角"(《忆大山》)的艺术境界。

六是明确文艺创作的根本方向。习近平同志通过贾大山这个"正定通",从文艺家的角度看待正定,珍视人民群众,感悟和思考文艺的价值。《忆大山》中这样写道:"他利用与基层民众水乳交融的关系,充分调动各种文化和历史知识,以诙谐幽默的语调,合情入理的分析,乐观豁达的情绪,去劝说人们、影响人们。"[1] 习近平同志深深地受到了贾大山的影响,并把他作为从政与为人的参谋和榜样。习近平这样评价贾大山:"他更没忘记一名作家的良知和责任,用小说这种文学形式,尽情地歌颂真、善、美,无情地揭露和鞭挞假、恶、丑,让人们在潜移默化中去感悟人生,增强明辨是非、善恶、美丑的能力,更让人们看到光明和希望,对生活充满信心,对党和国家的前途充满信心。"[2] 这既是对贾大山个人的客观评价,也是对广大作家艺术家的谆谆教诲。

贯彻落实习近平总书记文艺人民性思想,推进新时代文艺创作

进入新时代,我们要以习近平总书记关于文艺工作重要论述为指引,推进文艺服务人民、服务社会新创作,立足新时代,不断在文艺创新创造中,推进文艺工作实现崭新局面。新时代的河北文艺,正在

---

[1] 习近平:《忆大山》,《光明日报》2014年1月13日,第2版。
[2] 习近平:《忆大山》,《光明日报》2014年1月13日,第2版。

积极实践，不断强化政治担当、加强思想引领，文艺创作精品频出，仅2019年各艺术门类就荣获国家级奖项百余项。诠释共产党人坚守初心使命的河北梆子《李保国》，充分体现基层干警履行使命意识和责任意识的电影《吕建江》，紧跟"两山"理念的电视剧《最美的青春》、话剧《塞罕长歌》，用影像回望历史、用艺术培根铸魂的电影《古田军号》，精准扶贫教科书般的电视剧佳作《最美的乡村》，唱出了人们奋进时代心曲的大型交响组歌《充满希望的河北》、歌曲《寻梦的太阳》《爱远方》，展示"一带一路"美好前景的长篇报告文学《多瑙河的春天——"一带一路"上的钢铁交响曲》与展现全国人民众志成城齐心抗疫的报告文学《逆行赛跑》，征集战疫文艺作品1.8万件，在省级以上媒体刊发3000余件，国家级媒体刊发724件。融媒体理念下成为新读点、新亮点的文学期刊《当代人》，彰显河北文艺人登高远望、改革创新的推精品推人才策略"精选、精创、精推"，宣传推介方式"紫藤树下""千百成峰"，承载河北文艺人为民服务的品牌活动"艺术星火·三一行动"、文艺志愿服务基层"百千万"工程，等等。这些都为新时代河北文艺的不辍耕耘留下了一抹重彩。

当代中国正经历着历史上最为广泛而深刻的社会变革，也正经历着人类历史上最为宏大而独特的实践创新。虽然目前经济全球化遭遇逆流，但人类成为你中有我、我中有你的命运共同体的历史趋势不会改变，"以文会友"在世界沟通交流中的作用依然没有改变。深刻反映时代的历史巨变，描绘时代的精神图谱，依然需要广大的艺术家把创新精神贯穿文艺创作全过程，更好地用文艺解读实践。当下，意识形态领域形势依然严峻复杂，巩固思想文化阵地、维护国家文化安全的任务更加紧迫。聚焦"做人的工作"这一核心任务，依然需要我们的作品，以生动的实践、鲜活的事例，在润物无声中增强广大人民群众对习近平新时代中国特色社会主义思想的政治认同、思想认同、情感认同，引导广大人民群众自觉融入推进国家治理体系和治理能力现代化的时代洪流。

"两创"方略的坚实基础、实践路径、理想境界

仲呈祥　中央文史研究馆馆员，中国传媒大学艺术研究院院长、教授

　　习近平总书记在党的十九大报告中精辟指出："文化自信是一个国家、一个民族发展中更基本、更深沉、更持久的力量。必须坚持马克思主义，牢固树立共产主义远大理想和中国特色社会主义共同理想，培育和践行社会主义核心价值观，不断增强意识形态领域主导权和话语权，推动中华优秀传统文化创造性转化、创新性发展，继承革命文化，发展社会主义先进文化，不忘本来、吸收外来、面向未来，更好构筑中国精神、中国价值、中国力量，为人民提供精神指引。"[1]他还在中国文联十大、中国作协九大开幕式上的讲话中，向广大文艺工作者发出了"坚持以人民为中心的创作导向，坚持为人民服务、为社会主义服务，坚持百花齐放、百家争鸣，坚持创造性转化、创新性发展"[2]的"四坚持"的繁荣发展文艺号召。在这里，"创造性转化、创新性发

---

[1] 习近平:《决胜全面建成小康社会　夺取新时代中国特色社会主义伟大胜利——在中国共产党第十九次全国代表大会上的报告》，《中国共产党第十九次全国代表大会文件汇编》，北京：人民出版社，2017年，第18-19页。

[2] 习近平:《在中国文联十大、中国作协九大开幕式上的讲话》，北京：人民出版社，2016年，第5页。

展"（简称"两创"）、"以人民为中心的创作导向"和"二为"方向、"双百"方针并提，足见其重要性。因此，学习、领悟、践行"两创"方略，至关重要。

一、坚实基础：各美其美、美人之美

"两创"不可能从天而降。首先，必须弄清楚实现"两创"的坚实基础何在。"不忘本来"表明了中华民族秉持的文化自信、文艺自信和历史意识。中华民族有着从未断裂的五千多年的文明史，有着公元前800年至公元前200年人类文明"轴心时代"就出现的伟大思想家老子、孔子、孟子、墨子等诸子百家留下的哲思华章，有着《诗经》《楚辞》、秦文、汉赋、唐诗、宋词、元曲、明清小说等各个时代独领风骚的优秀文艺传统，有着"讲求托物言志、寓理于情，讲求言简意赅、凝练节制，讲求形神兼备、意境深远，强调知、情、意、行相统一"[①]的中华美学精神和艺以载道、怡情养心的中华美育传统，更有中国共产党领导人民创造的革命文艺和社会主义文艺传统，等等。我们理应从历史纵向上充满自信地"各美其美"，学习继承好先辈为我们创造的丰富的文艺遗产。这正是实现"两创"的坚实基础之一。且看"五四"、新文化运动的旗手鲁迅先生，他的小说名篇《狂人日记》《阿Q正传》的"两创"成就，不正是与他深入学习研究编撰《中国小说史略》和《唐宋传奇集》等著作时，"不忘本来"吸取的创作营养密切相关吗？应当看到，从毛泽东到习近平，都一脉相承地强调"从孔夫子到孙中山"都要继承。毛泽东在战争环境里强调"批判继承"，习近平在和平建设时期提出"扬弃继承"。我们既要反对数典忘祖，又要反

---

① 习近平：《在文艺工作座谈会上的讲话》，北京：人民出版社，2015年，第26页。

对复古泥古，坚持历史唯物主义和辩证唯物主义，以客观、科学、礼敬的态度，在"不忘本来"中取其精华，弃其糟粕，扬弃继承，古为今用。

"吸收外来"彰显了中华民族放眼世界、和而不同、有容乃大、兼收并蓄的胸怀与气度。我们尊重人类文艺的多样性。一花独放不是春，百花齐放春满园。构建人类命运共同体是历史发展的必然趋势，如同以文明交流超越文明隔阂、文明互鉴超越文明冲突、文明共存超越文明独尊一样，我们要以各国之间的文艺交流超越文艺隔阂、文艺互鉴超越文艺冲突、文艺共存超越文艺独尊。要深信，中国人民的文艺梦与各国人民的梦息息相通，互补生辉，交流才能促进繁荣，互鉴才能推动发展，共存才能百花齐放。还是以鲁迅先生为榜样，他在文学、美术领域里"两创"的显赫实绩，不也与他力倡"美人之美"、绍介域外小说、研究世界版画并从中吸取创作营养密切相关吗？为大家所熟知的巴金的小说《家》、曹禺的成名话剧《雷雨》，不都明显地标示着他们成功借鉴外国文艺名著的烙印吗？我们既要防止闭关锁国、夜郎自大的排外倾向，也要防止"以洋为尊""以洋为美""唯洋是从"的"西化"倾向，从而坚持鲁迅先生的"拿来主义"，辩证取舍，"美人之美"，为我所用。

中华文艺既是历史的，也是当代的；既是民族的，也是世界的。从时间观上看，我们要"不忘本来""各美其美"，坚守中华美学精神，彰显中华美学风范，传扬中华美育传统；从空间观上看，我们要"吸收外来""美人之美"，取人之长，补己之短。这样，我们的文艺才能既"立地"——深深扎根于脚下这块生于斯、长于斯的具有悠久优秀文艺传统的中华大地，接住地气、增加底气、灌注生气；又"顶天"——高瞻远瞩地把天下各国的优秀艺术尽收眼底，学习借鉴，从而为不断实现"两创"奠定坚实的基础，在世界文艺的交流互鉴中繁荣发展中国特色社会主义文艺。

二、实践路径：同当代中国文化相适应、同现代社会相协调

"不忘本来"和"吸收外来"都是为了"面向未来"，实现当代文艺的创造性转化、创新性发展。那么，这种"转化"与"发展"的正确路径何在呢？习近平总书记深刻阐明了实现"两创"的实践路径："要加强对中华优秀传统文化的挖掘和阐发，使中华民族最基本的文化基因同当代中国文化相适应、同现代社会相协调，把跨越时空、超越国界、富有永恒魅力、具有当代价值的文化精神弘扬起来，激活其内在的强大生命力，让中华文化同各国人民创造的多彩文化一道，为人类提供正确精神指引。"[①] 文艺乃文化的重要组成部分。文化如是，文艺亦然。很明确，文化包括文艺实现"两创"的实践路径，便是"同当代中国文化相适应、同现代社会相协调"。这"两相"也正是中国特色社会主义文化包括文艺实现"两创"的鲜明的实践品格。

"同当代中国文化相适应"——无论是"不忘本来"的时间纵向上中华优秀传统文艺，还是"吸收外来"空间横向上国外的优秀文艺，都要适应当代中国文化，即做到与当代中国的世情国情相适应。文化是人的生存状态，文艺是人以审美方式把握世界的创造。当代中国文化，即以中国共产党领导人民创造的革命文化、社会主义先进文化为主流的文化。要"转化"、要"发展"，实践路径必须当代化、中国化。再好的"古经""洋经"，倘不与当代中国文化相适应，都只会食古不化、食洋不化，都只能束之高阁，装点门面，何谈"转化"与"发展"？芭蕾舞这种艺术形式从外国传来，中央芭蕾舞团的艺术家完美地令其同当代中国文化相适应，千锤百炼地实现创造性转化、创新性

---

① 习近平：《在中国文联十大、中国作协九大开幕式上的讲话》，北京：人民出版社，2016年，第15-16页。

发展，造就了享誉全球、久演不衰的当代化、中国化的芭蕾舞经典作品《红色娘子军》。实际上，一部马克思主义基本原理与中国革命具体实践相结合的历史，也就是一部"吸收外来"的马克思主义当代化、中国化的历史。

"同现代社会相协调"——现代社会已发生了百年未有之大变局，当今世界是开放的世界。经济全球化、政治多极化、文化多样化的信息化、融媒体社会已经呈现。构建人类命运共同体的呼声越来越高。在我国，不仅文艺的服务对象、工作方式、机制手段出现了许多新情况、新特点，而且文艺创作生产的队伍、格局和人民群众多样化的审美需求，以及文艺作品的传播方式和接受方式都发生了很大变化。因此，"同现代社会相协调"就是要与时俱进地与这些已经变化和正在变化的新情势相协调，要紧跟时代，调查研究，深化改革，完善政策，健全体制，在"协调"上多下功夫。只有这样，才能为实现"两创"开拓道路，营造良好氛围。近年来，在繁荣发展中华戏曲艺术中运用现代传播手段实施的"京剧音配像工程""京剧像音像工程"和"京剧电影工程"，便是实践"同现代社会相协调"，实现"创造性转化、创新性发展"的成功范例。

三、理想境界：美美与共、融会贯通

"两创"要达到的理想境界是什么呢？习近平总书记殷切期望："我们强调弘扬社会主义核心价值观，继承和发扬中华民族优秀传统文化，坚持和弘扬中国精神，并不排斥学习借鉴世界优秀文化成果。我们社会主义文艺要繁荣发展起来，必须认真学习借鉴世界各国人民创造的优秀文艺。只有坚持洋为中用、开拓创新，做到中西合璧、融会贯通，我国文艺才能更好发展繁荣起来。"[①] 可见，"两创"要达到的理想境界是古为今用、洋为中用、中西合璧、融会贯通——通向"美美与共、天下大同"。

要实现"两创"通向理想境界，首要的是要在哲学层面的创作思维上摒弃那种二元对立、非此即彼、好走极端的片面单向思维——要么复古、要么非古或要么西化、要么排外，而代之以把握两端、关注中间、兼容整合的全面辩证思维——坚持古为今用、洋为中用、中西合璧、融会贯通。哲学通，一通百通。只有在哲学层面创作思维真正实现了这一变革，才能奔向美美与共的理想境界。"与共"的过程，就是交融、整合、贯通、转化、创新的过程。北京大学哲学家张世英认为，中西各有所长亦各有所短，完全可以交流互鉴，互补生辉，而不应简单地二元对立、是此非彼。我们以中华哲学"天人合一"之有利于和谐人与人、人与社会、人与自然关系之长，去补西方哲学"主客二分"在这方面之短；又以西方哲学"主客二分"注重培养人的主体能动性和创造力之长，补中华哲学在注重人的个性和创造力培养上不足的短板；彼此整合，交流互鉴，共铸适应构建人类命运共同体所需的21世纪人类新哲学。哲学如此，美学亦然。果如是，我们就能坚持不忘本来、吸收外来、面向未来，在继承中转化，在借鉴中超越，在与共中转化，大胆探索，守正创新，在提高原创力上下功夫，在拓展题材、内容、形式、手法上下功夫，推动观念与手段相结合、内容与形式相融合、艺术要素与高新技术相辉映，从而创作出既"各美其美"、体现中华美学精髓、彰显中华审美风范、传播中国精神，又"美美与共"、符合世界进步艺术审美潮流的优秀作品，让中国文艺以鲜明的中国特色、中国精神、中国风格、中国气派屹立于世。

[①] 习近平：《在文艺工作座谈会上的讲话》，北京：人民出版社，2015年，第26页。

论当下文艺的"人民性"

向云驹　中国文艺评论家协会副主席
　　　　中国文学艺术基金会秘书长

从文艺为工农兵服务到为人民服务，从文艺来源于人民的生活又以高于生活的形式反映生活、回报生活、引领生活，从深入生活、扎根人民到以人民为中心的创作导向，社会主义文艺的创建、发展、繁荣，始终有一条人民性的道路贯穿其中。社会主义文艺的本质特征就在于它是人民的文艺。习近平总书记指出："一切优秀文艺工作者的艺术生命都源于人民，一切优秀文艺创作都为了人民。"[①]

一、文艺人民性问题的政治性高度

1850年，马克思和恩格斯联合发表针对中国的时事评论，对帝国主义殖民侵略在中国引发的革命及中国的前途作出了预测："有一点仍然是令人欣慰的，即世界上最古老最巩固的帝国8年来在英国资产者

[①] 习近平：《在中国文联十大、中国作协九大开幕式上的讲话》，北京：人民出版社，2016年，第10页。

的大批印花布的影响之下已经处于社会变革的前夕，而这次变革必将给这个国家的文明带来极其重要的结果。如果我们欧洲的反动分子不久的将来会逃奔亚洲，最后到达万里长城，到达最反动最保守的堡垒的大门，那末他们说不定就会看见这样的字样：中华共和国 自由，平等，博爱。"①1949年，中华人民共和国成立前夕，毛泽东在《论人民民主专政》中指出："西方资产阶级的文明，资产阶级的民主主义，资产阶级共和国的方案，在中国人民的心目中，一齐破了产。资产阶级的民主主义让位给工人阶级领导的人民民主主义，资产阶级共和国让位给人民共和国。这样就造成了一种可能性：经过人民共和国到达社会主义和共产主义，到达阶级的消灭和世界的大同。康有为写了《大同书》，他没有也不可能找到一条到达大同的路。资产阶级的共和国，外国有过的，中国不能有，因为中国是受帝国主义压迫的国家。唯一的路是经过工人阶级领导的人民共和国"②。人民当家作主，人民成为国家的主人和国家的主体，是世界史和文明史上的一个划时代的事件。

早在1944年，毛泽东发表《为人民服务》，就阐明了党的事业的宗旨，他指出："我们这个队伍完全是为着解放人民的，是彻底地为人民的利益工作的。"③毛泽东《在延安文艺座谈会上的讲话》更是明确了革命的文艺必须为工农兵服务，必须以人民的生活为艺术创造取之不尽的源泉，必须以反映人民开天辟地的丰功伟绩为使命。如果说马克思历史唯物主义思想确认了人民是创造历史的主体，是他们推动了历史的进步和发展，那么马克思主义文艺观就是以人民性作为其思想标志的。马克思说："人民历来就是作家'够资格'和'不够资格'的唯

---

① [德]马克思、恩格斯：《马克思恩格斯全集》第七卷，北京：人民出版社，1965年，第265页。

② 毛泽东：《论人民民主专政》，北京：人民出版社，1960年，第4—5页。

③ 毛泽东：《为人民服务》(一九四四年九月八日)，《毛泽东选集》第三卷，北京：人民出版社，2006年，第1004页。

一判断者。"改革开放以来,为人民服务、为社会主义服务的"二为"方向成为中国文艺的思想旗帜。

党的十九大报告指出,全党要深刻领会新时代中国特色社会主义思想的精神实质和丰富内涵,在各项工作中全面准确贯彻落实。报告提出了14条构成新时代坚持和发展中国特色社会主义的基本方略,其中第二条基本方略就是"坚持以人民为中心"。报告就此指出:"人民是历史的创造者,是决定党和国家前途命运的根本力量。必须坚持人民主体地位,坚持立党为公、执政为民,践行全心全意为人民服务的根本宗旨,把党的群众路线贯彻到治国理政全部活动之中,把人民对美好生活的向往作为奋斗目标,依靠人民创造历史伟业。"[1] 如果说政治是以国家权力为核心展开的各种社会活动和社会关系的总和,是牵动社会全体成员的利益并支配其行为的社会力量的话,那么当下的政治就必然要求文艺同步践行以人民为中心的责任与使命。文艺需要走在时代的前列,做感应时代的神经末梢。当政治与人民的命运相连,与人民的利益契合时,文艺必须参与到这种政治使命中来,成为伟大政治的有机构成。以人民为中心,以人民为中心的创作导向,是当下文艺的政治高度的要求和体现,也是文艺人民性的内在要求和追求。

二、文艺人民性的创作问题

以人民为中心展开广阔、丰富、多样、精彩的文艺创作,是当下文艺发展的崭新课题。由于教育,特别是艺术教育的长期积累和高速发展,更由于现代化进程中社会分工的深化和细化,文艺的职业化、

---

[1] 习近平:《决胜全面建成小康社会 夺取新时代中国特色社会主义伟大胜利——在中国共产党第十九次全国代表大会上的报告》,《中国共产党第十九次全国代表大会文件汇编》,北京:人民出版社,2017年,第17页。

专业化、行业化、产业化发展态势是以往任何时期都不可比拟的。文艺需要满足人民最广泛的艺术、审美、文化、娱乐等需求，人民需要文艺，文艺更需要人民。虽然文艺工作者也是人民的组成部分，但在文艺从业者以外，现阶段的人民是 14 亿中国人民这个总体性对象，他们包含了各行各业的从业者。社会越发展，就会产生越来越多的行业、职业、专业，文艺面对的社会就越来越多样、越来越陌生、越来越隔行如隔山。文艺要反映时代、反映社会、反映人民、反映历史深刻的进步和伟大的变迁，就要跳出自说自话和小我小情小格局，重建与人民的关系，深化与人民的感情，特别是改革开放以来，中国经济和社会发展迈上高效、高速、高质的轨道，已经成为世界第二大经济体，综合国力日益增强。现在的中国处在比历史上任何时期都更接近中华民族伟大复兴这一目标的历史时期，中国人民付出了巨大努力，取得了伟大成就，创造了旷世奇迹。正如习近平总书记所说，"改革开放近 40 年来，我们党领导人民所进行的奋斗，推动我国社会发生了全方位变革，这在中华民族发展史上是前所未有的，在人类发展史上也是绝无仅有的。面对这种史诗般的变化，我们有责任写出中华民族新史诗。"[①]

既然文艺工作者由于职业之故，是处于上层建筑之中的，而不是身在经济基础领域之内的，那就存在一个深入生活、扎根人民（简称"深扎"）的问题，有一个让自己的创作走出自我，融入大我的过程。对于今天和当下的文艺，"深扎"面临着新情况、新挑战、新考验。比如，如何做到长期沉入到生活和创作对象中去？现在用走马观花的方式去生活中体验一下、采风一次的形式太普遍了，或者为了某一既定创作目标，去熟悉生活、搜集素材的形式也十分流行。一个是没有创作目的地走马观花，一个是带着创作目的去搜集材料，都有一定的被

[①] 习近平：《在中国文联十大、中国作协九大开幕式上的讲话》，北京：人民出版社，2016 年，第 13 页。

动性。时间上也很难保证充裕和充分。在时代中创造丰功伟绩的大都是文艺家所不熟悉的行业，目前深入生活的方式又不能做到真正地深入，所以，文艺面临的挑战和困境还是相当严峻的。我们需要探索出更加行之有效的方法和途径。我以为，我们的文艺有高原无高峰的难题，正有待于我们在文艺与生活、文艺与人民的关系中找到一条真正的破题路径，才有可能从格局上扭转和突破文艺创作的瓶颈。在信息化时代，具有艺术价值的题材、人物、故事、事件，在尚未得到文艺反映的时候，就被新闻轰炸了一遍，生活本身的传奇离奇惊奇甚至让艺术自愧不如，文艺有时在高于生活上会脱离生活或者不接地气；有时，简直就只有低于生活的份，因为生活的离奇或者瑰丽让最富于想象力的文艺都相形见绌。文艺靠什么超越新闻和信息，超越生活的真实和传奇，超越真人真事呢？其实就是创作主体自身文艺力量的强大，以及用这种强大的艺术力量对生活的发现、挖掘、提炼、升华、再造、重塑、创新，使之成为独一无二又震撼人心的艺术品。从古到今，无论历史和生活多么曲折离奇、艰苦卓绝，甚至必然得让人心如止水、偶然得让人心惊肉跳，都给文艺留下了大显身手的机会。从来就是：不是文艺没有或失去了用武之地，而是文艺自己丧失了雄心和能力。伟大的文艺家都有一口属于自己的生活深井，都有一个自己的文学故乡或艺术故土。

  人民作为时代的主体、国家的主人，也是文艺的源泉。习近平总书记说："人民不是抽象的符号，而是一个一个具体的人，有血有肉，有情感，有爱恨，有梦想，也有内心的冲突和挣扎。不能以自己的个人感受代替人民的感受，而是要虚心向人民学习、向生活学习，从人民的伟大实践和丰富多彩的生活中汲取营养，不断进行生活和艺术的积累，不断进行美的发现和美的创造。要始终把人民的冷暖、人民的幸福放在心中，把人民的喜怒哀乐倾注在自己的笔端，讴歌奋斗人生，刻画最美人物，坚定人们对美好生活的憧憬和信心。"[1] 文学是人学，艺术是为人生的艺术。人性、人情、人道（主义），是文艺永恒的主题。文艺的人民性当然包含着人性、人情、人道。人性的真善美和假恶丑的博弈是生活中的盐，揭示着生活的五味杂陈和它的沉重。欢乐着人民的欢乐，忧患着人民的忧患；先天下之忧而忧，后天下之乐而乐。这就是伟大文艺的伟大灵魂。文艺的人情首先来自文艺家对人民的爱，"对人民，要爱得真挚、爱得彻底、爱得持久"[2]。文艺家要拆除与人民之间的围墙，深入人民生活不仅要身入，更要心入、情入。文艺的人民情感来自深深懂得人民是历史创造者的伟大真理及其真理的力量。马克思主义也是伟大的人道主义的倡导者和践行者。社会主义人道主义是社会主义文艺的价值高度和伦理光辉。文艺的人道主义精神完全基于文艺的人民立场和人民属性。人道主义精神只有从人民的生命观和利益观出发才能彰显人道的力量和力度。人民至上是文艺最高的人道主义精神。

三、人民性的文艺批评标准

习近平新时代中国特色社会主义思想是当代中国的马克思主义，是马克思主义中国化的最新成果和理论创新。在文艺理论批评方面，最重要的创新和突破之一就是关于文艺批评标准的丰富和完善，在马克思主义经典作家提出的"美学的和历史的"标尺标杆中增加了"人民的"和"艺术的"向度。在文艺工作座谈会上的讲话中，习近平总书记指出："要以马克思主义文艺理论为指导，继承创新中国古代文

---

[1] 习近平:《在文艺工作座谈会上的讲话》，北京：人民出版社，2015年，第17页。

[2] 习近平:《在文艺工作座谈会上的讲话》，北京：人民出版社，2015年，第17页。

艺批评理论优秀遗产，批判借鉴现代西方文艺理论，打磨好批评这把'利器'，把好文艺批评的方向盘，运用历史的、人民的、艺术的、美学的观点评判和鉴赏作品。"①

我们知道，"美学的和历史的"标准是恩格斯提出的马克思主义文艺批评的最高标准。1847年，恩格斯在《卡尔·格律恩"从人的观点论歌德"》这篇书评中，首次使用了"美学的和历史的观点"这一批评标准，他说："我们决不是从道德的、党派的观点来责备歌德，而只是从美学和历史的观点来责备他"②。时隔12年后，即1859年，在致拉萨尔的一封信中，恩格斯进一步明确地指出，美学的观点和历史的观点是评价文艺作品的"非常高的、即最高的标准"。在马克思恩格斯时代，是资本主义首次登上历史舞台和世界中心的时代，无产阶级作为那个时代的"人民"（毛泽东同志也认为人民是具有阶段性的，在不同的阶段，主体不同、地位不同），还处在社会底层，并在压迫中逐渐觉醒、争取解放。资本主义时代和资本主义社会中，文艺与资本的关系，就像文艺与不同的经济基础和社会关系会有完全不同的审美取向和审美价值一样，是一种前所未有的关系，比如，诗歌与资本的敌对关系，金钱对审美的蹂躏，劳动创造美而劳动者丧失审美的异化现象，等等。在恩格斯所处的资本主义血腥发展的时代，优秀的伟大的文艺也不可能有"人民的"归属，而充其量也只能是有"人民性"的属性。所以，"美学的和历史的"才是其最高的文艺批评的标准。只有社会主义的中国和中国特色社会主义，才具有将"人民的"标准作为文艺批评最高标准的历史条件和必然要求。

"历史的、人民的、艺术的、美学的"文艺批评标准就是搭建一个

---

① 习近平：《在文艺工作座谈会上的讲话》，北京：人民出版社，2015年，第30页。

② [德]恩格斯：《卡尔·格律恩〈从人的观点论歌德〉》，《马克思恩格斯全集》第四卷，北京：人民出版社，1965年，第257页。

完整的、多维的、立体的、时代的文艺批评标准体系。其中,"人民的"维度就是把评判的标尺交给人民或者按照人民的尺度来判断文艺是非、鉴别文艺优劣。我们时代的人民是进步的、创造的人民,因而我们的文艺要在人民的进步中造就文艺的进步,在人民的创造中实现文艺的创造。习近平总书记指出:"人民既是历史的创造者、也是历史的见证者,既是历史的'剧中人'、也是历史的'剧作者'。"[1] 所以,还要"把人民作为文艺审美的鉴赏家和评判者"[2]。当下我们已经进入新时代,社会主要矛盾已经发生根本性的调整和转变,"新时代我国社会主要矛盾是人民日益增长的美好生活需要和不平衡不充分的发展之间的矛盾","美好生活需要"包含着审美品质、审美追求、审美趣味,人民日益增长的美好生活需要意味着人民对美和艺术的鉴赏和评判的广度和力度也将日益提升,文艺的"人民的"标准将越来越成为不可或缺的文艺评判向度。"人民的"标准既包括直接来自人民对文艺作品的评价,也包括文艺批评家站在人民的立场对文艺的人民性作出选择和判断。

中国特色社会主义的一个重要特征是它的社会主义市场经济体制、机制和社会条件。文化市场、文艺产品、文化产业将文艺的商品属性、商品价值呈现出来并予以实现。文艺消费的日益扩大和增长,使文艺的人民性和"人民的"批评标准在当下有了崭新的范畴、领域、空间、平台、方式。市场经济的"买卖自由"、公平交易、平等竞争、市场诚信、物有所值、资源合理配置等正向效应,使票房、市场占有率、购买力、经济效益、消费热潮这些文艺经济现象,在一定程度上也成为文艺被人民群众接受与否的重要指数和客观因素。如果没有这些市场

---

[1] 习近平:《在文艺工作座谈会上的讲话》,北京:人民出版社,2015年,第13页。

[2] 习近平:《在文艺工作座谈会上的讲话》,北京:人民出版社,2015年,第13页。

的优越性,市场经济不可能被人类历史广泛接受。"人民的"文艺批评标准向度自然也包括着健康的文艺市场反映出来的人民对文艺的接受度。所以,习近平总书记说:"一部好的作品,应该是经得起人民评价、专家评价、市场检验的作品,应该是把社会效益放在首位,同时也应该是社会效益和经济效益相统一的作品。""优秀的文艺作品,最好是既能在思想上、艺术上取得成功,又能在市场上受到欢迎。"[1]当然,这个问题还有它的复杂性和复杂面。这里必须强调指出,由于我们的社会主义市场经济尚在发育和健全中,中国的市场又广泛地联接着国际市场和资本主义国家的市场,市场经济广泛存在的利润至上、金钱至上、尔虞我诈、唯利是图等负面或违法现象在我国经济生活中也不断滋生,干扰我国市场经济的健康发展。文化市场也广泛存在或容易诱发"沦为市场的奴隶""沾满铜臭气""市场指标绝对化""被市场牵着鼻子走"等问题。所以,当我们将市场因素纳入"人民的"评判标准时,必须保持高度的清醒和准确的判断,必须有审美价值的核心权重。"更不能用简单的商业标准取代艺术标准,把文艺作品完全等同于普通商品,信奉'红包厚度等于评论高度'。"[2]这是我们从市场角度考察文艺的受众与人民的关系时,对文艺批评家敲响的警钟!

---

[1] 习近平:《在文艺工作座谈会上的讲话》,北京:人民出版社,2015年,第20页。

[2] 习近平:《在文艺工作座谈会上的讲话》,北京:人民出版社,2015年,第29页。

发挥少数民族文艺在铸牢中华民族共同体意识中的作用

刘　成　内蒙古自治区文艺评论家协会名誉主席、内蒙古大学教授

习近平总书记关于少数民族文艺的重要论述

党的十八大以来，以习近平同志为核心的党中央高度重视我国少数民族文艺工作。习近平总书记在文艺工作座谈会上的讲话中指出："我国少数民族能歌善舞，长期以来形成了多姿多彩的文艺成果，这是我国文艺的瑰宝，要保护好、发展好，让它们在祖国文艺百花园中绽放出更加绚丽的光彩。"[1] 他在中央民族工作会议上的讲话中又指出，《五朵金花》《刘三姐》《冰山上的来客》这些电影，《北京的金山上》《阿佤人民唱新歌》《草原上升起不落的太阳》这些老歌曲，影响和感动了多少人。他还强调，我国文学宝库中既有大量反映少数民族生产生活的作品，也有大量少数民族作者的创造。藏族的《格萨尔王

---

[1] 习近平：《在文艺工作座谈会上的讲话》，北京：人民出版社，2015年，第11页。

传》、蒙古族的《江格尔》、柯尔克孜族的《玛纳斯》，并称中国少数民族"三大英雄史诗"。在列入《人类非物质文化遗产代表作名录》的项目中，少数民族的作品占到三分之一。

2017年，习近平给内蒙古苏尼特右旗乌兰牧骑的16名队员回信中说，"从来信中，我很高兴地看到了乌兰牧骑的成长与进步，感受到了你们对事业的那份热爱，对党和人民的那份深情"，勉励他们"以党的十九大精神为指引，大力弘扬乌兰牧骑的优良传统，扎根生活沃土，服务牧民群众，推动文艺创新，努力创作更多接地气、传得开、留得下的优秀作品，永远做草原上的'红色文艺轻骑兵'"。他还指出，"乌兰牧骑是全国文艺战线的一面旗帜"，"60年来，一代代乌兰牧骑队员迎风雪、冒寒暑，长期在戈壁、草原上辗转跋涉，以天为幕布，以地为舞台，为广大农牧民送去了欢乐和文明，传递了党的声音和关怀"，"乌兰牧骑的长盛不衰表明，人民需要艺术，艺术也需要人民。"[1]

2019年7月，习近平再到内蒙古考察，观看了社区群众在乌兰牧骑队员指导下表演的精彩民族歌舞，在赤峰博物馆亲切接见了古典民族史诗《格萨（斯）尔》非物质文化遗产传承人代表，来到内蒙古大学察看蒙古语言文学历史成果图书展示，强调各族人民要共同团结奋斗，共同繁荣发展。

习近平总书记先后发表的关于少数民族文化特别是少数民族文学艺术的重要论述，对继承发展少数民族文学艺术具有很强的指导意义。可以说，我国少数民族文学艺术的每一步发展、每一点进步都倾注着总书记的关心，凝聚着总书记的心血。我们少数民族文艺工作者一定要用心用情体悟总书记对少数民族文艺的关怀厚爱，把总书记关于少数民族文艺的重要论述落地生根、开花结果，汇聚起我们砥砺前行的

---

[1]《习近平总书记给内蒙古自治区苏尼特右旗乌兰牧骑队员们的回信》，《人民日报》2017年11月22日，第1版。

磅礴力量。

守护和运用好少数民族文艺的伟大宝库

我国是一个多民族国家，各民族的文化交融形成了灿烂的华夏文明。中国文艺是多民族文艺的集大成。少数民族文艺是我国文艺的重要组成部分。少数民族文艺的存在、发展和繁荣，使我国文艺更加色彩斑斓，美不胜收。我国少数民族文艺是经过长期的不断创造、积累、传承而成，为丰富中国文艺乃至世界文艺宝库作出了重要贡献。

中国的三大史诗《格萨尔王传》《江格尔》和《玛纳斯》，均为少数民族诗歌，其中《格萨尔王传》长达200万行，不仅是中国，也是世界最长的史诗。这三大史诗填补了我国文学在史诗方面的空白，是世界文坛稀有的奇葩。11世纪维吾尔族就有著名叙事长诗《福乐智慧》，长达13700多行，是研究喀喇汗王朝社会和精神生活的百科全书。13世纪的《蒙古秘史》，不仅是历史巨著，也是文学经典，是研究古代蒙古族社会、历史、地理、语言、文学、风俗习惯的最具科学价值的著作。少数民族民歌和民间长诗，极大地补充了汉族民间诗歌和长诗偏少的不足，使中华文学的结构更为完整。如今，哈尼梯田、花山岩画等14项少数民族和民族地区历史古迹列入世界文化遗产名录，维吾尔族的木卡姆、蒙古族长调民歌、回族花儿等15项少数民族文化艺术遗产列入世界非物质文化遗产名录，占全国总数的比例均超过1/3。中国现代文学杰出代表中也有蜚声国内外的老舍（满族）、沈从文（苗族）这样的少数民族大作家和黎·穆塔里甫（维吾尔族）这样的少数民族爱国主义大诗人。在历史上，少数民族文学的特色主要见于民间口头文学，而在现当代，作家创作迎头赶上，特别是中华人民共和国成立以后，少数民族文学获得新生，受到重视茁壮成长，出现了多向度开展文学创作的繁盛局面，终于迎来了各民族文学百花争艳、多样同体的空前繁盛时期。老舍的《四世同堂》、沈从文的《边城》、李乔（彝族）的《欢笑的金沙江》、陆地（壮族）的《美丽的南方》、李準（蒙古族）的《黄河东流去》、玛拉沁夫（蒙古族）的《茫茫的草原》、敖德斯尔（蒙古族）的《骑兵之歌》、扎拉嘎胡（蒙古族）的《嘎达梅林传奇》、杨苏（白族）的《没有织完的筒裙》、郝斯里罕（哈萨克族）的《起点》、纳·赛音朝克图（蒙古族）的《狂欢之歌》、巴·布林贝赫（蒙古族）的《生命的礼花》、铁依甫江·艾里耶夫（维吾尔族）的《为了你，亲爱的祖国》、韦其麟（壮族）的《百鸟衣》、包玉堂（仫佬族）的《虹》、苗延秀（侗族）的《大苗山交响曲》、汪承栋（土家族）的《从五指山到天山》、格桑多杰（藏族）的《阳光里的婴儿》、金哲（朝鲜族）的《祖国的姿容》、晓雪（白族）的《祖国》、霍达（回族）的《穆斯林的葬礼》、阿来（藏族）的《尘埃落定》、张承志（回族）的《黑骏马》、乌热尔图（鄂温克族）的《琥珀色的篝火》等，充分反映了我国少数民族文学"各美其美，美美与共"的繁荣景象。中国文艺因为有了 55 个少数民族文艺而更加辉煌，更加璀璨，更加具有国际意义和影响。正如习近平总书记所说：少数民族文化块头小，抵抗市场经济冲击的能力弱，一些非物质文化遗产流失严重，不能等到失去才懂得珍惜。少数民族文化是中华民族共有的文化资产，不是哪一个民族，哪一个地域的。我们尊重文化多样性，首先就要保护好中国自身的文化多样性。中华文化是各民族文化的集大成。

铸牢中华民族共同体意识

习近平总书记在党的十九大报告中强调指出：铸牢中华民族共同体意识，加强各民族交往交流交融，促进各民族像石榴籽一样紧紧抱在一起，共同团结奋斗，共同繁荣发展。要高举爱国主义、社会主义旗帜，牢牢把握大团结、大联合的主题，坚持一致性和多样性的统一，找到最大公约数，画出最大同心圆。他在全国民族团结进步表彰大会上又指出：以铸牢中华民族共同体意识为主线做好各项工作，把各族干部群众的思想和行动统一到党中央决策部署上来，不断增强各族群众对伟大祖国、中华民族、中华文化、中国共产党、中国特色社会主义的认同。以社会主义核心价值观为引领，构建各民族共有精神家园。文化是一个民族的魂魄，文化认同是民族团结的根脉。各民族在文化上要相互尊重、相互欣赏、相互学习、相互借鉴。在各族群众中加强社会主义核心价值观教育，牢固树立正确的祖国观、民族观、文化观、历史观，对构筑各民族共有精神家园、铸牢中华民族共同体意识至关重要。要以此为引领，推动各民族文化的传承保护和创新交融，树立和突出各民族共享的中华文化符号和中华民族形象，增强各族群众对中华文化的认同。

中华民族共同体意识概念内涵就是中华民族成员对中华民族具有的历史发展、文化传统、社会规范、价值观念、生活方式持有的一种包含积极认知、积极情感、积极态度和积极行为的趋同心理倾向。中华民族共同体意识培育是在新的历史情境下，党和国家认识和处理我国民族问题、民族关系、民族与国家关系的新理念和新举措。中华民族共同体意识是国家统一之基、民族团结之本、精神力量之魂。增强中华民族共同体意识是促进各民族共同繁荣发展的需要。只有铸牢中华民族共同体意识，我国各民族才能增强民族向心力和凝聚力。只有铸牢中华民族共同体意识，才能最终实现中华民族伟大复兴的中国梦。

铸牢中华民族共同体意识，最深层、最根本、最永恒的是爱国主义。爱国主义最能感召中华儿女团结奋进。纵观我国少数民族文艺发展史，许多彪炳史册、激励后人的爱国篇章，被一代一代的中华儿女反复吟诵，成为永不磨灭的经典。以蒙古族当代文学为例，它铸牢中华民族共同体意识，唱响爱国主义主旋律的声调很高亢。纳·赛音朝克图的《狂欢之歌》和巴·布林贝赫的《生命的礼花》是献给新中国成立十周年的激情澎湃的优秀的抒情长诗。阿尔泰的《祖国》一诗唱道："清晨，孩子背负着祖国，欢跳着奔向学校；夜晚，母亲哼唱着祖国，微笑着进入梦乡。月光下，诗人拥抱着祖国，久久地伫立。"诗人对祖国的情结是那么深沉。巴·敖斯尔的《举重者之歌》写道："生命的一切呀，在祖国的土地上成长"，"我倾注我全部的爱慕，热爱我的祖国"。阿古拉泰的《一棵草紧挨着另一棵草》以并肩长在牧场上的小草比喻民族团结，心手相连，哪怕风雨袭来，"没有一棵小草离开过深情的牧场"，对祖国执着、依恋和忠诚的感情以深浓的诗意表达出来。蒙古族上千名诗人都写过歌唱祖国的精彩诗篇。玛拉沁夫在电影《祖国啊，母亲》的主题歌中深情地唱出："南海的波涛，北疆的密林，天山的雪峰，康藏的山群，发出我们共同的声音，祖国啊，亲爱的母亲"。这些以爱国主义情怀表达的中华民族共同体意识在蒙古族诗歌中的存在向度、美学风格、诗意实现路径，有着意味深长的丰富性。中华民族共同体意识成为当代蒙古族诗歌的中轴是历史选择，更是来自蒙古族作家诗人们对伟大祖国的认同，对中华民族的认同，对中华文化的认同，对中国共产党的认同，对中国特色社会主义的认同。历史终将证明，他们为中华民族共有精神家园建设付出的多方面努力，已被华美而坚实地刻在历史的丰碑上。

　　文化认同是最深层的认同，是民族团结之根、民族和睦之魂。从文化维度出发，加强民族间文化接触与文化互动，培育中华民族共同体意识，就要破除来自大民族和弱小民族的狭隘的本位主义。一是要加强民族间交往、交流、交融，引导民众自觉遵循"尊重差异、包容多样"原则，使贯通心灵深处的好感真正建立在民间，让"各美其美、美人之美、美美与共、天下大同"理念成为思想共识。二是要积极构筑民众的共有精神家园，使各族人民增强"五个认同"，实现对中华民族共同体意识的认同。三是要促进社会主义核心价值观认同，破除民族间的封闭、保守和排他的民族社会心理，防止民族本位主义。

迈入新时代，开启新征程。我们一定要认真学习深入贯彻习近平总书记关于少数民族文艺的重要论述，坚持人民至上的创作理念，坚持以人民为中心的创作导向，艺术地反映各民族人民的新生活、新人物、新故事，抒写各民族人民可歌可泣的感人事迹，创作无愧于时代、无愧于人民的优秀作品，不断开创新时代我国少数民族文艺繁荣发展的新局面。

以人民为中心　拓展文艺创作路径

祁述裕　中共中央党校（国家行政学院）文史部创新工程首席专家、教授
王筱淇　中国文联文艺评论中心干部

　　党的十八大以来，以习近平同志为核心的党中央高度重视社会主义文艺事业。习近平总书记多次发表重要讲话，从中华民族伟大复兴的战略高度深刻阐明文艺工作的历史使命，揭示社会主义文艺发展的基本规律，丰富和发展了马克思主义文艺观和社会主义文艺理论。"坚持以人民为中心的创作导向"是习近平总书记关于新时代文艺工作重要论述的核心内涵，也是推动文艺创作实践的根本出发点和落脚点，为新时代文艺繁荣发展指明了前进方向。

一、文艺人民性导向的时代内涵

　　文艺为什么人服务的问题，是马克思主义文论探讨文艺的根本问题和原则问题。1943年毛泽东同志在《在延安文艺座谈会上的讲话》中提出"文艺为人民大众""文艺服从于政治"。习近平总书记在深刻总结我们党领导文艺工作历史经验的基础上，以马克思主义基本原理观照当代中国文艺实践中的新问题，进一步强调"以人民为中心的创作导向"。从文艺服务人民到以人民为中心，是习近平总书记关于文艺工作重要论述最突出的价值维度，通过对社会主义文艺的本质、文艺

与人民的关系、文艺工作者的职责等方面的阐述，揭示了新时代社会主义文艺的创作路径和基本逻辑，具有鲜明的时代特征，进一步丰富了马克思主义文艺理论的内涵。

"要'坚持以人民为中心的创作导向'，理论上如何去界说这个'中心'，在题材和素材上有何约束和要求，其'导向'功能怎么体现，这些都有必要从学理上加以阐明。"① 创作导向的人民性与习近平总书记始终强调的"以人民为中心的发展思想"一脉相承。"以人民为中心，就是要把满足人民精神文化需求作为文艺和文艺工作的出发点和落脚点，把人民作为文艺表现的主体，把人民作为文艺审美的鉴赏家和评判者，把为人民服务作为文艺工作者的天职。"② "以人民为中心"既是文艺创作的首要价值原则，也是文艺评论的最终评价标准。在创作主体层面，应充分发挥人民的主体地位，反映人民心声，彰显人民情怀，尊重人民意愿；在作品来源层面，要扎根于人民，扎根于现实生活，从人民生活中挖掘文学艺术的宝藏；从接受层面来看，文艺作品要经得起人民的评价，让人民拥有参与文艺的话语权。正确把握文艺人民性的价值属性，始终将人民性贯穿于文艺创作生产的全过程，创作出反映中国人审美追求的优秀作品，是文艺创作的时代使命。

二、立足人民是繁荣新时代文艺创作最为深厚的底气

"一切轰动当时、传之后世的文艺作品，反映的都是时代要求和人民心声"③，要"通过更多有筋骨、有道德、有温度的文艺作品，书

---

① 董学文：《发展中国当代文艺理论的指南》，《文艺报》2015年6月24日，第2版。

② 习近平：《在文艺工作座谈会上的讲话》，北京：人民出版社，2015年，第13—14页。

③ 习近平：《在文艺工作座谈会上的讲话》，北京：人民出版社，2015年，第16页。

写和记录人民的伟大实践、时代的进步要求,彰显信仰之美、崇高之美"[1]。文艺创作生产是一项系统性、综合性工程,将人民性的价值立场贯穿创作实践全过程,不仅关涉创作行为,更关涉创作生产体系的定位。这就需要进一步处理好文艺作品和人民对美好生活需求之间的关系、文艺产品和文化市场的关系,以及文化管理者和文艺创作者的关系,以创作生产优秀作品为中心环节,深入实践、深入生活、深入群众,推出更多无愧于民族、无愧于时代的文艺精品。

在实现中华民族伟大复兴中国梦的实践过程中,习近平总书记向文化文艺工作者提出,要走进实践深处,观照人民生活,表达人民心声,用心用情用功抒写人民、描绘人民、歌唱人民。文艺工作者要认识到自己的时代使命,深入人民群众生活,汲取文艺创作灵感,书写中国特色社会主义奋斗历程中人民的伟大实践,同时通过优秀文艺作品引导人们提升思想认识、文化修养、审美水准以及道德水平。近年来,文艺领域围绕党和国家工作大局,结合庆祝改革开放40周年、中华人民共和国成立70周年、全面建成小康社会等重要时间节点,以及经济发展转型、脱贫攻坚、乡村振兴等题材积极开展现实主义题材创作。以人民为主人公,聚焦人民不懈奋斗的生动历程,创作出一批热情讴歌全国各族人民在奋斗中追梦圆梦、弘扬崇高理想和英雄气概的优秀作品,形成正面引导的强大声势,鼓舞了人心,凝聚了力量。

三、深化对"深入生活、扎根人民"文艺创作方法的实践认知

"史诗是人民创造的,不论多么宏大的创作,多么高的立意追求,都必须从最真实的生活出发,从平凡中发现伟大,从质朴中发现崇高,

---

[1] 习近平:《在文艺工作座谈会上的讲话》,北京:人民出版社,2015年,第6页。

从而深刻提炼生活、生动表达生活、全景展现生活。"[1]在多维开掘现实主义题材中,要根植于社会建设发展的长期实践,探索发现新现象、新成就、新特点、新趋势,从中发掘先进模范和榜样力量。习近平总书记始终把"深入生活、扎根人民"作为文艺工作的信条,为创作优秀文艺作品指明实践路径。现实题材创作,特别是主题性文艺创作,往往需要超越艺术家的直接生活经验,更需要通过"深扎"实践,立足中国社会发展大势,发掘基层生活中的鲜活素材,引导创作主体形成自觉的历史意识和创新变革意识,挖掘创作新内容和新切入点。文艺工作者通过"深入生活、扎根人民"实践活动的长效开展,反复深入基层采风,开展蹲点创作,文艺创作的实践困惑大有改观,不少作品反映出创作者对人民生活体察能力和时代概括能力的提升。在选题意识上,也更加注重通过小题材、多元视角、丰满的人物形象来揭示重大主题,反映深刻、广泛的社会内容。

习近平总书记提出,"典型人物所达到的高度,就是文艺作品的高度,也是时代的艺术高度"[2],并进一步提出刻画"最美人物"的要求。文艺创作要把塑造具有现实感和时代感的典型人物形象作为提升创作质量的主攻方向。不少创作尝试在人物塑造上突破固有思维,同时在贴近观众主流审美上作出努力,在使人物行为具备合理性的基础上,细致挖掘人物的鲜明个性,呈现出了有血有肉的典型人物形象,塑造了各行各业的时代楷模。如舞剧《永不消逝的电波》主创成员多次赴上海李白烈士故居、上海中共一大会址等地采风考察,并在广泛听取业界专家、媒体人和观众的意见基础上,对作品不断打磨。该舞剧通过营造戏剧张力,从多维度烘托了对隐蔽战线工作者微妙内心情感的

---

[1] 习近平:《在中国文联十大、中国作协九大开幕式上的讲话》,北京:人民出版社,2016年,第13页。

[2] 习近平:《在中国文联十大、中国作协九大开幕式上的讲话》,北京:人民出版社,2016年,第12页。

刻画，生动表现了为解放事业英勇献身的英雄形象，引起了广大观众，特别是年轻观众群体的强烈共鸣和热烈追捧。电影《中国机长》在创作过程中，编创和演职人员对民航系统的重要环节、职位和专业化技术都进行了深入的学习交流，最终让影片呈现出过硬的专业水准。为创作话剧《谷文昌》，导演白皓天带领创作团队先后12次赴福建东山县深入采风，最终在观众心中树立起了鲜活的人物形象。这些作品既弘扬了人性的善与美，也产生了强大的艺术感染力。

四、以新技术为依托推动文艺作品更好地服务人民、接受人民评鉴

习近平总书记指出，"现在，文艺工作的对象、方式、手段、机制出现了许多新情况、新特点，文艺创作生产的格局、人民群众的审美要求发生了很大变化，文艺产品传播方式和群众接受欣赏习惯发生了很大变化"，"而对新的文艺形态，我们还缺乏有效的管理方式方法。这方面，我们必须跟上节拍，下功夫研究解决"[①]。在新技术的推动下，互联网和大数据充分发展，特别是在微传播已成为我国主流传播方式的环境下，人民群众审美需求的变化对文艺创作提出了新的要求，也助推着文艺创作生产方式的转变。

从创作过程来说，与相关技术领域的跨界合作、与新业态有机融合碰撞出新的表现形式，业已成为艺术创新发展的重要引擎。文艺创作还需进一步主动应对互联网技术发展对文艺观念、文艺形态、文艺实践的全新挑战，积极把握新技术、新媒介迭代更新的大趋势，在创作中增强传播意识，丰富文艺样态呈现，满足广大人民群众的精神文

[①] 习近平：《在文艺工作座谈会上的讲话》，北京：人民出版社，2015年，第28—29页。

化需求。如湖南卫视推出的竞技综艺《舞蹈风暴》，从6000组不同风格的舞者中选拔出36组顶尖舞者进入电视甄选，在录制一分钟的舞台展示环节时，通过设置128台摄像机进行360度实时观测，来提炼舞者最为精彩的瞬间，愈发精湛的制作水准与舞蹈艺术相碰撞，经大众传媒手段推向市场，便迅速引发了轰动效应，也使舞蹈艺术由"小圈"走向更广的平台。新冠疫情发生以来，以直播、短视频为代表的传播新技术对文艺传播的巨大推力凸显、力度空前，极大地丰富了人民的精神文化需求，激发了文艺创作的多元化发展，文艺创作也进一步活跃思路，积极借助人工智能、云计算、区块链，以及AR、VR、MR等沉浸式体验集成的新技术活化创作路径。

在以往的文艺创作与文艺评价中，大众鲜有机会参与文艺作品的创作生产，长期以来只能被动地观看。习近平总书记在文艺工作座谈会上指出，把人民作为文艺表现的主体，把人民作为文艺审美的鉴赏家和评判者。这一重要论述为文艺创作提供了规范，更提高了人民群众在整个文艺活动中的地位和价值，增强了他们文艺创作活动的参与权与话语权。在新技术的促进下，互动式、参与式创作与评价也更为凸显。特别是伴随数字交互界面成长起来的青年文化消费者，其网络文化消费呈现出高参与性，并愈发将这种参与性作为文化消费领域的一种主体性诉求，全面渗透进文艺创作生产各环节，促使文艺作品在创作初期就接受到群众评价、市场考验、业界评判。为了更深入地了解网络环境下受众的兴趣和体验习惯，创作者可采用媒体用户渠道数据分析方法，通过平台数据反馈，探索文艺创作的创新点，形成符合观众需求和接受习惯的欣赏、体验、传承模式。

文艺为了人民，也来自人民。搞好文艺创作，应充分认识文艺人民性的价值立场，将其作为推动文艺创作实践的坚定方向，走到人民中去，倾听人民心声，并立足于时代的新特点，进一步激活创作空间，为文艺创作由"高原"向"高峰"攀登打实基础。

文艺审美中人民主体地位的多维存在

张　晶　中国传媒大学资深教授、人文学院院长

2014年10月，习近平总书记在文艺工作座谈会上的讲话是继毛泽东同志延安文艺座谈会讲话之后又一个划时代的重要文献。这个讲话是党在新的历史条件下对文艺工作总的指导方针，不仅为我国文艺事业指明了前进方向，而且创新性地提出了一些重要的美学思想，对于文艺创作和文艺批评都有深刻的启示作用。

习近平同志的讲话，揭示了文艺事业的本质属性，也指出了文艺工作的出发点和落脚点，这对中华美学的当代建设具有非常重要的意义。作为具有当代中国特色的美学理论、美学观念，习近平同志的讲话高屋建瓴地揭示出其基础和核心理论，那就是：文艺事业是党和人民的重要事业，文艺战线是党和人民的重要战线。文艺是为什么人的？毛泽东同志《在延安文艺座谈会上的讲话》已经给出了明确的答案，那就是文艺是为人民服务，为工农兵服务的。而在新的历史条件下，习近平同志并非旧话重提，而是注入了新的时代内涵和强烈的现实指向。习近平同志讲话的一个最重要的词就是：人民。整个讲话全篇都贯穿着以人民为主体的思想精神。分析起来，关于文艺事业，人民的主体地位可以分为人民是文艺审美创造的主体、人民是文艺审美鉴赏的主体和人民是文艺审美评判的主体这几个主要的维度。

一、人民是文艺审美创造的主体

习近平同志的讲话贯穿的一个主线是文艺与人民。人民需要文艺，文艺更需要人民。真正的艺术精品、艺术经典，无不是与时代和人民息息相关的。在文学史和艺术史上留下地位、闪耀光芒的作品，都是传达着人民的情感和诉求的。作为文学家或艺术家的创作，从有署名的作品来看，往往是作家或艺术家个体精神劳动的结晶，而并非集体合作的产物；作为主人公的"我"，是第一人称的"小我"，也就是表现抒情主体个人的情感、意志和悲欢，但真正成为经典，使历代读者、受众能够受到情感兴发，从而历久弥新，并因此越千载而不衰的作品，恰恰又是传写出当时的人民的呼声、情感和诉求的，通过"小我"表现出"大我"。如果说文学家艺术家的个体的内在世界是一个"小我"，而这个"小我"不应该是封闭的，与人民的生活和情感隔绝的。恰恰相反，文学家艺术家的"小我"应该映现人民这个"大我"。从这个意义上说，真正的文艺审美的创造主体——那个隐含着的主体，恰恰应该是：人民。

习近平同志强调："人民是文艺创作的源头活水，一旦离开人民，文艺就会变成无根的浮萍、无病的呻吟、无魂的躯壳。""能不能搞出优秀作品，最根本的决定于是否能为人民抒写、为人民抒情、为人民抒怀。""要虚心向人民学习，向生活学习，从人民的伟大实践和丰富多彩的生活中汲取营养，不断进行生活和艺术的积累，不断进行美的发现和美的创造。要始终把人民的冷暖、人民的幸福放在心中，把人民的喜怒哀乐倾注在自己的笔端，讴歌奋斗人生，刻画最美人物，坚定人们对美好生活的憧憬和信心。"[①] 延安文艺座谈会提出人民生活是文艺唯一的源泉的观点是在全民族进行艰苦卓绝的抗战的背景之下，

[①] 习近平：《在文艺工作座谈会上的讲话》，北京：人民出版社，2015年，第15—17页。

号召文学家艺术家讴歌人民的伟大斗争。而在当今时代，改革开放使中国国力空前强大，商品经济环绕着我们的生活，很多人为了自己的"小我"而忘却"大我"，为了"孔方兄"而辜负了人民的期望，致使低俗的东西冒充艺术品而大行其道。这些东西远不是什么美的事物，而是污染人们心灵的东西。习近平同志认为，人民的伟大实践和丰富多彩的生活是真正美的事物的蕴含，是审美活动的最为重要的对象。美作为对象是在人民的生活之中，在人民的实践之中。这种美的对象是整体性的，是活生生的。向人民学习，向生活学习，一方面是党对文艺工作的指导原则，一方面也是具有创新性的审美创造原则。

二、人民是文艺审美的鉴赏主体

鉴赏与批评，对于艺术生产，对于文艺创作而言，都是非常重要的。没有鉴赏与批评，创作也就没有了动力。一般而言，鉴赏应该是个体的行为。真正的审美感受，应该是在个体的鉴赏中产生的。习近平同志在文艺工作座谈会上的讲话对于鉴赏和批评的问题同样是以人民作为出发点的，并且作出了具有创造性理论内涵的美学表述："要把满足人民精神文化需求作为文艺和文艺工作的出发点和落脚点，把人民作为文艺表现的主体，把人民作为文艺审美的鉴赏家和评判者。"[①] "把人民作为文艺审美的鉴赏家和评判者"，这个提法超越了以往在美学上关于接受和鉴赏的观念与表述。从接受的角度，真正把人民作为主体，这是前所未有的，表达出在党的文艺事业的立场上，对于人民的主体地位的充分尊重。

"人民"是一个集合体，是一个复数，也是无数个体性的鉴赏的共

[①] 习近平：《在文艺工作座谈会上的讲话》，北京：人民出版社，2015年，第13—14页。

同体。从具体的鉴赏而言，说人民是文艺审美的鉴赏家，是对当前文艺审美的理论描述。但它是使文艺鉴赏得到高度升华的美学预期。个体的鉴赏当然会体现出审美趣味的差异性，所谓"说到趣味无争辩"。这不仅在审美中是允许的，而且是常态的和健康的。但是，以人民作为鉴赏家进行美学预期，这就为鉴赏注入了共同美的尺度。鉴赏中的个体性差异，并不排斥寓于个体性的美学通则，或者说是寓于个性中的共性审美尺度。人民作为鉴赏家的提法并不是要消解鉴赏的个体性差异，而是在理论上凝聚和明晰文艺审美中的健康的、积极的、向上的共性审美尺度。伟大的实践、健康的生活和核心价值观就寓于人民之中。人民作为鉴赏家，这是最有资格的。

把人民作为文艺审美的鉴赏家，是对艺术家的创作提出的内在要求。作者如果能以"把人民作为文艺审美的鉴赏家和评判者"的理念作为创作的前设，真正尊重人民作为鉴赏与批评的"行家里手"，就会倾注最大的热情，以锐意创新的态度来对待创作，从而创造出艺术精品，也就是如习近平同志所说的"精益求精搞创作，把最好的精神食粮奉献给人民"。

三、人民作为文艺审美的评判者主体

习近平同志在讲话中不仅把人民作为文艺审美的鉴赏家，还作为文艺审美的评判者，这其实也是对艺术家而言的。评判也就是文艺批评，似乎这是带有些专业的味道。其实真正的评判还是在人民中间。把人民作为文艺审美的评判者，首先是人民掌握着对文学艺术最根本的审美标准，因为审美评价必须是以审美标准为其依据的。评价活动往往是由个体的形式进行的，但审美标准却应该是社会的。在人民那里，有着最为根本的标准。习近平同志所说的"社会主义文艺，从本质上讲，就是人民的文艺""文艺要反映好人民心声，就要坚持为人民服务、为社会主义服务这个根本方向。这是党对文艺战线提出的一项基本要求，也是决定我国文艺事业前途命运的关键""要把满足人民精神文化需求作为文艺和文艺工作的出发点和落脚点"。[①]这是党对文艺事业的要求，其实也是人民对文艺的根本标准。

随着人民物质生活水平的不断提高，人民对于文艺的需要、对于审美的需要也有了很大变化。马克思曾经指出："人的需要的丰富性，从而生产的某种新的方式的某种新的对象在社会主义的前提下具有何等的意义：人的本质力量的新显现和人的存在的新的充实。"[②]人民的审美需要，也就是人民作为评判者的标准。真正地尊重人民作为评判者，就要深入体察人民的审美需要，用自己思想精深、艺术精湛、制作精良的作品使人民得到真正的审美享受。我们说"人民"，主要不在于数量的最大化，而在于人民代表了历史前进的方向，代表时代的发展趋势，也代表了审美的"向上一路"。习近平同志还颇为具体地指出："随着人民生活水平不断提高，人民对包括文艺作品在内的文化产品的质量、品位、风格等的要求也更高了。文学、戏剧、电影、电视、音乐、舞蹈、美术、摄影、书法、曲艺、杂技以及民间文艺、群众文艺等各领域都要跟上时代发展、把握人民需求，以充沛的激情、生动的笔触、优美的旋律、感人的形象创作生产出人民喜闻乐见的优秀作品，让人民精神文化生活不断迈上新台阶。"[③]

[①] 习近平：《在文艺工作座谈会上的讲话》，北京：人民出版社，2015年，第13—14页。

[②] [德]马克思：《1844年经济学哲学手稿》，刘丕坤译，北京：人民出版社，1979年，第85页。

[③] 习近平：《在文艺工作座谈会上的讲话》，北京：人民出版社，2015年，第14页。

四、人民与文艺审美：美学理论的升华

习近平同志在文艺工作座谈会上的讲话不是专门的美学理论研究，而是党在现阶段对文艺工作的指导方针，它也从美学理论方面给我们以深刻的启示。把文艺事业与人民紧紧联系在一起，这是贯穿讲话的一条红线。从美学和文艺理论的角度看，这与之前的"人民性"是有传承关系的；而将人民和文艺审美的关系作为美学思想加以考量的话，又可以视为美学的一个新的理论增长点。

德国古典哲学家康德在他的美学体系中提出的首要的审美原则就是"审美无利害"。康德把其作为审美和非审美的分水岭。康德在《判断力批判》中提出："那规定鉴赏判断的快感是没有任何利害关系的"。又说："每个人必须承认，一个关于美的判断，只要夹杂着极少的利害感在里面，就会有偏爱而不是纯粹的欣赏判断了。人必须完全不对这事物的存在有偏爱，而是在这方面纯然淡漠，以便在欣赏中，能够做个评判者。"[①] 康德提出的"审美无利害"的美学命题，在传统美学中一向被作为审美的金科玉律，也是不可逾越的雷池。而在当下消费主义盛行、视觉图像充斥的时代，康德的审美定律遭到了严重的质疑和挑战。如果完全按着康德的铁律来判定，那么，无论在文艺领域，还是其他领域，审美将不复存在；而如果消弭了这个界限，审美的超越也同样不复存在。这是一个两难的境地，也是一个美学的悖论。习近平同志关于人民和文艺审美关系的论述，对我们理解这个问题可以提供一个方向性的思路。审美与非审美的标准仍然是要有的，否则也就没有了审美的超越感。但是，如果绝对地把利害感排除在审美之外，当下的审美事物就都会被过滤掉。我们不妨这样理解：个体的、物质的、

[①] [德]康德：《判断力批判》，宗白华译，北京：商务印书馆，1964年，第41页。

直接的利害感是与审美相妨碍的,如果在主体和客体之间夹杂着这些因素,就难以进入审美状态;而对人民是有利的,是有价值的,是真善美的,恰恰是真正的文艺审美所必须具备的。习近平同志所说的"好的文艺作品就应该像蓝天上的阳光、春季里的清风一样,能够启迪思想、温润心灵、陶冶人生,能够扫除颓废萎靡之风"。[①]这是对于人民的大利,是最佳最美的价值,岂能排除在审美之外?对于人民有利的,正是我们文艺审美的必要条件!

学习、理解、落实习近平总书记在文艺工作座谈会上的讲话,是文艺界和理论界的内在需要。作为社会主义中国的文艺工作者,作为一个理论工作者,主动地、深入地把习近平同志的讲话精神内化到思想观念中去,是搞好文艺工作、提升理论研究的最好的动力。从美学的角度对讲话所作的理解,也许不乏误解和偏颇之见,但是在美学观念上却得到了启悟。

[①] 习近平:《在文艺工作座谈会上的讲话》,北京:人民出版社,2015年,第23页。

从"人民性"到"以人民为中心"的文艺观

张玉能　华中师范大学文学院教授

习近平新时代中国特色社会主义思想,在马克思、列宁、毛泽东、邓小平等马克思主义经典作家关于文艺的人民性论述的基础上,进一步提出了"以人民为中心"的文艺观,把文艺的人民性问题提到了新时代的新高度,为中国特色社会主义文艺的繁荣发展开辟了道路,为中国文艺的全球化发展指明了方向。中国文艺不仅要继续努力推进马克思主义美学和文论中国化,为社会主义中国人民服务,而且要继续努力实现《共产党宣言》的"世界文学"思想,为建构人类命运共同体而造福于世界人民。

一、"人民性"的提出

文艺的"人民性"概念最早是由俄国革命民主主义者提出的。据苏联文艺学家顾尔希坦说,在文学批评中第一次使用"人民性"这个概念的人,是18世纪俄国学者拉地谢夫[1],而现在文艺理论研究中的

---

[1] [苏联]顾尔希坦:《文学的人民性》,戈宝权译,北京:天下出版社,1951年,第4、22页。

"人民性"概念的直接来源却是19世纪俄国革命民主主义批评家别林斯基、车尔尼雪夫斯基和杜勃罗留波夫。他们的文艺理论研究论著和文学批评大量运用了文艺的"人民性"概念,其中特别是杜勃罗留波夫,他不仅大量使用了文艺的"人民性"概念,而且还专门写了《论俄国文学发展中人民性渗透的程度》《俄国平民性格特征》等鸿篇巨制,系统地论述和阐发了文艺的"人民性"概念。杜勃罗留波夫指出:不能仅仅"把人民性了解为一种描写当地自然的美丽,运用从民众那里听到的鞭辟入里的语汇,忠实地表现其仪式、风习等等的本领",这些只限于"人民性的形式","可是要真正成为人民的诗人,还需要更多的东西,必须渗透着人民的精神,体验他们的生活,跟他们站在同一水平,丢弃阶级的一切偏见,丢弃脱离实际的学识等等,去感受人民所拥有的一切质朴的感情",要使诗歌具有真正的人民性,诗人就必须冲破"某一个派别,某一个阶级的局部利益","从大公无私的观点,从人的观点,从人民的观点来解释"一切,以深厚真挚的同情心去"表现人民的生活,人民的愿望"。[①]

马克思主义美学和文论的创始人马克思早就强调作家与人民不可分割的关系。他认为作家应该"同人民的机体联系在一起"[②]。马克思在《第六届莱茵省议会的辩论》(1842年)中还说过:"人民历来就是作家'够资格'和'不够资格'的唯一判断者。"[③] 列宁在领导俄国无产阶级革命时,制定了把工人阶级与其他劳动人民,特别是宗法制度下的农民联盟的革命策略,突出了"人民"概念。在美学和文论思想上,

---

① [俄]杜勃罗留波夫:《杜勃罗留波夫选集》第二卷,辛未艾译,上海:上海文艺出版社,1959年,第143、184、137、187、60页。

② [德]马克思:《致齐迈耶尔》,《马克思恩格斯全集》第33卷,北京:人民出版社,1973年,第178页。

③ 北京师范大学中文系文艺理论教研室编:《文学理论学习参考资料》(下),沈阳:春风文艺出版社,1982年,第1164页。

列宁批判继承并发扬光大了别林斯基、车尔尼雪夫斯基、杜勃罗留波夫等俄国革命民主主义美学和文论的"人民性"思想，提出了无产阶级文学的党性原则和人民性原则，将文艺事业当作一部巨大的社会民主主义机器的"齿轮和螺丝钉"，明确了文艺"为千千万万劳动人民"服务的宗旨。在《党的组织和党的文学》（一译《党的组织和党的出版物》，《新生活报》1905年11月13日）中他指出："这将是自由的写作，因为把一批又一批新生力量吸引到写作队伍中来的，不是私利贪欲，也不是名誉地位，而是社会主义思想和对劳动人民的同情。这将是自由的写作，因为它不是为饱食终日的贵妇人服务，不是为百无聊赖、胖得发愁的'几万上等人'服务，而是为千千万万劳动人民，为这些国家的精华、国家的力量、国家的未来服务。这将是自由的写作，它要用社会主义无产阶级的经验和生气勃勃的工作去丰富人类革命思想的最新成就，它要使过去的经验（从原始的空想的社会主义发展而成的科学社会主义）和现在的经验（工人同志们当前的斗争）之间经常发生相互作用。"蔡特金在《列宁印象记》中也转述了列宁的话："艺术属于人民。它必须深深地扎根于广大劳动群众中间。它必须为群众所了解和爱好。它必须从群众的感情、思想和愿望方面把他们团结起来并使他们得到提高。它必须唤醒群众中的艺术家并使之发展。"[①]

二、"二为"方针与人民性

毛泽东把马克思列宁主义美学和文论思想中国化，进一步继承发扬丰富了马克思主义美学和文论的"人民性"思想观点。在《新民主主义论》（1940年）中他强调："必须将古代封建统治阶段的一切腐朽

[①] 周扬编：《马克思主义与文艺》，北京：作家出版社，1984年，第163、164页。

的东西和古代优秀的人民文化即多少带有民主性和革命性的东西区别开来",以便"剔除其封建性的糟粕,吸收其民主性的精华"。[①]《在延安文艺座谈会上的讲话》(1942年)中又进一步指出:"无产阶级对于过去时代的文学艺术作品,也必须首先检查它们对待人民的态度如何,在历史上有无进步意义,而分别采取不同的态度。"[②] 综合马克思、列宁、毛泽东的论述,文艺的人民性可以概括为:文艺和文艺作品来源于人民、服务于人民、由人民评价的性质,主要表现为文艺和文艺作品的民主性、革命性、先进性。

由此可见,文艺的人民性是马克思主义美学和文论,特别是东方马克思主义美学和文论、中国化马克思主义美学和文论的一个根本原则。这是由马克思主义的理论和实践都是为了世界上绝大多数的劳动者,即人民群众的利益所决定的。在半殖民地半封建社会的旧中国,工人阶级的新民主主义革命必须与占人口大多数的广大农民群众结成工农联盟,才可能取得革命的胜利,所以土地革命就一直是中国民主革命的根本,而中国化马克思主义——毛泽东思想所探讨的中国新民主主义革命道路也就是"农村包围城市",农民和农村是中国新民主主义革命的重中之重。这样,由工人阶级和农民阶级所组成的工农联盟就是"人民"的主力军,革命的主力就不仅仅是工人阶级,而更多的则是农民群众,甚至到了抗日战争时期,小资产阶级和民族资产阶级也成为可以争取的革命力量,从而也成为"人民"中的成员,这样就组成了共产党领导下的抗日民族统一战线。毛泽东在总结中国革命胜利的经验时,就把"统一战线"视为中国革命胜利的"一大法宝"。因此,中国新民主主义革命,就是中国无产阶级领导的,以工农联盟为

[①] 毛泽东:《毛泽东选集》第二卷,北京:人民出版社,1991年,第707—708页。

[②] 毛泽东:《毛泽东选集》第二卷,北京:人民出版社,1991年,第867页。

基础的，最广泛的人民群众的统一战线的革命。中国新民主主义革命所建立的新中国，也就是中国共产党领导的，以工农联盟为基础的，人民民主专政的国家。那么，到了社会主义革命和建设阶段，特别是1956年社会主义改造基本完成以后，应该是以经济建设为中心，发展社会生产力水平，以满足人民日益增长的各种物质和精神的需要，然而，由于领导人错误地估计了阶级矛盾和阶级斗争的形势，仍然"以阶级斗争为纲"，最终在人为的阶级斗争之中，发生了文化大革命十年浩劫。这是一个惨痛的历史教训。

粉碎了"四人帮"反党集团之后，中国社会进入解放思想、改革开放的新时期，党的十一届三中全会明确了"以经济建设为中心"的方针。在文艺上，邓小平的《在中国文学艺术工作者第四次代表大会上的祝词》（1979年10月30日）明确用"文艺为人民服务，为社会主义服务"的"二为"方针取代了过去的"文艺从属于政治""文艺为政治服务"的口号。这就为"人民性"正名定性了。

三、"以人民为中心"的文艺观

党的十九大胜利召开，新时代中国特色社会主义思想为中国当代美学和文论的发展指明了方向，开辟了道路，其中"以人民为中心"的文艺观是习近平新时代中国特色社会主义文艺理论的核心。习近平新时代中国特色社会主义思想，继承发展丰富了马克思主义美学和文论，进一步把马克思主义美学和文论中国化，在总结历史经验教训的基础上确立了"以人民为中心"的文艺观，为文艺为人民服务和建构人类命运共同体的历史使命指明了方向。

习近平总书记在文艺工作座谈会上的讲话中说："社会主义文艺，从本质上讲，就是人民的文艺。""文艺要反映好人民心声，就要坚持为人民服务、为社会主义服务这个根本方向。这是党对文艺战线提出的一项基本要求，也是决定我国文艺事业前途命运的关键。""以人民为中心，就是要把满足人民精神文化需求作为文艺和文艺工作的出发点和落脚点，把人民作为文艺表现的主体，把人民作为文艺审美的鉴赏家和评判者，把为人民服务作为文艺工作者的天职。"[①] 习近平总书记在党的十九大报告中指出：中国特色社会主义进入新时代，我国社会主要矛盾已经转化为人民日益增长的美好生活需要和不平衡不充分的发展之间的矛盾。正是这种对于社会主要矛盾转化的清醒认识使得习近平新时代中国特色社会主义思想更加强调"以人民为中心"的思想。在文艺理论方面，习近平总书记再一次强调指出：社会主义文艺是人民的文艺，必须坚持以人民为中心的创作导向，在深入生活、扎根人民中进行无愧于时代的文艺创造。要繁荣文艺创作，坚持思想精深、艺术精湛、制作精良相统一，加强现实题材创作，不断推出讴歌党、讴歌祖国、讴歌人民、讴歌英雄的精品力作。发扬学术民主、艺术民主，提升文艺原创力，推动文艺创新。倡导讲品位、讲格调、讲责任，抵制低俗、庸俗、媚俗。加强文艺队伍建设，造就一大批德艺双馨名家大师，培育一大批高水平创作人才。"以人民为中心"的文艺观主要突出了：文艺和文艺作品应该来源于人民的生活，文艺工作者应该以无愧于我们时代的优秀文艺精品力作为人民服务，人民应该是文艺和文艺作品的审美鉴赏者和评价者。

"以人民为中心"的文艺观，不仅给文艺工作者指明了为人民服务、为社会主义服务的方向，而且也开辟了全球化时代中国文艺工作者为构建人类命运共同体服务的道路。习近平总书记在党的十九大报告中指出："坚持以人民为中心。人民是历史的创造者，是决定党和国家前途命运的根本力量。必须坚持人民主体地位，坚持立党为公、执

[①] 习近平：《在文艺工作座谈会上的讲话》，北京：人民出版社，2015年，第13—14页。

政为民，践行全心全意为人民服务的根本宗旨，把党的群众路线贯彻到治国理政全部活动之中，把人民对美好生活的向往作为奋斗目标，依靠人民创造历史伟业。"这是指在中国国内，我们的一切工作都应该"以人民为中心"，文艺工作当然也不能例外。这种在国内一切领域中的"以人民为中心"的思想，充分认识了新时代中国特色社会主义的实际现实，是把马克思主义中国化、当代化、大众化的具体表现。同时，他还说：坚持推动构建人类命运共同体。中国人民的梦想同各国人民的梦想息息相通，实现中国梦离不开和平的国际环境和稳定的国际秩序。必须统筹国内国际两个大局，始终不渝走和平发展道路、奉行互利共赢的开放战略，坚持正确义利观，树立共同、综合、合作、可持续的新安全观，谋求开放创新、包容互惠的发展前景，促进和而不同、兼收并蓄的文明交流，构筑尊崇自然、绿色发展的生态体系，始终做世界和平的建设者、全球发展的贡献者、国际秩序的维护者。这种"以人民为中心"的思想是具有国际主义和全球化视野的高瞻远瞩，是对当前世界"和平和发展"主潮的充分肯定，在美学和文论思想上也是继承发展丰富了马克思主义美学和文论的"世界文学"思想观点的新时代中国特色社会主义文艺理论思想。

马克思、恩格斯在《共产党宣言》（1848年）中曾经预言和呼唤过"世界文学"[①]的到来。马克思、恩格斯以历史唯物主义的基本原理阐述了资本主义工业化使得整个世界的民族和地方都日益相互作用，相互融合，相互交往，中世纪那种欧洲各国、各民族相互隔绝，闭关自守的状态被资本主义工业化和现代化进程所打破。这种状况不仅影响到了物质生产劳动、经济基础方面，同样也影响到了精神生产方面，因此，文学艺术也打破了民族和地方的局限性，产生了一种全世界人民

---

① ［德］马克思、恩格斯：《共产党宣言》，北京：人民出版社，1997年，第31页。

可以共享的"世界文学"。今天，习近平新时代中国特色社会主义思想同样也在世界进一步全球化的情势下，从"以人民为中心"的思想观点出发，以博大宽广的胸怀展望了世界和平和发展的主流中世界各族人民的共同发展，共同进步的愿景，提出了构建人类命运共同体的伟大设想。这个"人类命运共同体"，不仅表现在"经济全球化"，也体现在人类的精神文化生产上。这个"人类命运共同体"在文化艺术方面，也就是马克思、恩格斯的"世界文学"愿景的再现。这种设想就是建立在整个世界和文化艺术的"人民性"的思想基础上的，世界各族人民完全可以在不断消除剥削压迫者的过程中逐步相互融合，相互交流，互利互惠，共享互赢，不仅以物质生产产品来交流互惠，而且可以以各具民族特色的文化艺术产品共享互惠，努力建构起人类命运共同体。

习近平新时代中国特色社会主义思想把中国革命胜利的航船导引到了一个崭新的时代。这个新时代已经不再是"以阶级斗争为纲"的历史时代，而是一个"以人民为中心"的时代。习近平总书记在十三届全国人大第一次会议上全票当选为国家主席、中央军委主席后的讲话更加热情洋溢地阐述了"以人民为中心"的思想。因此，中国特色社会主义文学艺术和文艺理论也应该是"以人民为中心"的。这种"以人民为中心"的文艺观恰恰就是新时期中国当代美学和文论界所讨论的文艺的人民性的进一步展开，习近平新时代中国特色社会主义思想把新时期"人民性"的思想结晶与马克思主义美学和文论中国化紧密结合起来，从而形成了新时代中国特色社会主义思想的"以人民为中心"的文艺观。

网络文艺安全是时代新课题

张金尧　北京市习近平新时代中国特色社会主义思想研究中心研究员

近年来，党和国家高度重视互联网工作，在理论和实践上都取得了历史性成就。正如习近平总书记在2018年4月20日全国网络安全和信息化工作会议上所强调的，我们不断推进理论创新和实践创新，不仅走出一条中国特色治网之道，而且提出一系列新思想新观点新论断，形成了网络强国战略思想。

"决不能同这样的历史机遇失之交臂"

2013年5月，印度出台《国家网络安全策略》，目标是"安全可信的计算机环境"。2013年6月，日本出台《网络安全战略》，明确提出"网络安全立国"。2014年2月，时任美国总统奥巴马宣布启动美国《网络安全框架》。2014年2月，德、法两国领导人探讨建立欧洲独立互联网，拟从战略层面绕开美国以强化数据安全，且欧盟三大领导机构明确，在2014年底通过欧洲数据保护改革方案。2014年2月27日，中央网络安全和信息化领导小组宣告成立，在北京召开了第一次会议，中共中央总书记、国家主席、中央军委主席习近平亲自担任组长。为何这些世界重要经济体几乎在同一时间段纷纷出台网络安全战略,并成立机构以确保实施?关键一条,那就是各国均认识到数字时代无形网络疆域与有形的地理疆域一样"守土有责",都需要发展,都需要安全。因此,打造网络世界竞争新优势,建设坚固可靠的国家网络安全体系,是中国必须作出的战略选择,正如习近平总书记站在民族生存与发展的高度审时度势指出:"敏锐抓住信息化发展历史机遇,自主创新推进网络强国建设","信息化为中华民族带来了千载难逢的机遇","决不能同这样的历史机遇失之交臂"。

网络文艺工作要"主动参与网络空间国际治理进程"

自 2014 年起,我国每年都开展网络安全宣传周活动,可以说网络安全意识深入人心。2020 年国家网络安全宣传周于 9 月 14 日至 20 日在全国范围内开展,重点贯彻落实习近平总书记对国家网络安全工作提出的"四个坚持"重要原则,把握新要求,展现新作为。2020 年网络安全宣传周的主题为"网络安全为人民,网络安全靠人民"。同样,就网络文艺工作来说,也应当贯彻网络强国战略思想,高度重视网络安全,"决不能同这样的历史机遇失之交臂",也应"主动参与网络空间国际治理进程"。当前,网络文艺的兴盛正在进一步印证加拿大传播学家麦克卢汉"地球村"的论点,网络文艺不仅充分体现了"媒介是人体的延伸",更以审美意识形态沟通着地球"村民"的精神世界。然而,在构建"人类命运共同体"的文明互鉴中,我们也不可忽视文化交流背后的"媒介帝国主义"。

全媒体是全球化的基本特征,而全球化的最大危机就是文化危机,这种危机的主要表现就是"芯片、大片、薯片"带来的文化的同质化。英国学者弗朗西斯·斯托纳·桑德斯著有《文化冷战与中央情报局》,该书根据解密文件以及一些私人档案材料和对文化冷战当事人的采访记录，揭露了令人震惊的事实。在冷战高潮中，美国政府投入巨资，由美国中央情报局执行一项秘密文化宣传计划，正如该书前言所说："如果我们把冷战界定为思想战，那么这场战争就具有一个庞大的文化武器库，所藏的武器是刊物、图书、会议、研讨会、美术展览、音乐会、授奖等等。"书中还披露，美国的博物馆和艺术收藏馆在中情局授意下，大量收藏当代艺术和先锋艺术作品，以此摧毁古典和现代经典艺术，"中央情报局是50年代美国最好的艺术评论家""我们是抽象表达主义运动的真正缔造者"。的确，对此我们可以举出太多例证。例如，在当下全媒体时代，无孔不入的书画艺术市场信息当然可以成为"一部分人"对"另一部分人"的工具。君不见，我们一些早有公论的优秀的书画作品，在国外书画市场受到无情打压，而一些"新锐"书画艺术家却在国外屡屡获奖，并在书画市场上获得国外买家青睐。这样一来，一些没有欣赏"法眼"、创作"定力"的艺术家们对自己民族的美学特征和创作手法产生了怀疑，而不得不追随于那些诸如"射书"等"新锐"书画艺术家的"赵公元帅"的指挥棒下。而这，恰好是全媒体时代下深具中华美学精神的书画艺术安全隐忧的又一例证。

网络文艺的人民性："繁荣社会主义文艺的有生力量"

毛泽东《在延安文艺座谈会上的讲话》指出："为什么人的问题，是一个根本的问题，原则的问题。"同样，随着互联网时代的到来，尤其是随着以社交媒体传播为主要传播手段的多屏媒体的深度融合，人人拥有"话筒"，个个拥有"摄像机"，网络文艺生产和传播都呈现出大众化态势，但我们依然不能忘记这一个"根本问题"，应当深知网络文艺同样具有深刻的从人民中来、为人民服务的人民性。近些年来，民营文化工作室、民营文化经纪机构、网络文艺社群等新的文艺组织大量涌现，网络作家、签约作家、自由撰稿人、独立制片人、独立演员歌手、自由美术工作者等新的文艺群体十分活跃。正如习近平总书记在文艺工作座谈会上指出的,"这些人中很有可能产生文艺名家,古今中外很多文艺名家都是从社会和人民中产生的。我们要扩大工作覆盖面,延伸联系手臂,用全新的眼光看待他们,用全新的政策和方法团结、吸引他们,引导他们成为繁荣社会主义文艺的有生力量。"[①] 习近平总书记站在新时代对网络文艺工作坚持"以人民为中心的创作导向",这与马克思主义文艺观一脉相承,这"脉"就是马克思主义经典理论家一贯坚持的文艺创作的"人民性"。历史和现实告诉我们,网络文艺和其他文艺形态一样,一旦离开人民的阅读、人民的收听、人民的观看,文艺作品就没有了欣赏的对象、评鉴的主体、检验的尺度。一句话,离开了人民,网络文艺作品就没有了价值和意义。因此网络文艺作品的最大危险或者说最大的不安全,就是背离人民性。当然,网络文艺创作也应当防止"尾巴主义"。那种认为群众要怎么办就怎么办的口号是十分错误的,也正如毛泽东同志所指出的"对于人民群众中发生的不正确的意见,则必须教育群众,加以改正",否则就是"违反了领导群众前进一步的原则,害了'慢性病'"。曾有一段时间,电影唯票房、电视剧唯收视率、网络文艺唯点击率就是一种"伪人民"观。习近平总书记多次强调,要树立以人民为中心的工作导向,"把服务群众与教育引导群众结合起来,把适应需求与提高素养结合起来"。这"两个结合"充满了辩证法,是对于消极顺应落后、低级趣味而放弃积极教育引导的脱离人民倾向的警戒和根治良方。

[①] 习近平:《在文艺工作座谈会上的讲话》,北京:人民出版社,2015年,第28页。

网络文艺要"坚持营造风清气正的网络空间"

互联网技术和新媒体改变了文艺形态,催生了一大批新的文艺类型。网络文艺主要存在四种形态。一是文字类网络文艺,包括网络小说、网络诗歌等在内的网络文学类型。二是视频类网络文艺,指以网剧为代表的网络文艺形态,包括专为网络播出而创作的网剧、微电影,也包括在网络上播放的电影和电视剧,以及网络文艺的视频节目、网络广告性视频等。三是音频类网络文艺,指对应网络播放的音乐和通过无线终端在手机上播放的各种网络"说书"等音乐增值服务。四是其他类网络文艺,指不归入上述类型,但也涉及表演、戏剧因素的一些综艺类杂糅节目。这些类型的网络文艺创作就是传统文艺观念和文艺实践深刻变化的具体体现。

习近平总书记在全国宣传思想工作会议上的讲话指出,要推出更多健康优质的网络文艺作品,坚持营造风清气正的网络空间。毋庸讳言,现在网络文艺质量良莠不齐,一些网络文艺节目甚至价值导向混乱,艺术品位低下。一些网络文艺节目提升观众审美情趣不足,躲避崇高、远离理想、戏谑搞笑、不思进取有余。主要表现在一些网络热门小说成为网络 IP 影视改编的宠儿,在资本的推波助澜下往往还未进行史学考证与文化审视就已经转化为网络影像作品。一些网络热播剧丧失文化自信和历史自觉,打着"玄幻""架空"的旗号进行了一场对历史文化、古典文化的网络"解构"与"重构"。一些网络文艺更为"取巧",在复兴"国学"的现实语境下,在弘扬优秀传统文化方面,都或多或少充斥着一种"伪国风"现象。所谓"伪国风"现象,就是在文艺创作中冠之以"国风""古典"之名,貌似借用了历史典故、经典作品、经典人物形象等元素,实以无可考证的服装造型、语言修辞、历朝历代进行不知族群的"恶搞""戏说",油滑而不深沉,远谈不上让观众获取中华民族生生不息的历史智慧。因此,这类作品基本没有历史自觉和文化自信。

网络文艺要"举精神之旗、立精神支柱、建精神家园"

在网络文艺如火如荼发展的当下,如何高度重视网络文艺安全、坚守国家文化长城,是研究当前网络文艺的重要课题。面对这一时代叩问,我们还须全面辩证地把握问题之枢机,既要坚定文化自信,又要创造性转化,创新性发展,这是网络文艺弘扬中华优秀传统文化的应有的辩证法。可以说,守正创新是网络文艺培根铸魂的根本之路,这首先表现在网络文艺呈现形式上应当弘扬独具民族特色的中华美学精神。中华美学精神有哪些内涵?有学者对此作了高度概括:中华美学思想、理论和精神具有极其鲜明的民族思维和民族学理标识,概括起来,主要是更重天人合一、道法自然的和谐包容理念,既入世又出世的人间情怀和营造意象的诗性写意品格。这就从宇宙观、社会观、文艺观等层面将中华美学精神置于人类思之能及的宏大视野去考察。具体而言,网络时代文艺发展也要秉持"守正",就是不论是纸质媒介时代,还是电影电视时代,抑或今日之网络媒体时代,都应认同中华民族"文化基因",都应对中华优秀传统文化进行弘扬与传承。即应当高度认同,网络文艺虽然基于不同历史时期呈现出不同成长形态,但其成长发展所依据的文化"基因序列"具有一致性与恒定性。随着我国经济社会深刻变革、对外开放日益扩大、互联网技术和新媒体快速发展,各种思想文化交流交融交锋更加频繁,要高度认识到《关于实施中华优秀传统文化传承发展工程的意见》中的三个"迫切需要"。即"迫切需要深化对中华优秀传统文化重要性的认识,进一步增强文化自觉和文化自信;迫切需要深入挖掘中华优秀传统文化价值内涵,进一步激发中华优秀传统文化的生机与活力;迫切需要加强政策支持,着力构建中华优秀传统文化传承发展体系"。正如 2014 年 10 月 15 日习近平总书记在文艺工作座谈会上指出的,"要适应形势发展,抓好网络文艺创作生产,加强正面引导力度"①,"中华优秀传统文化是中华民族的精神命脉,是涵养社会主义核心价值观的重要源泉,也是我们在世界文化激荡中站稳脚跟的坚实根基"②。

---

① 习近平:《在文艺工作座谈会上的讲话》,北京:人民出版社,2015年,第12页。

② 习近平:《在文艺工作座谈会上的讲话》,北京:人民出版社,2015年,第25页。

社会主义核心价值观是文艺作品的精神支柱

张德祥　中国文艺评论家协会副主席

　　文化艺术产品的价值，首先取决于作品本身所承载的价值观。孔子编《诗经》就是从作品的价值观出发，把一些有悖人伦良俗的篇章删去，留下了三百篇。"诗三百，一言以蔽之，曰：'思无邪'。"[①] 思无邪，就是心诚意正，情感健康，价值观正确。为什么他很看重"思无邪"？因为文化艺术从来就是思想观念的表达，对世道人心有"潜移默化"的作用。什么样的价值观，就会化育出什么样的社会风气。观风而知世之治乱。可见，文化艺术品的创作生产绝不是一般意义上的商品生产，而是作用于人心的精神观念的生产，是培根铸魂的工作，关系到一个民族的精神健康和一个国家的文明进步。培什么根，铸什么魂，关键在于价值观念。

---

　　① 杨伯峻译注：《为政篇第二》，《论语译注》，北京：中华书局，1980年，第11页。

一、社会主义核心价值观是艺术价值的生命线

习近平总书记指出:"人类社会发展的历史表明,对一个民族、一个国家来说,最持久、最深层的力量是全社会共同认可的核心价值观。核心价值观,承载着一个民族、一个国家的精神追求,体现着一个社会评判是非曲直的价值标准。"[①] 一个民族的进步、一个国家的发展离不开价值观的引领。中华民族正走在复兴的道路上,同时又处于世界百年未有之大变局当中,自然离不开正确价值观的引领。文化艺术作品恰恰是传播价值观的重要载体。因此,社会主义核心价值观之于当代文化艺术创作生产有着极为重要的意义。很显然,社会主义核心价值观是当代中国的价值坐标,体现了国家发展、民族复兴、社会进步和人民向往美好生活的时代精神,是社会公平正义的体现,是人类良知的价值取向。进步的文艺,总是站在时代前列,感时代风气之先,给国民精神以引领。以人民为中心的创作导向,是由社会主义文艺的性质所决定的,就必然感应着中国特色社会主义新时代的脉搏,把社会主义核心价值观融入文化艺术创作生产中去,使文艺成为人们践行社会主义核心价值观的一种精神助力,成为推动中华民族伟大复兴的精神动力。

社会主义核心价值观是当代文化艺术产品的价值坐标,离开它,就可能出现价值偏差,甚至滑向歧途。比如,曾经出现的低俗、庸俗、媚俗的"三俗"现象,以突破道德底线、伦理底线为能事,迎合市场,滑向了拜金主义的泥潭,进而把文化生产拖入"三俗"的泥潭,在市场经济大潮中迷失了方向。再比如,有些作品为迎合西方某些政治理念、以西方的意识形态为是非,不惜虚构"历史",极尽艺术"修辞"

[①] 习近平:《青年要自觉践行社会主义核心价值观(2014年5月4日)》,《习近平谈治国理政》,北京:外文出版社,2014年,第168页。

之能事，颠覆历史，为被中国人民推倒的三座大山及其代理人翻案，这就不仅滑入了历史虚无主义，而且走向了社会主义的对立面。这样的价值观，不仅背离了社会主义核心价值观，也必然背离了文艺的人民性，不仅对当代文艺造成了伤害，而且在社会上引起了价值观的某种混乱。再比如，曾经流行的娱乐至上、消费至上观念支配下的文化艺术市场，屡屡出现"恶搞"现象，哗众取宠，以"颜值"取代"思想价值"，等等，这些都是价值观出现偏差而导致的结果。可见，文化艺术产品的创作生产，不能离开正确价值观的引导，不能脱离社会主义核心价值观的坐标。从这个意义上来说，社会主义核心价值观是艺术价值的生命线，也是以人民为中心的创作导向的价值观保障。

二、社会主义核心价值观从具体的历史实践中来

要把社会主义核心价值观融入文化艺术产品的创作生产中，首先要从思想上认同核心价值观。只有理解了、认同了，才能自觉地把核心价值观作为认识社会、反映生活的价值导向，才能在创作中融会贯通、润物无声。对社会主义核心价值观的理解和认知，仅仅从概念出发是不可能真正感知其深刻历史内涵的。我们要从历史出发，从五千年中华民族历史的演进规律及文明道统出发，尤其是要深刻理解近代以来中华民族由衰亡到复兴的伟大转折的历史进程及其内在逻辑。更要放眼世界，认识近五百年来西方列强的弱肉强食、全球扩张及殖民主义历史，看其科学技术、经济方式、意识形态、治理体系、价值观的嬗变轨迹。只有在这样的大历史观中，才能真正看清近代以来旧中国是如何在积贫积弱中被列强欺凌，中华民族又是如何上下求索、浴血奋战、浴火重生，最终走上了社会主义道路。只有社会主义能够救中国，只有中国特色社会主义能够发展中国。这不只是结论，更是历史的内在逻辑。因此，要真正认知社会主义核心价值观，就要全面深

入地感知中华民族为什么这样走来，以及走上社会主义道路的历史必然性。只有这样，才能把社会主义核心价值观和新中国历史以及中国特色社会主义道路打通，才能科学地、艺术地讲好中国故事。社会主义核心价值观不是抽象的概念，而是伟大的实践，有其不以个人意志为转移的历史必然性，正如习近平总书记所说："70 年砥砺奋进，我们的国家发生了天翻地覆的变化，中华民族迎来了从站起来、富起来到强起来的伟大飞跃。无论是在中华民族历史上，还是在世界历史上，这都是一部感天动地的奋斗史诗。希望大家深刻反映 70 年来党和人民的奋斗实践，深刻解读新中国 70 年历史性变革中所蕴藏的内在逻辑，讲清楚历史性成就背后的中国特色社会主义道路、理论、制度、文化优势，更好用中国理论解读中国实践，为党和人民继续前进提供强大精神激励。"[①]

三、社会主义核心价值观引领当代文艺创作

社会主义核心价值观是一种价值理想，是激励人们追求美好社会和幸福生活的价值目标，因而是面向未来的开放的价值体系，涵盖一切有利于人类和平发展、和谐进步的思想价值。比如人类命运共同体的思想，就体现了人类和平发展、共同进步的价值取向，适用于全人类。因此，对社会主义核心价值观的理解不能囿于一时一域，而要放眼世界、面向未来，看社会发展、文明互鉴、人类福祉的价值追求。也只有这样，才能更好地把社会主义核心价值观融入文化艺术创作的想象中，化为思想与灵魂。艺术借助于想象来把握世界，尤其是当今科学技术发展为艺术想象提供了一个高科技的平台，艺术想象从高科

---

① 习近平：《一个国家、一个民族不能没有灵魂（2019 年 3 月 4 日）》，《习近平谈治国理政》第三卷，北京：外文出版社，2020 年，第 326 页。

技的平台上起飞，产生了大量的科幻作品，为人们认识未来世界打开了一扇窗户，吸引了大众目光。从人工智能、生物科技到宇宙暗物质的探索，未来的可能性通过艺术想象而呈现出多样性，光怪陆离、不一而足。想象力和科学技术一样，它是一种力量、一种能量，在不同价值观的支配下，演绎出不同的故事。可见想象力并不能单独构成艺术，它一定是在某种理念、精神、价值观的作用下，甚至是在潜意识的作用下形成故事路径，演绎艺术形象。比如美国的科幻片，大多塑造的是超人形象，崇尚个人主义，实际上潜在的还是美国的价值观。而《流浪地球》的想象力恰恰与同舟共济的理念耦合，所以才有了带着地球一起走的故事，传达的是合作、共生的价值取向。从共同富裕到共同救世，《流浪地球》遵循着社会主义核心价值观，崇尚合作、协作、集体主义，最终实现共同体。

实际上，社会主义思想理念是人类的良知在社会制度上的诉求。所以，社会主义核心价值观与真善美是相通的。从某种意义上说，社会主义核心价值观与中国传统文化的优秀基因一脉相承，公平、正义、诚信、友善、和谐、大同等等，既是中华文明的精神传统，也是社会主义核心价值观的题中之义。因此，强调社会主义核心价值观在艺术创作生产中的融入，并不是外在于艺术规律的一种概念化的植入，相反，它是艺术规律的内在需要，是艺术产品的价值支撑。回望七十多年来新中国的文艺发展史不难发现，真正体现了以人民为中心的创作导向的作品，往往都把社会主义思想、精神、价值观融化在艺术创作中，转化为真善美的表达，表达一代人的奋斗与追求，从而改变了中国面貌。《山乡巨变》《创业史》《上海的早晨》《古船》《平凡的世界》等作品之所以朴实而厚重、真实而生动，就在于作家把深厚的生活积累转化为艺术世界，从中感受到时代的气息与历史的必然性，蕴含着真善美的气韵，这就是生活所昭示的、艺术所传达的中国精神的气韵。

中国特色社会主义是中华民族在实践中探索出来的适合中国国情

的发展道路，植根于中华文化沃土。社会主义核心价值观是价值目标，也无疑是文化艺术产品的精神支柱。习近平总书记说："文化艺术界、社会科学界的政协委员做了大量工作，围绕培育和践行社会主义核心价值观、坚定文化自信讲好中国故事、推动社会主义文艺繁荣发展、完善公共文化服务体系、营造风清气正网络空间等协商议政。"[①] 面对世界百年未有之大变局，在全球各种文化思潮相互激荡中，我们要站稳脚跟，非有坚实的价值基础不可，这个坚实的价值基础，就是社会主义核心价值观。因此，自觉地把社会主义核心价值观融入艺术创作中，增强思想品质，是提升文化艺术产品思想品质的有效途径，也是攀登艺术高峰的必由之路。

---

① 习近平：《一个国家、一个民族不能没有灵魂（2019年3月4日）》，《习近平谈治国理政》第三卷，北京：外文出版社，2020年，第322页。

为人民鼓舞而从之

罗　斌　中国舞蹈家协会分党组书记、驻会副主席、秘书长

党的十八大以来,习近平总书记多次在不同讲话中谈及文化自信。在哲学社会科学工作座谈会上,他谈到,一个抛弃了或者背叛了自己历史文化的民族,不仅不可能发展起来,而且很可能上演一场历史悲剧。在庆祝中国共产党成立95周年大会上,他指出全党要坚定道路自信、理论自信、制度自信、文化自信。这一论述使文化自信成为中国特色社会主义的"第四个自信",深刻阐释了文艺的地位和作用,为社会主义文艺繁荣发展指明了前进方向,对广大文艺工作者寄予殷切希望。对于文艺工作的重要性,习近平总书记用"文运同国运相牵,文脉同国脉相连"14个字进行了高度的提炼与评价。"文艺事业是党和人民的重要事业,文艺战线是党和人民的重要战线。"总书记将文艺事业与文艺工作者并置,高度肯定了文艺界的成就,也对文艺工作者提出了具体的要求与希望,即"四有"与"四希望"——"四有"是"胸中有大义、心里有人民、肩头有责任、笔下有乾坤"。"四希望"包括:第一,希望大家坚定文化自信,用文艺振奋民族精神;第二,希望大家坚持服务人民,用积极的文艺歌颂人民;第三,希望大家勇于创新创造,用精湛的艺术推动文化创新发展;第四,希望大家坚守艺术理

想，用高尚的文艺引领社会风尚。从中我们可以概括出几个要素：一是文化自信，二是为人民，三是理想与担当。

一、胸中有大义——文化自信

习近平总书记曾围绕加深国际社会对中华文化的认识和理解指明，文艺是最好的交流方式，文艺工作者要讲好中国故事、传播好中国声音、阐发中国精神、展现中国风貌。看似两个表述层次，事实上指向了一个核心问题，那就是"人民需求的精神食粮"正是凝聚中国精神的传统民族文化精髓。作为中国舞蹈文化中重要的组成部分，中国古典舞学科的建置与中国古代舞蹈的研究工作，正是在这样一个纵横捭阖的传统舞蹈文化的历史长河中，陆续创建了不同的风格样式，包括：身韵古典舞、汉唐古典舞、敦煌古典舞、昆舞、仿唐乐舞等。近一两年来，还开启了对汉画砖、汉画像等文物进行研究，进而构建另一种全新的古代舞蹈样式的尝试。老一辈舞蹈教育家深谙唯有民族思想文化的精髓，才能成为人民团结的精神支柱，带来中国前进的不竭动力，他们前赴后继埋头于故纸堆中，六十多年来努力实践着中国古典舞蹈的教学体系的建构，并在风格多样的体系下，勇于创新，涌现出越来越多意味深长、含蓄隽永的古典舞艺术作品，如《飞天》《梁祝》《黄河》《木兰归》《秦王点兵》《踏歌》《千手观音》《扇舞丹青》《相和歌》等经典剧目，接礼乐中和之思，传古舞今声之雅，谱写新时代礼乐风景的韵味深远、荡气回肠。

当然，面对几千年来由中华民族共同创造出来的丰富的舞蹈历史文化宝库，如何保护、传承并发扬光大是一个异常艰巨的任务。习近平总书记提出有关当下文艺创作的种种现象，全部切中舞蹈界的要害。舞蹈界表现出来的浮躁心态部分来源于急功近利的社会大环境，缺少"静气"，不能潜心对传统舞蹈文化进行深入地思考与探索；很多编导并没有做好文化研究就急于着手创作；舞蹈演员更是将绝大部分的精力放在了动作和技巧的完成层面，只求形似。可喜的是，近年来舞蹈创作出现了坚守中华文化立场的明显趋势，涌现出观照中华传统文化经典内涵、形态、审美等特质的作品，如《传丝公主》《丝路长城》《孔子》《杜甫》《洛神赋》《红楼梦》《半生缘》等。与此同时，以中国传统文化题材为内核，借由西方舞蹈样式进行的大中型舞蹈剧目的创作活动也层出不穷，如复排或新创作的芭蕾舞剧《大红灯笼高高挂》《牡丹亭》《长恨歌》《西施》等，以及《圆·断》《二十四节气·花间十二声》《十面埋伏》等现当代舞。除了自发性的创作活动以外，建立弘扬中国梦、弘扬社会主义核心价值观的具有导向性、示范性的创作引导机制，也是舞蹈艺术健康发展的重要保障。中国舞协始终坚持以人民为中心的创作导向，始终坚持把创作生产优秀作品作为协会工作的中心任务，自2014年始率先在全国范围内推出了"青年舞蹈人才培育计划项目"，直至今日，通过筛选、培养、扶持、演出一条龙的支持方式，为处在创作上升期、具备创新潜能的年轻人提供了全方位指导、培育与展示的平台，推出《双下山》《我和妈妈》《红楼无梦》等几十部颇具深度的舞蹈作品。整体而言，中国舞蹈已经勾勒出宏观科学的发展蓝图，在充分发掘中华文化精髓的同时，用准确的舞蹈方式讲述中国故事，凝聚中国精神，展现中国气派。

二、心里有人民——文艺需要人民

深入学习、贯彻好文艺工作座谈会的讲话精神，实现文化的大发展大繁荣，实现伟大的中国梦，是当下所有艺术工作者都需要严肃思考并孜孜践行的重要课题。

在"坚持以人民为中心的创作导向"的具体阐述中，人民的定位从"历史的创造者""历史的见证者""历史的剧作者"到"表现的主体""鉴赏家""评判者",鲜活且辩证地阐明了"人民需要艺术,艺术更需要人民"。由此得出"为人民服务"是文艺工作者的天职,只有牢固树立马克思主义文艺观,真正做到了以人民为中心,文艺才能发挥最大正能量。我们也期许通过深入学习习近平总书记的讲话精神,能有越来越多的舞蹈工作者谨记"为人民而舞"的中心任务,不负历史赋予的崇高使命与责任,为繁荣社会主义舞蹈艺术事业恪尽职守、锐意进取。

习近平总书记在阐述"人民需要文艺"这一点上,首先指明我们正处于一个创造历史的伟大时代。面对这一难得的历史机遇,广大文艺工作者应该顺应时代呼唤,回应群众关切,更加自觉、主动地承担起为人民而舞的历史责任,为时代立传。一切经典之作都有共同之处,便是"承担起为人民抒写、为人民放歌的历史责任",文艺"只有植根现实生活、紧跟时代潮流,才能发展繁荣;只有顺应人民意愿、反映人民关切,才能充满活力"的道理。

中国舞蹈艺术的发展演变正是遵循了这一艺术规律,从扮演着供人声色享乐的社会底层角色,到转变为"为人生、为革命"的高尚艺术,人民的需求成为新文艺诞生的决定因素,也成为其存在的主要价值。新舞蹈艺术的先驱吴晓邦先生,也正是在此时受到现代舞直面生活、揭露本质的创作理念的震撼,毅然踏上为人生而舞蹈的艺术之路。舞蹈《傀儡》《丑表功》《饥火》,舞剧《罂粟花》《宝塔与牌坊》《虎爷》等,及时反映了劳苦大众的疾苦,鼓舞了军民反抗压迫的斗争意志。中国现当代舞蹈艺术先驱者和奠基人戴爱莲先生,在祖国最危难的时刻回到故土从事进步舞蹈运动,先后创作了《警醒》《前进》《空袭》等抨击日本帝国主义丑恶嘴脸的舞蹈作品。广东舞蹈界的"一代宗师"梁伦先生亲眼目睹人民的疾苦,编创了《饥饿的人民》《希特勒尚在人间》等现实主义的作品,及时揭露了帝国主义侵略的丑恶罪行和人民水深火热的生活现状。这些前辈们在民族存亡的关键时刻,勇于承担起时代和人民赋予他们的历史使命,创作出的作品充满着对人民命运的悲悯、对人民悲欢的关切。

事实上,中国舞蹈界"为人民而舞"坚持以人民为中心,以社会主义核心价值观为引领的创作导向由来已久。满足广大人民的精神需求不是一句空话,以人民为中心的创作,最终还要经得起人民的检验,这为下一步文艺创作指明了评价标准。当前文化市场空前繁荣,越是人民喜爱、肯定的作品,就越有良好口碑,越能产生持久的效益。追求短期利益、肤浅低俗的作品,必将被群众抛弃。继承新中国舞蹈艺术发展优秀的历史传统与经验,同时与时俱进,及时调整纠偏是舞蹈艺术反哺人民的必然选择。然而,70多年后的今天,舞蹈创作中出现了空心化、雷同化与均质化现象,无病呻吟的作品泛滥,这正是由于在"为谁创作"的问题上出现了偏差。一些从业人员正是抱着在各种利益诉求中"干一票就走"的心态,不惜粗制滥造,甚至违背公序良俗及常识,影响了整个文艺的创作环境。老一辈舞蹈艺术家的身体力行已告诉我们:深入实践、深入生活、深入群众,才是优秀文艺作品诞生的必由之路。

近年来,中国舞协依据中央及中国文联精神有意识加强对舞蹈界领军人物、知名舞蹈家的团结和引导。重视知名艺术家在行业内树标杆,立典范的作用,在"深入生活、扎根人民"主题实践活动中,更是注重发挥舞蹈名家的引领作用。从2015年开始,协会分党组率领百余位活跃在全国舞蹈编创表演第一线的舞蹈工作者分别赴河北井陉县,海南,湖北恩施,西藏拉萨、日喀则、林芝,甘肃省陇南市武都区鱼龙镇上尹家村等多地"深扎",引导广大舞蹈工作者把思想和行动统一到习近平总书记系列重要讲话精神上来,扎实推动舞蹈工作者扎根人民、扎根生活,创作出无愧于时代的优秀作品。越来越多的艺术工作者深切地感知到,很多经典的艺术就在民间,需要舞蹈工作者不辞辛劳地去发现,在人民和生活的宝库中去不断采撷。

三、肩头责任、笔下乾坤——理想与担当

正如习近平总书记所言,"以人民为中心,就是要把满足人民精神文化需求作为文艺和文艺工作的出发点和落脚点,把人民作为文艺表现的主体,把人民作为文艺审美的鉴赏家和评判者,把为人民服务作为文艺工作者的天职。"[1] 舞蹈界的惠民工作开展多年,但更多时候是处于自发的状态中,自纳入志愿者服务体系之后,各地优势资源得以优化整合,增强了惠民工作的科学性、合理性。舞蹈志愿者服务活动是迄今为止中国舞蹈界唯一一个得到国家资金支持、由行业协会牵头长期坚持开展的公益文化项目,活动自启动以来,一直秉持"以人民为中心"的工作导向,把"文化惠民、文化为民、文化乐民"作为活动的宗旨,紧紧把握舞蹈志愿服务的公益性、实效性、社会性定位,深入到最基层、最困难、最需要文化艺术的群众中去,延伸舞蹈普及、培训、服务、引导、研究工作的手臂,正如毛泽东同志提出的在普及中提高,在提高的基础上再普及,这是个互相转化的动态过程。

"人民的需要是文艺存在的根本价值所在。"现阶段,中国舞协的舞蹈惠民工作与几大品牌性活动相结合,根据志愿者的人选主要开展两方面的活动,活动形式主要以舞蹈教学和舞蹈演出两种为主。首先是组织部分舞蹈艺术家和舞蹈专业演员作为志愿者,结合中国舞蹈"荷花奖"评奖活动在各地的举办,开展"送欢乐·下基层"文化惠民慰问演出。另外,在各地舞蹈家协会的大力协助下,由各地舞协挑选适合的舞蹈教师作为志愿者,针对全国新农村地区的中小学生和全国中老年人开展"新农村少儿舞蹈课堂"和"百姓健康舞"两大群众舞蹈教学活动。习近平总书记告诫我们,热爱人民不是一句口号,要有

---

[1] 习近平:《在文艺工作座谈会上的讲话》,北京:人民出版社,2015年,第13—14页。

深刻的理性认识和具体的实践行动。鉴于志愿服务的长效性是保证被服务人群长期受益的基础,中国舞蹈界人士应保持和增强自身的文化主体意识,实现志愿服务的"常驻化、专业化、个性化",力争将舞蹈志愿服务活动普及全国。首先是扩大舞蹈志愿者队伍和舞蹈志愿服务受众范围,动员组织中国舞蹈界著名舞蹈人士成立明星志愿者服务团队,定期参加舞蹈志愿者服务活动。其次是与全国艺术院校联合,将舞蹈志愿者服务活动纳入高校社会实践之中,将在校舞蹈专业大学生纳入志愿者队伍。西北师大舞蹈学院、四川师大舞蹈学院都是非常好的高校艺术实践基地。

此外,舞蹈界正在关注、探索如何更好地使用新媒体、新载体来提升大众对舞蹈的了解和认知,为舞蹈传播拓展更加广阔的空间,尤其是在"互联网+"的风潮下,更需要解决舞蹈大众化的问题。把群众的需求作为"第一选择",加强对不同人群的舞蹈需求进行差异化服务,例如街舞、广场舞、国标舞等群众基础广泛的艺术形式,要研究细分人群,通过深入研究引导得以提高。以服务基层为目的、以二级协会为抓手,多渠道、多形式开展活动,合理布局,均等覆盖,对已有的二级协会要进行规范和完善,重点加强功能建设和活动开展,对尚未开展的舞蹈门类要按照规划,有序推进,重点加强基层舞蹈工作者和舞蹈爱好者的培训,努力打造百姓身边的文化阵地,真正把文化大餐送到百姓心坎上。

习近平总书记在"坚持以人民为中心的创作导向"的最后部分阐述,"中华民族5000多年的文明进步,近代以来中国人民争取民族独立、人民解放的浴血斗争,中国共产党领导人民进行的革命、建设、改革的伟大历程,古老中国的深刻变化和13亿中国人民极为丰富的生产生活,为文艺创作提供了极为肥沃的土壤,值得写的东西太多了"[1],

---

[1] 习近平:《在文艺工作座谈会上的讲话》,北京:人民出版社,2015年,第21页。

深刻地揭示了人民群众从来就是社会实践的主体，也是文化创造的主体。文化创新的灵感最终来自人民群众的伟大实践。"水之积也不厚，则其负大舟也无力"，一切进步文艺，都源于人民、为了人民、属于人民。

为人民鼓舞而从之，是中国舞蹈艺术工作者的无上荣光！

文艺人民性的内在向度

金永兵　西藏大学副校长、教授

"人民文艺"是习近平总书记关于文艺工作重要论述的核心内容,他着力强调"以人民为中心的创作导向"。凸显文艺的人民性,是习近平总书记对马克思主义文艺思想传统的继承与创造性转化,是对古今中外优秀文艺创作,尤其是左翼革命文艺实践和社会主义文艺事业发展经验的总结和提炼,是对一段时间以来文艺发展偏离人民中心的不良倾向的匡正,其面对的是日益加深的全球化现实,旨在应对市场消费主义挑战,推动解决新时代中国社会主要矛盾,实现民族伟大复兴的中国梦,尤其是实现中华文化的伟大复兴。因此,需要从更广更高的视角,多维度多侧面理解习近平总书记关于文艺人民性的论述,全面把握其丰富深刻的内涵及其价值意义。

其一是个体性向度。应该说这是习近平总书记关于文艺人民性思想所具有的新质因素,是对百年来现代性文艺实践所形成的经验与传统的提升与理论概括。文艺是最具个体性的精神活动,不但一切社会生活都必须经过创作者、欣赏者能动主体的中介作用才能转化为文艺作品,同时,艺术与审美的出发点也是现实的、具体的、真实的个体,而不是抽象的社会或者抽象的人。因此,文艺的人民性并不可能脱离这个基本的规定。马克思主义经典作家考察审美以及文学艺术的方法，"它（社会发展）的前提是人，但不是处在某种虚幻的离群索居和固定不变状态中的人，而是处在现实的、可以通过经验观察到的、在一定条件下进行的发展过程中的人"[①]。

习近平总书记也指出：人民不是抽象的符号，而是一个一个具体的人，有血有肉，有情感，有爱恨，有梦想，也有内心的冲突和挣扎，因此，要始终把人民的冷暖、人民的幸福放在心中，把人民的喜怒哀乐倾注在自己的笔端。他在谈到中国梦时也特别指出，"中国梦是民族的梦，也是每个中国人的梦"，"中国梦归根到底是人民的梦"。这里把人民落实在一个个有血有肉的真实的个体，而不简单只是一个政治化的集合概念，从文艺学、美学的角度来看，这是一个了不起的变化，甚至带有认知范式变革的意义。应该说，这是习近平总书记文艺论述对"五四"以来"文学是人学"思想的积极扬弃，是对马克思主义人学思想的大力弘扬。如果看不到审美、艺术与个人的密切关系，总是会与艺术实际有所隔膜。对真实而具体的个人的强调，顺应了当代社会追求个体自由与解放的时代大潮，并且把过去马克思主义人学思想中隐而不显甚或阙如的要素彰显出来，为马克思主义文艺理论打开了一片广阔的天地。

其二是社会主义向度，也就是文艺的意识形态性。列宁曾说："每个民族文化，都有一些民主主义的和社会主义的即使是不发达的文化成分，因为每个民族都有被剥削劳动群众，他们的生活条件必然会产生民主主义的和社会主义的意识形态。"[②]作为中国当代文艺与文化实践，强调文艺的人民性就是要把作为人类社会发展方向的社会主义先

[①][德]马克思、恩格斯：《德意志意识形态》，《马克思恩格斯全集》第三卷，北京：人民出版社，1965年，第30页。

[②][苏联]列宁：《关于民族问题的批评意见》，《列宁全集》第24卷，北京：人民出版社，1988年，第125—126页。

进性充分彰显出来,以审美之维展开社会主义生活的美学想象,这里,审美理想与社会理想具有内在逻辑的一致性,人民性具有指向未来的时间意向性,呈现出优秀文艺的时代引领性特征。具体来说:

一方面,文艺的时代引领性就是要以社会主义核心价值观引领人民。习近平总书记强调文艺是铸造灵魂的工程,文艺可以其独特的不可替代的方式告诉人们什么是应该肯定和赞扬的,什么是必须反对和否定的,为人们指引方向,确立道德底线,建立是非善恶美丑的标准。习近平总书记指出,"我们要在全社会大力弘扬和践行社会主义核心价值观,使之像空气一样无处不在、无时不有,成为全体人民的共同价值追求,成为我们生而为中国人的独特精神支柱,成为百姓日用而不觉的行为准则"[1]。文艺若想要直抵人心,春风化雨、润物无声,文艺工作者就必须成为灵魂的工程师,正所谓"凡作传世之文者,必先有可以传世之心"(李渔语)。习近平总书记鼓励作家艺术家"成为时代风气的先觉者、先行者、先倡者,通过更多有筋骨、有道德、有温度的文艺作品,书写和记录人民的伟大实践、时代的进步要求,彰显信仰之美、崇高之美,弘扬中国精神、凝聚中国力量,鼓舞全国各族人民朝气蓬勃迈向未来"[2]。

另一方面,发扬文艺的时代引领性就是要"写出中华民族新史诗",不但要有文艺的高原,更要有文艺的高峰。在中华民族伟大复兴的历史征程中,中国社会发生了全方位变革,前所未有,日新月异,是人类发展史上绝无仅有的"史诗般的变化"。这个伟大时代需要"伟大的作品",需要"用高尚的文艺引领社会风尚",用理性之光、正义之光、善良之光照亮生活,温暖人、鼓舞人、启迪人,成为人们思想

---

[1] 习近平:《在文艺工作座谈会上的讲话》,北京:人民出版社,2015年,第23页。

[2] 习近平:《在文艺工作座谈会上的讲话》,北京:人民出版社,2015年,第6页。

的源泉、力量的源泉、快乐的源泉。在这样的时代语境中，需要大力张扬力量之美、崇高之美，从平凡中发现伟大，从质朴中发现崇高，需要艺术家坚守艺术理想，以艺术的形式反映生活的本质，提炼生活的真善美，"把崇高的价值、美好的情感融入自己的作品，引导人们向高尚的道德聚拢，不让廉价的笑声、无底线的娱乐、无节操的垃圾淹没我们的生活"①。卢卡奇曾将"史诗"这一艺术形式视为人类重构有机社会的完整世界图景的一种尝试，如果说现代社会意味着人的本质与生活、客观存在与主观价值之间的分裂的话，那么"史诗"则是要修复世界的完整性，重建和谐的总体性的世界，这一世界的有机性表现为人的本质与生活、现实存在和价值指向的统一。习近平总书记强调文艺创作的新史诗品格，与对和谐美好社会的未来想象是同向的。因此，他高度重视文艺典型的价值与意义，他说，"典型人物所达到的高度，就是文艺作品的高度，也是时代的艺术高度"②。这里，文艺的人民性已不能被简单地理解为满足人民群众的文化需要，为广大群众所喜闻乐见，而是要以"叫得响、传得开、留得住的文艺精品"，要以那些"扛鼎之作、传世之作、不朽之作"，要以"伟大的作品"发挥文艺的时代引领作用，成为时代前进的号角，真正展现一个时代的风貌，引领一个时代的风气。

其三是人类性向度。习近平总书记关于"人类命运共同体"的思想不仅仅是关于国际关系的理念，也蕴含着关于文艺人类性的思考。文艺最终必然会触及全人类这样终极、宏大的命题，尤其是在全球化日益加深，国际交流交往日益频繁，世界各国相互联系、相互依存，全球命运与共、休戚相关，面临着共同的问题与挑战的今天。马克思

---

① 习近平：《在中国文联十大、中国作协九大开幕式上的讲话》，北京：人民出版社，2016年，第17页。

② 习近平：《在中国文联十大、中国作协九大开幕式上的讲话》，北京：人民出版社，2016年，第12页。

当年看到的"世界文学"来临时的朦胧模样，其形象在今天的世界展示得日益明显。可以说，今天讨论"世界文学"，一个绕不开的议题便是对人类共同命运的关注，没有一个民族及其文艺与文化可以在这个地球村落中躲进小楼成一统，不问春夏与秋冬。强调文艺的人类性，这本来也是现代文艺、现代审美的一个基本的价值目标，正如卢卡契所言：审美"是由人的世界出发并且目标就是人的世界"，"是以个体和个体的命运的形式来表现人类"。

习近平总书记在关于中国梦的描述中充分凸显出人民文艺的人类性特质：中国梦既是中国人民追求幸福的梦，也同各国人民追求幸福的梦想相同。国家好、民族好，大家才会好。世界好，中国才会好。伟大的作品一定是对个体、民族、国家命运最深刻把握的作品。个人、人民、民族、国家、世界、人类在这里成为一个辩证统一体。我们也似乎看到一个带有共产主义愿景的大同世界理想，"在那里，每个人的自由发展是一切人的自由发展的条件"，在那里，"各美其美，美人之美，美美与共，天下大同"（费孝通语）。

坚持现实主义的广阔道路

孟繁华　沈阳师范大学特聘教授、中国当代文学研究会副会长

现实主义在不同历史时期的提出，隐含着不尽相同的内容和意义。现实主义在中国的发生发展证实了这一点，特别是历次关于现实主义的大讨论，对这一观念和方法的不同理解，表明现实主义一直是一个有多重阐释空间和可能的概念。在这一概念中，集中反映了不同的文学观、价值观以及文学功能的诉求。因此，现实主义一直是一个不断变化也不断丰富的文学概念。今天重提现实主义，显然有明确的新的时代色彩。但是，无论我们怎样重新阐释现实主义，回到恩格斯最初的论述，重新理解恩格斯论述中尚未被发现的思想是非常必要的。恩格斯《致玛·哈克奈斯》的信是关于现实主义的论述的重要文献。在这封信中，恩格斯一方面肯定了哈克奈斯《城市姑娘》的"现实主义的真实性"和"真正艺术家的勇气"，一方面批评了作品"还不够现实主义"。那么恩格斯通过对《城市姑娘》的批评，表达了对现实主义怎样的理解呢？我想核心的内容起码有两个：一是对文学"典型人物"的要求，一是对时代核心知识的提供。

恩格斯在信中提出"现实主义的意思是，除了细节的真实外，还要再现典型环境中的典型人物"。这个观念我们耳熟能详。但是，近期

的小说创作中究竟有多少人物能够称得上"典型人物",是大可讨论的。我曾在不同的场合多次谈到当下小说没有人物的缺憾。在我们的阅读经验里,与其说我们记住了多少小说,毋宁说我们记住了多少文学人物。现在我们每年出版、发表海量的小说作品,但是能够被我们记住的文学人物有多少呢?因此,不注重典型人物的塑造,是当下现实主义小说创作的一个大问题。在当代文学史中,我们讲述现实主义小说成就的时候,《创业史》《白鹿原》是最具典型意义的作品。而这两部小说不只提供了不同历史阶段的社会图景,或展示了社会主义无可限量的未来,或描述了前现代乡绅制度对乡土中国秩序、价值观、道德等社会维系功能,更重要的是小说创造了诸如梁生宝、梁三老汉、白嘉轩、鹿子霖、白孝文、鹿兆鹏、田小娥等人物形象。尽管批评界对梁生宝的形象有争议,但梁生宝是社会主义新农村的新人物是没有问题的;梁三老汉作为传统中国农民在转型时代的典型人物,塑造也是极其成功的。而白嘉轩、鹿子霖及其后代们的鲜明性格,也是小说取得的重要成就。因此,现实主义文学除了坚持细节的真实之外,努力塑造典型人物,这一理论的正确不仅为历史证明,同时对当下的小说创作仍然具有指导意义。

对时代"核心知识"的提供,是现实主义小说未被言说的另一要义。恩格斯同哈克奈斯说,巴尔扎克的《人间喜剧》,"汇集了法国社会的全部历史,我从这里,甚至在经济细节方面所学到的东西,也要比从当时所有职业的历史学家、经济学家和统计学家那里学到的全部东西还要多"。我们知道,贵族衰亡、资产者发迹、金钱罪恶是巴尔扎克小说的三大主题。但这三大主题里,有充沛的"经济细节"作支撑。经济细节就是巴尔扎克时代的"核心知识"。地产、房产、金钱甚至票据以及资本的获得与经营,是恩格斯比从当时所有职业的历史学家、经济学家和统计学家那里学到的全部东西还要多的具体内容。因此,没有一个时代的核心知识,小说的时代性和标志性就难以凸显。在当代中国，尤其是都市文学，之所以还没有成功的作品，没有足以表达这个时代本质特征的作品，与作家对这个时代"核心知识"的稀缺有密切关系。诸如对金融知识、人工智能、信息知识等的不甚了了，严重阻碍了作家对这个时代都市生活的表达。对于"核心知识"不仅科幻作家应该了解，传统小说作家也应该了解。另一方面，高科技给现代生活带来了极大的便捷，但潜在的危机几乎无时无处不在。没有危机意识是当下小说创作最大的危机。因此，作家们要向巴尔扎克学习，将时代的"核心知识"合理地植入小说中。那样，我们的现实主义文学将有极大的改观。

现实主义创作方法是重要的，新文学诞生以来，文学成就最大的就是现实主义文学。它是我们巨大的文学遗产，也是我们有无限可能的文学未来。但是，当我们强调这一文学方法重要的同时，也要警惕现实主义的一家独大，警惕可能发生的排他性。事实上，当代文学，特别是改革开放以来文学之所以取得了伟大的成就，除了现实主义的不断丰富和发展外，兼容并包应该是更重要的文学观念。我们拥有强大的现实主义文学，也有诸多不那么现实主义的文学，而不应该是现实主义文学的一花独放、孤芳自赏。无论任何时候，只有坚持兼容并包，文学才会百花齐放春意盎然。因此，现实主义不仅是一种方法，同时也应该是一种气度。

新中国文学已经成为我们传统的一部分，用现实主义塑造新人物，也为我们提供了丰富的经验。比如"十七年"时期的"青春写作"。1956年9月，《人民文学》发表了王蒙的短篇小说《组织部新来的年轻人》。这是一篇充满青春气息的小说，主人公林震作为制度和政治生活的"他者"，是以年轻人单纯、理想和浪漫的情怀走进"组织部"的。他曾尊敬的上级和同事对工作和人生的态度，却是以他不能接受的方式出现的，在他百思不解的目光中，刘世吾冷漠又消极，处世哲学是得过且过；韩常新世故而虚浮，却得到重用；王清泉是典型的新官僚主义却被容忍;"组织部"处理日常工作的效率极低,而且是形式主义的;等等。这些问题使一个年轻人的内心焦虑不安,但他没有能力改变这一切。这些在日常生活中表现出的问题,从一个方面透露了社会已经出现的危机。年轻人浪漫的想象和生活中的一切形成了鲜明的反差。

另一篇是宗璞的"爱情小说"《红豆》。小说用追忆的方式叙述了女大学生江玫和学物理的男青年齐虹的爱情故事,小说写得缠绵缱绻,语言带有知识分子的鲜明特点,特别是对江玫心理活动的细致描摹,在当时说来别具一格。故事讲述了爱情与革命的冲突,已经成为"党的工作者"的江玫在回顾个人情感历程的时候,想要表现的是个人情感与历史进程的一致性,在革命尚未成功的年代,她理智地选择了革命道路而放弃了个人爱情。这与"革命加恋爱"的小说模式并不相同,《红豆》表现的是在两者出现矛盾的时候,革命青年应该坚持正确的政治道路而放弃个人情感。因此,江玫是带着检讨和反省的姿态回忆自己的情感经历的。但有趣的是,这一主观愿望在小说中并没有彻底实现。对爱情如诗如画和缠绵悱恻的动情追述,甚至使叙述者忘记了检讨与反省的最初动因。当年,一些青年大学生读过小说之后,甚至到颐和园寻找江玫与齐虹定情的确切地点,从一个侧面表达了《红豆》对爱情描写的感人和成功。因此,对江玫爱情的同情与批判的立场发生了裂痕。《组织部新来的年轻人》和《红豆》,未必是当代文学的经典作品,但它们是那个时代有难度的作品。这个难度就在于,王蒙和宗璞作为那个时代的作家,他们真诚地希望自己的作品能够跟上时代的潮流,能够真诚地表达自己对新时代的拥抱和追随;另一方面,他们也真诚地用现实主义的方法表达他们对文学与生活的理解。他们希望能够处理好这两种关系。但是,这两种关系是难以处理好的。也正因为如此,那个时代的王蒙和宗璞是让人感动的。他们之所以让人感动,就是因为他们在那个时候还没有学会说谎,没有学会油滑。他们诚恳地写出了个人内心真实的纠结、矛盾和困惑。那个时代的作家的可爱，就是他们的诚恳和真诚也是值得我们怀念的。无论是王蒙笔下林震的"少不更事"，宗璞对爱情的一往情深，还是柳青试图建构社会主义文化空间的努力，浩然试图描绘社会主义"艳阳天"的冲动。就他们创作的心态来说，他们做到了与生活建立真诚的关系。

因此，我们在当下要塑造文学新人，创作出新时代的新人物，也要坚持一些不变的东西，这个不变的东西就是面对生活的诚恳和诚实，就是坚持现实主义广阔的道路。

新时代的文艺最需要释放"正"能量

胡崇炜　辽宁省文联党组成员、副主席

在进入中国特色社会主义新时代的历史进程中，一个恢宏的声音在我国文艺领域回荡，这就是习近平总书记向广大文艺工作者发出的号召：坚持以人民为中心的创作导向，努力创作更多无愧于时代的优秀作品。总书记的号召为新时代文艺事业的发展、文艺创作的繁荣、文艺队伍的壮大注入了强大的"正"能量。这就要求我们真正以人民为中心，做到"口号叫得响，干得更漂亮"。笔者认为，要把新时代文艺的"正"能量更加充分地释放出来，应坚持"三正"，即正心、正义和正本。

一、新时代释放"正"能量，要在正心

北宋司马迁说："吾闻古圣人之治天下也，正心以为本"（《交趾献奇兽赋》）。《傅子正心篇》说："立德之本，莫尚乎正心"。唐代书法家柳公权说得更明了："心正则笔正"（《旧唐书·柳公权传》）。书法如此，其他的艺术门类又何不如此呢？古往今来，艺术上有成就的贤圣之士，无不是"正心"的典范。唐代颜真卿的《祭侄文稿》之所以

能成为书法的千古绝品,那是因为他有凛然的报国之心,满腔热血涌注笔端,一片赤心跃然纸上,才创造出超凡入圣的艺术。作为新时代党的文艺工作者,肩负着文化引导、思想引领的神圣使命,只有"正心",才会以人民为中心。

正心,需要政治思想坚定。政治思想是人的心灵之魂。1937年,毛泽东同志在延安陕北公学鲁迅逝世周年纪念大会的讲话中把鲁迅精神概括为三个特点,其中的"第一个特点是他的政治的远见。他用望远镜和显微镜观察社会。所以看得远,看得真"。我们今天的艺术工作者在创作上,有时为什么把握不好"导向",甚至出现某些偏差,一个重要原因是政治思想不够端正,不够坚定。我们应该坚持以人民为中心的创作导向,释放"正"能量。当下国际风云变幻莫测,世界处于百年未有之大变局,国内改革正处于深水区,各种矛盾交织,内外环境复杂。处在这样一个充满挑战的历史节点,党的文艺工作者必须坚定地站在习近平新时代中国特色社会主义思想的旗帜下,用习近平总书记关于文艺工作重要论述指导创作,从始至终贯彻"以人民为中心"的创作导向,用人民满意不满意、人民接受不接受来检验我们的文艺工作。

正心,需要理想信念笃定。理想信念是人生的航标,作为党的文艺工作者,新时代文艺人要始终明确自己的理想信念,并为之不懈努力。习近平总书记指出:"文艺工作者要自觉坚守艺术理想。"我们分析曾经出现的某些偏离"以人民为中心"的导向性问题,不全在于哪个人的"才气",有的虽"才华横溢",却"不明东西",为什么?关键一条是心中的理想信念发生游移,没想"为人民",只想为自己,为个人"标新立异",为自我追名逐利,其结果就是坠入泥潭,自毁其名,贻害社会。因此,理想信念的正确与否至关重要。只有理想高远,信念恒定,才能在为人民而歌中,谱写出不愧于时代、不负于使命的壮美乐章。

正心，需要创作心态恒定。习近平总书记在文艺工作座谈会上的讲话中说："我同几位艺术家交谈过，问当前文艺最突出的问题是什么，他们不约而同地说了两个字：浮躁。一些人觉得，为一部作品反复打磨，不能及时兑换成实用价值，或者说不能及时兑换成人民币，不值得，也不划算。这样的态度，不仅会误导创作，而且会使低俗作品大行其道，造成劣币驱逐良币现象。"①总书记一针见血地指出了浮躁的危害，他说："人类文艺发展史表明，急功近利，竭泽而渔，粗制滥造，不仅是对文艺的一种伤害，也是对社会精神生活的一种伤害。"②我们都知道"宁静致远"这句名言，可为什么总是神不宁、心不静，一个要害的问题是缺乏"致远"的追求。治浮治躁的一剂良药是"致远"，就是要"为历史存正气，为世人弘美德，为自身留清名"。一个文艺工作者只有有了这样的远大抱负和追求，才能淡泊一时之名利，让身心真正静下来，不浮不躁，孜孜以求。习近平总书记称赞的柳青就是我们的好榜样。为了深入农民生活，他辞去了县委副书记职务，定居在黄甫村，蹲点14年，集中精力创作出《创业史》这部经典性的史诗之作。坚持"以人民为中心"的创作导向必须有淡定之心。在淡定中积淀对人民的浓厚情感，在淡定中迸发出追求的一腔火焰。

二、新时代释放"正"能量，贵在正义

对"正义"，历来有各种不同的诠释。我们中华民族主张的"正义"，特别是共产党人、社会主义的"正义观"是鲜明而崇高的，具体到党的文艺事业，其核心要义是以人民为中心，所主张的正义，是人

---

① 习近平：《在文艺工作座谈会上的讲话》，北京：人民出版社，2015年，第9页。

② 习近平：《在文艺工作座谈会上的讲话》，北京：人民出版社，2015年，第10页。

民的正义。在中国特色社会主义新时代，更需要广大文艺工作者用笔墨、心血和气量，为时代、为人民主张，传递蓬勃的正义。

主张正义，在文艺价值的传递上，要坚守正确取向。历史是纷繁的，现实是复杂的。但是，创作出来的文艺作品所传递的是什么价值取向，则需要用正义这个坐标去测量。习近平总书记严厉批评了八种文艺怪现象，连着棒喝了五个不行："文艺要赢得人民认可，花拳绣腿不行，投机取巧不行，沽名钓誉不行，自我炒作不行，'大花轿，人抬人'也不行。"①回顾一下文艺史，凡是优秀的作品，无一不主张正义，无一没有正确取向。可以说，能否主张正义，作品的价值取向是否正确，实为检验文艺工作者价值观的一块试金石，尤其在重大事件面前，表现得更为鲜明、突出和重要。以2020年抗击新冠疫情为例，全国文艺界各艺术门类的艺术家们"以艺战疫"，创造了无数感人至深、充满正能量的好作品。假设不是这样，而像个别人那样，岂能凝聚民心，众志成城？

主张正义，在文艺创作的表现上，则是要坚持正大气象。正大气象常被用于评价书法作品，我认为不仅仅如此，各种文艺作品都存在一个"正大气象"问题。正义是正大气象的风骨，它的外化表现为气象昂扬。在文艺的研究中，人们内心崇尚"魏晋风骨"。那个时期的艺术家们，无论从哪个门类拓开去，我们会发现在一座座艺术高峰之上，闪烁的都是"正大气象"：文学方面有刘勰的《文心雕龙》、曹氏三父子（指曹操及两个儿子曹植、曹丕）；绘画方面有曹不兴、顾恺之；书法方面有钟繇、王羲之、王献之；等等。透视他们的"正大气象"，我们会发现都挺立着一个高尚的"正义"，而且将"正义"融化在万千气象中。我们不妨分解开来看一看，哪一位大家不思想正、人格正、道

---

① 习近平：《在文艺工作座谈会上的讲话》，北京：人民出版社，2015年，第10页。

行正？哪一部作品不大格局、大法度、大手笔？哪一个情怀不充盈正气、才气、文气？哪一点不具有独到的意向、品相和景象？他们用这种正大气象，传递出正义之精神。

主张正义，在文艺现象的审视上，要坚持正辩正言。当下的文艺领域像个万花筒，一方面繁花似锦，一方面良莠混杂。如何审视新时代的文艺现象，对正义担当是一大考验。习近平总书记要求高度重视和切实加强文艺评论工作。文艺批评本是最讲"正义"的，也最能看出是否有正义担当的。对文艺创作的各种现象，有一时拿不准的，但更多的还是可以看清楚的。有些文艺现象，本来群众不喜欢、不买账，甚至厌恶，可为什么不能喊一声"不"呢？这里就有一个正义担当的问题，对肯定什么，纠正什么，弘扬什么，反对什么，离不了"正义"，少不了"正辩"，缺不了"正言"。

三、新时代释放"正"能量，重在正本

"正本清源，守正创新。"这是习近平总书记向文学艺术界、社会科学界提出的要求，其中"正本"列居八字之首。本，指的是草木的根，事物的本源。从文艺创作上看，"以人民为中心"，便是"正本"。把这个"本"搞端正了，导向就能正确，"正"能量才会得以释放。如何"正本"？我觉得起码要认清以下三条。

正本，要认清什么是文艺工作的根本。毛泽东同志早在1942年就指出："为什么人的问题，是一个根本的问题，原则的问题。"对此，我们党一直在探索、在坚守。中华民族的所有文化和各种文艺门类，都是广大劳动人民在生产生活实践中创造发明、发展繁荣起来的。进入新时代，人民正在继承创新文艺，更需要丰富多彩的文艺。在"不忘初心、牢记使命"主题教育期间，我曾带领省文联机关的同志到三市三县十个乡镇，钻山洞、到村屯、进民宅，了解乡镇文艺工作情况，

亲眼看见乡民为创造自己的文艺付出难以想象的心血和才智，亲耳听见他们渴望优秀文艺进山下乡的强烈呼声，亲身体察到"六个挺好"和"五个不够"，进一步认清了社会主义主要矛盾转化后，人民日益增长的美好生活需要和不平衡不充分的发展之间的矛盾比较突出，亟待化解。从乡下回来，我们马上展开了"送文化，种文化"活动，现在仍在继续。从实践中我们意识到，文艺工作的根，只有深深地扎在人民之中，文艺创作才会发挥好正确的"导向功能"，文艺工作者才会完成应尽的"向导职能"。

正本，要认清什么是文艺工作者的立身之本。习近平总书记殷切希望广大文艺工作者"应该牢记，创作是自己的中心任务，作品是自己的立身之本，要静下心来、精益求精搞创作，把最好的精神食粮奉献给人民"[1]。分析文化工作者的现实状况，不难看出确有一些人没有真正认清自己的"立身之本"到底是什么，没有把心事、精力和追求完全放在创作精品上，像有人所描写的那样，有人成了文艺场上的"新五子"：拉圈子、蹲场子、玩轮子、找门子、捞票子。这个样子，怎么能全身心地投入文艺创作？从古到今，那些名扬于世的文艺家之所以被世人景仰，靠的是他们呕心沥血创作出来的名篇佳作。所以，我们要切实认清立身之本是什么，坚守住立身之本的精神高地。

正本，还要认清什么是创作精品的真本事。人生在世，干什么都需要有本事，文艺创作是一种高级、高智的精神投入，拿出来的东西应是高端、高尚的文化产品。因此，必须具有高于一般人的真本事。真本事哪里来？宋朝朱熹诗云："问渠那得清如许？为有源头活水来。"（《观书有感》）他告诉我们要有寻找"源头活水"的本事。有则故事说，有个人欲寻泉眼，满山跑遍，竟一无所获，随后又来了一个人，

---

[1] 习近平：《在文艺工作座谈会上的讲话》，北京：人民出版社，2015年，第7页。

他拿个小锤子，这里敲敲那里听听，伸手扒开一块石头，一股清泉喷射而出。前者见了问其诀窍，他只说了两个字，"闻脉"。探到了水脉便找到了泉眼，我们文艺创作的"水脉"是什么？"泉眼"在哪里？就在历史的脉动上，就在人民的沃土里，就在新时代的奋进中。文艺创作的真本事是一个多元复合体，需要学识的广博，需要生活的积累，需要长期的磨砺，需要智慧的迸发。不妨想想：我们的本事到底有多大，是真本事还是假把式？特别是我们的本事与新时代赋予的使命是否相适应？习近平总书记指出：文艺创作是艰苦的创造性劳动，来不得半点虚假。这就要求我们每一个文艺工作者，要努力提高素质，拿出真本事，为人民、为时代创造出更多更好的优秀作品。

试论以人民为中心的艺术追求和影视创作实践

葛学斌　浙江省委宣传部副部长、省电影局局长

人民是历史的创造者，是时代的雕塑者，是推动社会进步的根本力量，也是创造文艺、推动文艺繁荣发展的根本力量。人民需要通过文艺认识自身对历史的创造性力量，文艺需要把人民丰富多彩的生活作为取之不尽、用之不竭的创作源泉。习近平总书记在文艺工作座谈会上的重要讲话中深刻阐述文艺与人民的关系，重申文艺创作的人民取向，强调坚持以人民为中心的创作导向，为我们做好新时代文艺工作指明了前进方向、提供了基本遵循。

一、深刻领悟"以人民为中心"创作导向的丰富内涵

习近平总书记指出，社会主义文艺从本质上讲，就是人民的文艺。从人类文明发展史看，社会主义文艺是最具先进性的文艺。它的先进之处就在于指向人民解放、人民幸福、人民未来，从而与封建主义文艺指向帝王将相、资本主义文艺指向个人主义及其实质的资本力量划清了界限。以人民为中心的创作导向是社会主义先进文艺的核心，贯穿于从毛泽东同志延安文艺座谈会讲话精神到习近平总书记在文艺工

作座谈会讲话要求，体现了中国共产党人一贯的价值遵循和艺术追求，反映了文艺为人民大众服务的一贯要求，是对"歌颂谁、服务谁、教育谁"这一基本问题的深刻回答。

坚持以人民为中心创作导向的创作实践要体现人民性。以人民为中心的创作导向，最鲜明的特征就是人民性。以人民为中心的文艺创作首先要体现人民性。人民是历史的剧中人，也是历史的剧作者，人民是推动历史进步的原动力。新时代的文艺创作，要无愧于这个伟大时代、无愧于这个伟大民族、无愧于伟大人民，就必须把人民作为表达的主体，深入人民，扎根人民，与人民同呼吸、共命运、心连心，以人民的意志为意志，以人民的情感为情感，为人民欢呼，为人民所喜爱。这就要求新时代的文艺工作者必须从"小我"走向"大我"、从"自我"走向"无我"，以艺术家的才干和专业素养来表达人民的喜怒哀乐，塑造为时代所需要的艺术典型，实现以文化人、成风化俗、培根铸魂的文艺价值。报告文学《心无百姓莫为官——精准脱贫的下姜模式》讲述了浙江下姜村精准脱贫的生动实践，获得全国第十五届精神文明建设"五个一工程"特别奖，作者王慧敏长期驻扎下姜村，采访积累，近察深思，正体现了作家对"人民性"的深刻理解、自觉坚守与充分实践。

坚持以人民为中心创作导向的创作实践要体现时代性。习近平总书记指出，文艺是时代前进的号角，最能代表一个时代的风貌，最能引领一个时代的风气。古今中外，文艺无不遵循这样一条规律：因时而兴，乘势而变，随时代而行，拥抱时代，把握时代脉搏，与时代同频共振。进入新时代，中国文艺既面临满足人民群众对美好生活向往的强烈愿望，又面临因新技术革命带来的生产、生活方式的变革，特别是互联网、大数据、人工智能、云平台的出现，文化的生产、传播和消费方式的根本变革，也面临着全球化带来的思潮多元化、文艺样式多样化和内容丰富化。与此同时，文化教育的普及、出版门槛的降低、文艺产品创作成本可承受性的大大增强,从而使得文艺创作不再是少数精英分子的专利,呈现大众化趋势,几乎谁都可以是创作者、传播者、消费者。这些造成了体现社会主义先进文化特征的优秀作品既存在供给不足问题,也存在激烈的市场竞争。因此,奉献精品成为时代性的应有之义和现实选择。在新时代,"精品"不仅要让人民群众喜闻乐见,还要肩负起推动实现从批判性向建设性创作的转换,实现从迎合性、娱乐性的文艺消费倾向向引领性、创造性文化铸魂功能转换的重任。艺术家要成为时代风气的先觉者、先行者、先倡者,书写和记录人民的伟大实践、时代的进步要求,彰显信仰之美、崇高之美,弘扬中国精神,凝聚中国力量,鼓舞全国人民朝气蓬勃地走向未来。而抓住时代的脉搏也成为新时代文艺精品的鲜明标志,从《温州一家人》《鸡毛飞上天》《麦香》等主旋律影视作品的"走红",到歌剧《呦呦鹿鸣》、广播剧《呦呦青蒿》的"热传",再到浙江网络文学的蓬勃发展,都蕴蓄着"观照当下、服务人民"的特征。

坚持以人民为中心创作导向的创作实践要体现创造性。习近平总书记指出,中华民族有着强大的文化创造力,每到重大历史关头,文化都能感国运之变化、立时代之潮头、发时代之先声,为亿万人民、为伟大祖国鼓与呼。新时代以人民为中心的文艺创作,要始终把人民的创造作为文艺的表现主体和服务对象,把创作满足人民精神文化需求的文艺精品作为文艺工作的出发点和落脚点。一方面,人民是历史的创造者,文艺要表达的人民生产生活具有强烈的创造性,另一方面,习近平总书记也指出,文艺创作是观念和手段相结合、内容和形式相融合的深度创新,是各种艺术要素和技术要素的集成,是胸怀和创意的对接,要把创新精神贯穿文艺创作生产全过程,增强文艺原创能力。艺术家要深入生活、扎根人民、反映人民呼声,通过有意义的文艺创造实践,生产出引领时代、服务人民、为人民大众鼓与呼的文艺精品。新时代的"人民"正以前所未有的高昂和自信的姿态,"前所未有地走近世界舞台的中心"。这种姿态既需要强烈的文艺创作加以表达,也给新时代文艺工作者提供了历史机遇和创作动力。2019年国庆档推出的影片《我和我的祖国》就是一个成功案例。

坚持以人民为中心创作导向的创作实践要体现世界性。就如人类是一个命运共同体一样,各国人民也不是孤立的,人民之间的互联形成了我们所处的世界。新时代的文艺工作既要把人民置于世界的大格局中去审视,也要站在世界的角度观照新时代生动实践中的人民,既要对标世界大舞台,创作出能够走向世界、具有世界影响力的文艺精品,也要吸纳世界优秀文艺创作成果,借鉴世界先进的方法、理念和技术,共同为世界文艺繁荣发展贡献力量。2020年3月29日至4月1日,习近平总书记亲临浙江考察,对浙江提出了"努力成为新时代全面展示中国特色社会主义制度优越性的重要窗口"的新要求、新期望。这也要求以人民为中心创作导向的浙江实践具有世界的眼光和世界的影响力。浙产电视剧《在远方》在海外的热播就是一个很好的尝试,该剧在韩国进行两轮播出,还将在希腊、巴西等国家陆续播出,预计将覆盖20亿观众。

二、全面推进"以人民为中心"的创作实践

以人民为中心的创作导向,是新时代文艺工作的出发点和落脚点,是新时代文艺工作者的艺术追求和价值所在,要求始终坚持"人民的文艺"主基调,坚持"从人民中来,到人民中去"创作道路,把人民作为文艺表现的主体,把人民作为文艺审美的鉴赏家和评判者。

要让以人民为中心创作导向的思想在文艺工作者心中扎根。"以人民为中心的创作导向"是习近平总书记关于文艺工作重要论述的核心要素,贯彻这一导向首先要学深悟透习近平新时代中国特色社会主义思想,牢固树立马克思主义文艺观,从"一己悲欢、杯水风波"的小

我情调走向拥抱时代、热爱生活、超越自我的创作实践。也就是说，只有让"以人民为中心"的创作导向在文艺工作者心中扎根，才能担起"铸魂"的使命，产生具有感召力和影响力的作品。青年编剧申捷为创作电视剧《鸡毛飞上天》，先后八次深入义乌，采访二百多位生活原型，形成几十万字的创作笔记，历时三年，数易其稿。如果没有对生活的热爱、对人民的感情、与时代同频共振，就不可能有如此的执着与付出，更不可能创作出能够走向大众、走向世界，实现社会效益与经济效益相统一的文艺精品。当然，不止于编剧，主创团队、出品方都要铭记以人民为中心的理念，遵循以人民为中心的创作导向。

要让以人民为中心创作导向的要求成为文艺工作者的行动自觉。"以人民为中心"的创作导向，要求文艺工作者从思想自觉，到行动自觉，最终达到创作自觉，真正做到"知行合一"，无论是聚焦小人物，还是书写大时代，都要把"人民"作为一种本质属性融入作品，以其成就文艺作品的丰富内涵。创作是一种源于生活、高于生活的艺术追求，是造型综合能力与艺术创造能力的集中体现，既体现个人智慧，又依赖于团队的力量，既有一般规律可循，又呼唤不断地创新和超越。但最根本、最关键、最牢靠的办法只有一条，就是扎根人民、扎根生活。在实践中，要根据不同情况，采用相应的对策。比如，针对重大历史题材的创作，不但要还原历史真实，更要强化时代解读，聚焦文艺创新，让"以人民为中心"的创作导向得到新的表达。电视剧《外交风云》以新中国成立后的外交故事为内容，将共和国第一代领导人的气象蕴于国际风云激荡之中，不只是历史再现，也对当代具有重要启示和影响。编剧马继红先后写了60万字的读书笔记，提出要用全新的视角、当下的思维重新审视这段历史，坚持不把思维禁锢在"杯水风波"中，努力追求"海纳百川"的人民胸襟、"大江奔流"的人民气魄。

要让以人民为中心创作导向的成果经得起人民的检验。衡量一个时代的文艺成就，最终要看作品。没有优秀作品，其他事情搞得再热闹、再花哨，也只是表面文章。因此，坚持"以人民为中心"的创作导向，就必须创造生产出为人民喜闻乐见的优秀作品。马克思说，"人民历来就是作家'够资格'和'不够资格'的唯一判断者。"真正的文艺精品，绝非应者寥寥的"阳春白雪"，也不是搜奇猎艳、一味媚俗的"低级趣味"。它"接地气"但不"低俗"，有"品格"却不"清高"，能够做到雅俗共赏、叫好又叫座。这样的文艺作品必源于人民丰富多彩的生活。创作者不能在象牙塔中"绞尽脑汁"，而应该走出方寸天地，阅尽大千世界，"以人民之心为心"。这里的"人民"不是狭义的底层百姓，也包括社会各个阶层，还包括全世界希望理解中国的人们。文艺精品不只是中国人民的呼声，也是世界人民读懂中国的"钥匙"，是展示中国人对美好生活向往的"重要窗口"。浙产电视剧《在远方》以快递业的兴起为线索，电影《春天的马拉松》是反映当下乡村振兴的鲜活典型，从这些"窗口"可以看到人民群众对美好生活的向往，看到"绿水青山就是金山银山"的理念和基层民主监督的社会实践在中国大地上的生动诠释。

  要让以人民为中心的创作导向价值遵循贯穿于文艺创作全过程。习近平总书记强调，加强和改进党对文艺工作的领导，要把握住两条：一是要紧紧依靠广大文艺工作者，二是要尊重和遵循文艺规律。这对各级党委宣传部和文艺组织工作者提出了明确要求。其中很重要的一条就是通过卓有成效的方式，组织创作、生产、传播等各环节的文艺工作者，始终不渝地面向人民群众，自觉为人民抒写、为人民抒情、为人民抒怀，切实维护最广大人民群众的文化利益，不断满足人民群众日益增长的精神文化需求。这里特别要强调的是，文艺组织工作者应该坚守初心、牢记使命，发挥好应有的作用。一要秉持理想信念和文艺情怀。既要具有较高的政治素养、理论水平和道德修养，又要熟悉文艺工作情况，深谙文艺创作生产规律，了解作家艺术家特点，成为有"几把刷子"的行家里手。二要提高组织管理和协调沟通水平。

既要具有较强的组织领导、经营管理能力，还要善于同文艺工作者打交道、交朋友，形成同频共振，实现同心共向。三要善于发现和培养青年文艺创作人才。文艺组织工作者要以更为开阔的胸怀、更为高远的眼界、更为务实的举措，为青年文艺人才提供指引、建立激励、营造环境，让他们脱颖而出、成为推动社会主义文艺"百花齐放"的有生力量和强劲动能。四要做好精准引导和精心服务。乐于参与文艺创作过程，善于提供"不缺位、不越位"的到位指导，能够寓管理于服务之中，以丰富的工作经验、敏锐的判断能力守住底线，坚持"把关在创作选题，参与在创作重要环节，论证在作品完成之时"。以浙江省近年来连续组织实施"百年追梦"美术创作精品工程为例，一开始是围绕1840年到1949年百年历史的回望，组织美术工作者进行艺术创作，收到意想不到的创作效果；接着围绕改革开放40周年；第三次围绕中华人民共和国成立70周年；2020年又围绕全面建成小康社会和建党百年主题。从最初只重视作品的评审，到后来重视全过程的把握，既充分尊重艺术家的创造性，又充分发挥思想把关的作用，形成了团队协同、集体打造文艺精品的机制。正如画家全山石老师所言：过去我们总认为艺术创作就是艺术家的事，表达的是艺术家的审美，表现的作品只有好坏之分。其实，新时代文艺创作有主题思想的贯穿和表达，还有是非对错的评价，文艺一定要给人以积极向上的正能量。

　　回望过去，亮点纷呈，展望未来，态势良好。当下正处在两个百年交汇的大变局，当代中国正经历着历史上最为广泛而深刻的社会变革，也正在进行着人类历史上最为宏大而独特的实践创新。伟大的时代孕育和呼唤伟大的作品。涌动的时代大潮、火热的社会生活，为文艺提供了重大主题、重大选题，提供了难得素材、难得机遇；浙江拥有"三地一窗口"的独特优势以及多年来的创造性实践和历史成就，这些都需要文艺工作者坚持以人民为中心的创作导向积极参与、精彩演绎。要着重围绕重大时间节点，以浙江文艺发展基金为抓手，加强选题策划，以之江编剧村为载体，凝聚创作力量，以横店影视文化产业集聚区为平台，整合优质资源，努力奉献与浙江"重要窗口"相适应的文艺精品，为国人提供高质量、高品位的精神食粮，创造出更加丰富多样的中国故事、中国形象、中国旋律，使中华文化在世界范围内大放异彩、为人类文明作出更大贡献。

在新思想指引下勇攀文艺高峰

董学文　北京大学中文系教授

文艺高峰是时代需要、人民期盼

中国文艺怎么才能擎起民族精神的火炬，吹响时代前进的号角，把提高质量作为文艺作品的生命线，筑就新时代文艺高峰，这是习近平同志关于文艺工作重要论述的一个主题。习近平同志对文艺"高峰"的阐述，不仅是个庄严的召唤，也是个创造性的理论论断。它呼应了时代的需求，反映了人民的期盼。

习近平同志的文艺"高峰"论，是在强调要创作出无愧于时代作品、正视当前创作中存在"有数量缺质量、有'高原'缺'高峰'"现象而提出来的。这个打上引号的"高峰"比喻，指的是作品的质量问题，是思想、精神和艺术高度问题，是创作水准的层次问题。换一种说法，就是我国文艺创作如何同伟大时代、伟大事业、伟大传统相匹配，如何在世界文艺领域占有一流位置的问题。攀登"高峰"，我们既不能降低这一"高峰"的尺度，也不能忽视产生"高峰"所需的主客观条件。每个作家艺术家都希望自己的作品能"传得开、留得下，为人民群众所喜爱",创作出具有"高峰"品格的作品。那么,作品怎样才算达到了"高峰"?文艺家如何创作才能攀上"高峰"?这是一个需要在实践中不断摸索和总结的问题。

习近平同志的文艺"高峰"论,在这方面给了我们巨大启示。从学理上说,习近平同志的文艺"高峰"论是系统、科学的;从现实效果上讲,习近平同志的文艺"高峰"论是防止文艺掉入"数量陷阱"、掉入"中等创作水准陷阱"的法宝;从长远功能上看,习近平同志的文艺"高峰"论已经成为文艺繁荣的动力之源,成为推动新时代社会主义文艺迈上新台阶、获得新成就的行动指针。深入学习和领会习近平同志的文艺"高峰"论思想,把它贯彻到创作的每一个步骤和环节,努力实现文艺质量的一次飞跃,为人类文艺作出永载史册的贡献,这是历史赋予我们的神圣责任。

攀登文艺高峰的正确路径和条件

习近平同志的文艺"高峰"论思想贯穿在他整个的文艺论述当中。为了明了起见,我把它初步概括为如下几个相互联系的方面。

其一,要使文艺作品成为"高峰",首先须得在精神、气质和血脉上同所处的时代紧密相连、息息相通。一个时代固然有一个时代的文艺,但任何一个时代的文艺"高峰",都须耸立在时代精神的峰巅之上。一个时代的文艺,只有同国家和民族休戚与共、紧紧维系,才能发出振聋发聩的声音,才能显出目光如炬、视野宏阔、如雄鹰一般从高空翱翔俯视的审美效应。因此,习近平同志号召"广大文艺工作者要把握时代脉搏,承担时代使命,聆听时代声音,勇于回答时代课题",这是文艺创作攀登"高峰"不能回避的课题。文艺是时代变迁和社会变革的先导。文艺"离开火热的社会实践,在恢宏的时代主旋律之外茕茕孑立、喃喃自语,只能被时代淘汰"。这就指明了攀登"高峰"与贴近时代的关系。马克思说过:"在宇宙系统中,每一个单独的行星一面自转,同时又围绕太阳运转,同样,在自由的系统中,它的每个领域也是一面自转,同时又围绕自由这一太阳中心运转。"[①]对文艺说来,这个"太阳"就是时代、就是历史、就是社会。在伟大的时代和历史浪潮面前眼光短浅、小家子气,怯懦、畏缩,庸人心理,只图"自转",不会"公转",那是不可能创作出"高峰"作品的。习近平同志多次讲道,"我们要站在世界历史的高度审视当今世界发展趋势和面临的重大问题。"这对于文艺创作提升质量、提升境界不啻是一剂良药。习近平同志对新时代的特征所做的分析,对文艺创作把握时代精髓与脉动是极有助力的。习近平同志强调创作出无愧于伟大时代、伟大民族的优秀作品是推动文艺发展繁荣的"最根本"任务,这就为文艺攀登"高峰"指明了航向。显然,任何与时代隔膜、疏离或与时代精神背道而驰的作品,不管技巧上作何努力,都不会产生黄钟大吕般史诗性作品,都不能代表一个时代的风貌和精神,因而是不足取的。

其二,文艺创作非个人事业,文艺作品是否形成了"高峰"也不是个人说了算的。归根结底,人民才是文艺合格不合格、优秀不优秀的唯一权威裁判者。因之,文艺要想攀上"高峰",就是要攀上人民接受的高峰、人民认可的高峰、人民喜爱的高峰。只有千百万人民赞赏的作品,才有可能划入"高峰"的行列。那种卖弄的、小圈子的、孤芳自赏的作品,只会在"低洼的湿地里"打转,是不可能具备登上文艺"高峰"的资格的。这是文艺史上的一条铁律。恩格斯当年曾指出:"某个作家有一点点天才,有时写点微不足道的东西,但如果他毫无用处,他的整个倾向、他的文学面貌、他的全部创作都一文不值,那么这和文学又有什么相干呢?"习近平同志反复强调要"坚持以人民为

---

① [德]马克思、恩格斯:《第六届莱茵省议会的辩论(第一篇论文)》,《马克思恩格斯全集》第一卷,北京:人民出版社,1956年,第35—96页。

中心的创作导向",正是从这个唯物史观视角出发的。文艺要不要"以人民为中心",这关系到马克思主义文艺学说的根本。人民的需要是文艺存在的根本价值所在。对人民有没有感情,这是"决定着文艺的命运"的东西。只有把人民作为表现主体,作为实际的鉴赏家和评判者,文艺才会有深厚的根基。真正做到了以人民为中心,文艺才能发挥最大正能量。文艺"只有顺应人民意愿、反映人民关切,才能充满活力。""能不能搞出优秀作品,最根本的决定于是否能为人民抒写、为人民抒情、为人民抒怀。一切轰动当时、传之后世的文艺作品,反映的都是时代要求和人民心声。"[①] 这一文艺经验的高度总结,可以说精辟地道出了文艺创造"高峰"的人民性法则。古往今来,所有堪称经典的"高峰"之作,都是在"为人民"的轨道上运行的。正因如此,习近平同志才殷殷嘱咐文艺家们不能以自己个人的感受代替人民的感受,要虚心向人民学习、向生活学习,从人民的伟大实践和丰富多彩的生活中汲取营养,不断进行生活和艺术的积累,不断进行美的发现和美的创造。我们把这些论述同文艺"有'高原'缺'高峰'"判断相联系,就不难发现,这其实是在探讨文艺缺少"高峰"的原因。

攀登文艺高峰的应有态度与方法

攀登文艺"高峰"离不开时代和人民的选择,也离不开创作主体的素质和态度。习近平同志在这方面的论述,同样精辟深刻、引人深思。接着上面的顺序和思路,我把它概括为下面两点。

其一,攀登文艺"高峰"是个艰苦卓绝的过程,不可能一蹴而就,因此要克服"浮躁"之气,防止"劣币驱逐良币"。急功近利、竭泽而

[①] 习近平:《在文艺工作座谈会上的讲话》,北京:人民出版社,2015年,第16—17页。

渔、粗制滥造是不行的；花拳绣腿、投机取巧、沽名钓誉是不行的；自我炒作，"大花轿，人抬人"也是不行的。文艺既要有体量的增长，更要有质量的提升。要生产出文艺精品，就须得在"思想精深、艺术精湛、制作精良"上下功夫，就须得"用专注的态度、敬业的精神、踏实的努力"从事创作。古今中外，文艺巨制无不是厚积薄发的结晶，其魅力无不是内在充实的显现。"凡是传世之作、千古名篇，必然是笃定恒心、倾注心血的作品。"正是这种孜孜以求、精益求精、呕心沥血的精神，才使文艺的观念与手段、内容与形式、艺术要素与技术要素得到深度融合，杰出作品才能打造出来。习近平同志说："虽然创作不能没有艺术素养和技巧，但最终决定作品分量的是创作者的态度。"[①] 创作态度对作品"分量"和"高度"的重要性，一目了然。那么，怎样才能达到这种境地？我认为习近平同志关于"典型人物"的论述，对攀登文艺"高峰"就具有美学方法论的意义。与以往理论不同，习近平同志是把"典型人物"塑造同能否创造出文艺"高峰"联系在一起。他说："典型人物所达到的高度，就是文艺作品的高度，也是时代的艺术高度。只有创作出典型人物，文艺作品才能有吸引力、感染力、生命力。""以高于生活的标准来提炼生活，是艺术创作的基本能力。"[②] 这些见解，不仅丰富了马克思主义的"典型环境中的典型人物"理论，而且切中肯綮地道出了典型人物"高度"与文艺"高峰"之间的关系。把"典型人物"所达到的高度看作是同作品高度和时代艺术高度成正比，这是习近平同志的一个创造。我们有理由说，塑造具有时代高度的"典型人物"形象，这是文艺登上"高峰"的不二法门。

其二，创作文艺"高峰"需要有理想信念的支撑。"高峰"不是形

[①] 习近平：《在中国文联十大、中国作协九大开幕式上的讲话》，北京：人民出版社，2016年，第17页。

[②] 习近平：《在中国文联十大、中国作协九大开幕式上的讲话》，北京：人民出版社，2016年，第12页。

式的存在，而是精神的凸显。文艺创作同思想领域一样，有理想信念才会有筋骨，有崇高的价值系统才会显得深沉而厚重。历史经验表明，伟大的艺术来自伟大的灵魂。文艺创作倘若理想信念滑坡，那是最为危险的事情。毫无疑问，缺少理想信念的充盈，表现形式再丰富，创作也会变得苍白和无力。只有在理想信念旗帜高高飘扬的地方，才有产生出文艺"高峰"的可能。习近平同志反复强调文化自信问题、价值观问题、理想信念问题，关键就在这里。十月革命成功后不久，列宁就自豪地宣布："我们也是站在'当代文化的顶点'上。"中国革命即将取得完全胜利的时候，毛泽东自信地说："自从中国人学会了马克思列宁主义以后，中国人在精神上就由被动转入主动。从这时起，近代世界历史上那种看不起中国人，看不起中国文化的时代应当完结了。"[1] 进入新时代，习近平同志指出："坚定文化自信，是事关国运兴衰、事关文化安全、事关民族精神独立性的大问题。没有文化自信，不可能写出有骨气、有个性、有神采的作品。"[2] "凡作传世之文者，必先有可以传世之心。"在习近平同志的论述中，文艺家要攀上"高峰"，修炼自身的精神境界和锻造先进的世界观是极为重要的。正因如此，习近平同志才真诚地希望广大文艺工作者充分认识肩上的责任，"把社会主义核心价值观生动活泼、活灵活现地体现在文艺创作之中"。[3] 文艺是铸造灵魂的工程，"高峰"文艺发挥着一般文艺作品所难以企及的启迪思想、温润心灵、陶冶人生、扫除歪风的作用。他说："艺术的最高境界就是让人动心，让人的灵魂经受洗礼，让人们发现自然的美、

---

[1] 毛泽东:《毛泽东选集》第四卷，北京：人民出版社，1991年，第1516页。
[2] 习近平:《在中国文联十大、中国作协九大开幕式上的讲话》，北京：人民出版社，2016年，第6页。
[3] 习近平:《在文艺工作座谈会上的讲话》，北京：人民出版社，2015年，第23页。

生活的美、心灵的美。"①无疑，这里的"让人动心"，是情感、理想和信念使然；这里的"灵魂经受洗礼"、发现各种"美"，是优秀文艺的功能；这里的"最高境界"，则是铸就"高峰"的必备条件。为了达此境界，习近平同志主张"用现实主义精神和浪漫主义情怀观照现实生活，用光明驱散黑暗，用美善战胜丑恶，让人们看到美好、看到希望、看到梦想就在前方"；为了达此境界，他不赞成"以洋为尊""以洋为美""唯洋是从"，反对创作上"'去思想化'、'去价值化'、'去历史化'、'去中国化'、'去主流化'"，要排除这些妨碍攀登文艺"高峰"的拦路虎。

习近平同志还有一些有关攀登文艺"高峰"的论述。比如，文艺家要"坚定不移用中国人独特的思想、情感、审美去创作属于这个时代、又有鲜明中国风格的优秀作品"；文艺家"须有史识、史才、史德"，"浓墨重彩记录英雄、塑造英雄"；创作要"在继承中转化、在学习中超越"；面对祖国和时代"史诗般的变化，我们有责任写出中华民族新史诗"；等等。所有这一切都表明，习近平同志已经给我们指引了一条正确的通往文艺"高峰"之路。

---

① 习近平：《在文艺工作座谈会上的讲话》，北京：人民出版社，2015年，第24页。

新时代文艺中国精神表现途径刍议

蒋述卓　中国文艺评论家协会顾问、暨南大学教授

习近平总书记在文艺工作座谈会上的讲话中指出"中国精神是社会主义文艺的灵魂","实现中国梦必须走中国道路、弘扬中国精神、凝聚中国力量"。[①] 新时代文艺如何表现中国精神？通过什么途径去表现？这是我们文艺工作者在实现民族伟大复兴征程上必须要回答的一个重大问题。

从总体上看，新时代文艺要走的就是一条以构建文化自信为基本力量的铸魂之路，这个"魂"就是中国精神。中国精神不仅是文艺的灵魂，也是凝心聚力的兴国之魂、强国之魂。文艺要触及人的灵魂，塑造人的灵魂，以文化人，以文育人，引起人民的共鸣，振奋人民士气，鼓舞人民斗志，就要以弘扬中国精神为旗帜。而这一切又是建立在文化自信的基础上的，文化自信为文艺家提供了写作的底气和勇气，提供了文化传统的支撑和动力，正如习近平总书记所说："没有文化自

[①] 习近平：《在文艺工作座谈会上的讲话》，北京：人民出版社，2015年，第21—22页。

信，不可能写出有骨气、有个性、有神采的作品。"[①] 而在文艺表现中国精神的具体途径上，我们则可以深入探讨，并加以细化。

一是弘扬以爱国主义为核心的民族精神，凝聚与铸牢中华民族共同体意识。中华民族五千年历史中，爱国主义一直是贯穿中华民族的一条红线，维系着华夏大地上各个民族的团结统一，成为中华民族的精神基因。无论历史上中华民族经历过多少分分合合，但总体上多是以维护中华文化、主张团结统一为其根本目标的。历史上的文艺作品对此进行了极其丰富的描写，给我们留下了丰厚的文化遗产。从《诗经》到屈原，从杜甫、岳飞到文天祥、林则徐，文学书写与讴歌形成了中华文艺中团结统一、同仇敌忾、抗击侵略、百折不挠、自强不息的民族精神。不仅如此，文艺还书写了各民族兄弟姐妹唇齿相依、维护祖国统一和民族团结、凝聚民族命运共同体意识的奋斗史。

进入新时代，我们要继承中国古典文学优秀文艺传统以及"五四"以来的优秀文艺传统和革命文艺的传统，更多地书写我们当下这个时代，当然也包括1921年中国共产党成立以来的百余年，以及中华人民共和国成立七十多年以来的历史所创造的民族精神。1921年中国共产党成立以来我们已经有了"红船精神""井冈山精神""延安精神""西柏坡精神""沂蒙精神"等，1949年以后我们又有了"两弹一星"精神、载人航天精神、抗洪抢险精神、抗震救灾精神、塞罕坝精神、港珠澳大桥精神，还有抗疫精神，等等。这里面有着一系列的标志性事件和符号，有着一系列代表性人物和神奇的故事，他们创造的中国奇迹和中国经验，正需要文艺用如椽之笔去进行史诗般的书写，去演绎精彩的中国故事，记录中国奇迹，展现中国人独立自主、自力更生、自强不息、爱国为民、无私奉献的心路历程。

---

① 习近平：《在中国文联十大、中国作协九大开幕式上的讲话》，北京：人民出版社，2016年，第6页。

当然，我们还要继续以边地书写为切入口，继续写好民族命运共同体构建过程的中国故事，这里面我们已经有了《嘎达梅林》《东归英雄传》《尘埃落定》《云中记》《这边风景》《湾区儿女》等优秀文艺作品作为榜样。当今面对西方某些不怀好意的国家挑战，我们更要以反对分裂、维护统一为责任，以文学之力和文化之力去团结全球华人的力量，凝聚与铸牢中华民族命运共同体意识。

二是宣扬改革创新的时代精神，鼓舞与坚定中华民族走中国特色社会主义道路的决心与信心。改革创新的时代精神是中国精神中最有活力也最值得总结与提倡的元素。中国特色社会主义之所以形成当前比较成熟的道路、制度、理论，与中国人民改革创新的意识和实践密不可分。在从计划经济向市场经济转型的过程中，中国人民以"杀出一条血路来"的壮士断腕气概，在深圳蛇口开启了引进外资代人加工的工业制造，也首先在深圳打开了股票市场的大门，并实现了全国经济的"软着陆"和金融风险的可防可控；阿里巴巴、腾讯的创新成了网络与信息世界浪潮的弄潮儿，华为的5G创新更是在世界科技领域闯关夺隘、抢先一步，成为中国人的骄傲；中国人在大国重器、海洋经济、精准扶贫等方面的开拓与成绩也引人注目。改革创新给人民带来的红利无处不在，时代精神已经内化为人民自觉的心理和行为旨归。

对改革创新的时代精神书写，由报告文学、电影、电视剧等文艺样式首先作出了回应，如电影《十八洞村》、电视剧《岁岁年年柿柿红》、报告文学《中国桥——港珠澳大桥圆梦之路》《天开海岳——走近港珠澳大桥》等。但在真正深入到科技企业、金融企业了解科技人员、金融人员的改革创新方面，我们许多文艺家并没有完全做好准备，这一方面有知识准备上不充分的因素，另一方面也有生活相对隔膜并不熟悉的因素，工业文学、金融文学一直以来就是我们的弱项。然而，这条路我们必须走通畅走顺畅。书写好改革创新的时代精神，要求文艺家必须走入火热的现实生活包括自己并不熟悉的生活中去，坚持以人民为中心的创作导向，创作出有鲜活时代气息、充满时代精神召唤、激励人民前行的优秀文艺作品。

自然，改革创新精神并不是非得要集中在对重大事件和杰出人物的描写上，也可以体现在文艺家对平凡人平凡事的书写之中，甚至也可以描写他们在道路和心灵探索方面的挫折与失败，但在价值导向上却总是体现向上向善的。改革创新不仅体现在社会的物质丰富和科技进步上，也体现在人们的思想观念、价值取向和心理行为的改变上。社会进步与发展是滔滔巨流，而普通百姓平凡生活的每一个变化则是汇聚这巨流的朵朵浪花。在这方面，贾平凹的小说《高兴》《带灯》作出了很好的探索。

三是着力构建人类命运共同体意识的全球化价值导向，让中国在融入世界的进程中更好地被世界所认识和接纳。中国快速发展的40年，让世界看到了一个崛起的中国和创造奇迹的中国。中国的发展不仅改变了自身，也改变了世界发展的格局。中国在参与世界的发展中也生成了崭新的自我世界，迎来了前所未有的世界大变局。在民族意识高涨的时期，文艺家应从较高较大的视野上看待中国与世界的关系，以构建人类命运共同体为价值导向，正确看待全球化与民族意识的关系，正确看待国际上的逆全球化态势，将中国的发展与世界的发展融合起来看待，在自我精神上实现飞跃，在继续开放中加强对世界格局的深度认识，也在认识世界、改变世界中让世界认识中国、接受中国。正如学者施展指出的那样，"未来的世界秩序是由中国加入这个秩序的过程所定义的；未来中国的成长也只能在这个过程中实现"。[①] 中国的发展与定位既取决于自身，也取决于世界。

在人类命运共同体意识的构建上，中国文艺还刚刚起步，在题材

---

① 施展：《枢纽：3000年的中国》，桂林：广西师范大学出版社，2018年，第611页。

与体裁上都需要进一步开拓,在艺术表现方式上也需要进一步加强。《流浪地球》体现了对人类命运共同体意识的表达,但有些战争片却还是尾随着西方的武力霸权意识,在宣扬所谓"硬汉"形象的同时也不免带有一切靠武力说话的痕迹。中华民族是一个爱好和平的民族,在世界上不是靠穷兵黩武、对外扩张而立国立本的,"远人不服,则修文德以来之",以德服人、以文化人历来是中华民族精神中的重要传统。我们在"一带一路"的文艺叙事中,应更多地寻求携手合作、互利共赢的表达。中国近年来在参与国际事务、承担国际责任和义务、维护世界和平、参与全球治理,尤其是在这次全球抗击新冠疫情中发挥了重要作用,文艺怎样去关注它、表现它,的确是新时代文艺面临的新课题。中国维和部队在国外的斗智斗勇、中国海军在公海上驱赶海盗维护船只安全、中国企业在非洲的筚路蓝缕等等,都具有惊心动魄、异常精彩的故事,等着我们去发掘、倾听与呈现。

新时代文艺对中国精神的表现自然不是简单化的,在民族精神、时代精神以及人类命运共同体意识的表达上三者是互为表里、有机融合的。民族精神在新时代的表达中有一个再阐释、再认识、再深化的时代化过程;时代精神有一个对中国价值、中国经验、中国理念进行提炼的民族化过程;人类命运共同体意识中既有民族精神的继承与弘扬,也有时代精神的视野和胸襟、智慧与勇气。民族精神的时代化,赋予民族精神以时代气息,将中华各民族以爱国主义为核心的民族精神作为时代标志,在中华民族伟大复兴的事业中成为凝聚起中华民族的共同体意识、鼓舞人民奋力前行的精神动力源。一些杰出人物,如钱学森、邓稼先、黄旭华、钟南山等,所具有的爱国主义行为、风骨、人格,既继承着民族精神的血脉,又有着鲜明的时代特色,体现出改革创新的时代意识。中国的创新创造包括"一国两制"的制度创新、经济制度创新以及科技创新,凝聚着全国多民族的智慧和力量。青藏铁路、航天飞船等提升了民族的自豪感;西部开发、脱贫攻坚,让少数民族地区走上快速小康路，进一步强化了各民族的唇齿相依、共同致富、团结统一的民族凝聚力，体现出中国经验、中国理念。中华民族精神中的许多因素如自强不息、百折不挠等，在今天的科技创新创造中则有了崭新的表现方式，中国制造、中国标准成为新时代中国人追求的目标。人类命运共同体意识中，分明又有着中华民族文化传统中的大同意识、和平意识，互利共赢的理念中蕴含着中华民族的义利观、伦理观、大局观。

新时代需要新的文艺，更需要对中国精神的准确表达，对这个崭新的任务和课题中国文艺家责无旁贷。路是靠人走出来的，走新路就需要有新的认识和理念。新时代文艺之路宽广无比。

坚持以人民为中心创作导向的当代意义

路　侃　中国文艺评论家协会顾问

文艺为人民服务，是马克思主义文艺观的基本主张，是中国特色社会主义文艺的本质特征，也是党的基本理论的延伸，与党的全部工作出发点和归宿相一致。在现代中国历史中，中国共产党的文艺方针发展，中国革命和建设中的文艺发展，始终围绕文艺为人民服务的根本目的前行。文艺如何为人民服务，贯穿现代中国文艺史，也体现在中国革命和新中国的政治、经济和社会发展中。在中国革命和社会主义建设初期，文艺为人民大众服务，集中体现了凝聚革命队伍、社会动员和人民解放的需要。改革开放后，党的文艺方针政策调整为用"文艺为人民服务，为社会主义服务"取代文艺为政治服务，最大的时代意义是走出"文化大革命"灾难，解放了文艺生产力，使知识分子和人民成为一体，推动了广大文艺家和知识分子的巨大精神解放，实现了创造力勃发。当下，习近平总书记提出"坚持以人民为中心的创作导向"，其内涵是对"二为"的继承和深化，核心是体现中国文艺的发展方向，凸显了中华民族伟大复兴中建设社会主义文化强国的目的，体现了坚持维护和提高人民的文化权益，也拓宽了文艺发展道路，既有坚持中国制度、中国道路的政治意义，又有促进文艺繁荣发展的文化意义。

坚持以人民为中心的创作导向，在当下有着十分重要的社会和文化意义。

第一，文艺为人民服务的广度和深度更加扩大。随着经济社会发展，新的生产方式、新的社会阶层出现，人民创造历史的实践在不断深入，文艺的表现范围也逐步扩大到人民生产生活的各个层面，对新的典型人物、代表人物塑造得越多，文艺团结人民、凝聚社会的社会作用就会更大。坚持以人民为中心的创作导向，从根本上促使文艺要以更开阔的视野面向人民，面向新的变局、新的开拓，塑造更多新的人物，更多描写人民的平凡与伟大、奇迹与英雄、艰辛与无畏、新创造与新时代、党和人民的血肉联系。

同时，文艺表现人民生活的深度也将更加扩大。文艺不仅要描写人民的物质生活变化，而且要更深入地从精神世界的角度表现人民。在社会环境不断开放和发展变化的背景下，社会舆论对社会问题的差异化争论越来越突出，其中既反映阶层差异，也有观念、文化的差异，而差异认识背后的根本问题是发展不足。中国的人均物质文化和精神富有程度远未达到发达水平，发展不足不断影响着如何面对个人问题、社会问题的分歧争论。文艺必须关注普通民生、个体人生，必须认识差异、反映差异，理性看待社会、文化的多样性；同时也特别需要表现社会价值的共同性和建设性，歌颂美丽人性、血肉英雄、共同理想，表现人类命运共同体意识，用中国的发展与改革、开阔的思想情怀，凝聚民心。文艺描写需要坚持物质性与精神性、差异性与共同性的统一，正视问题和共同理想、民生社情与时代前进的统一，审美愉悦与精神境界的统一，才能提升品质，再上一层。文艺不能无视现实差异和问题，无视会让人感到不真实，创作也必然有艺术的"片面"，却不能止步于无奈不平，还要有艺术的理想建设和价值观。在表现差异性时，更要重视表现发展和改革的必要与活跃；在描写问题时，还应让艺术反映有利于消解问题，用积极的艺术思想加强社会阶层的凝聚力。阶层的物质差距要通过经济发展逐步缩小，文艺则要从精神上促进人民团结、文化健康，为社会的全面小康助力。

在世界格局大变化的背景下，文艺尤其应该在社会交流和人文传播中发挥积极的精神作用，化解狭隘、对立、简单化的消极情绪，提供积极务实、激励共同发展的思想力，促进人的理解、和谐、民心相通。

第二，文艺的创造力和创新性将不断提高。新时代坚持以人民为中心的创作导向必然要求不断提高文艺生产力的艺术价值。文艺坚持正确方向必须通过文艺创新、创作优秀作品才能真正落实。创造和创新的动力是人民对文化文艺的更高期待，还有国内外发展变局对社会思想的影响，以及中国坚定不移建设社会主义文化强国的目标，都决定了对文艺作品的质量、品位、风格等有更高的要求，促使文艺一定要提高创造力和创新性。

当下人们的文化水平、文艺见识都大为提高，特别是人们的社会实践和社会认识更加深入，对文艺不乏深刻的理解，文化媒介也在发生巨大变化，这要求文艺必须有适应时代变化的新创造，不只是形式的花样，而是整体提升文艺反映生活、表现人民的水平，包括更广阔深厚的历史感、思想力、人文视野、艺术视角，更多的人文交流互动。

其一，致力于较高层次的文艺创新，即促进文艺的审美性和精神价值性达到更高水平的完美统一，使审美活动和主流价值有更开放的表现空间，在审美性的提升中促进社会精神的提升。从屈原到鲁迅，千年奔涌的家国情怀，精神激荡，波澜壮阔；从《诗经·国风》到《红楼梦》，生生不息的人情物理，审美无边，尽写社会历史，都值得我们继承发展，开拓艺术表现和艺术精神的新境地。在多样化艺术创造中更多地体现党的创新思想，追求人物塑造的血肉丰满与精神境界的统一，艺术表现的杂多性与价值性的统一。把人民的、生活真实的平凡杂多和理想价值表现统一起来，体现出个人性和共同性的统一，既坚持正确价值观，又防止僵化表现。

其二，文艺创新的最大方面要表现人民的伟大新实践。习近平总书记说："文艺的一切创新，归根到底都直接或间接来源于人民。"[①] 文艺史上大量的进步、变革、创新、人才，都能追溯到人民这个最广大的社会源泉。许多新的人物、新的精神世界成为文艺经典的主要内涵，许多创作流变在文人和大众的艺术与生活中交融出新，无数民间艺术激活了经典艺术的创作产生。新时代文艺创新要不断从人民的生活实践、人民的精神世界汲取表现资源，站在时代的高度，在积淀与变革、历史与发展、物质与精神的对照中发现新的表现，文艺才会有不竭的生动活力。

其三，创新的结果要实现文艺与人民关系的更多互动。文艺不是单向灌输，这是文艺实现有效功能的重要方面。文艺创新要体现人民的主体性，实现人民的情感共鸣。文艺从人民中汲取创新资源，最终是为了与人民更多地共鸣互动，而不只是个人的、形式的表现，同时也将激发全民族的文化创新创造活力。当下，文艺中的新媒介、新业态、新群体正在产生丰富的新创造，既带来平台传播创新，也展示出广大普通人，特别是知识阶层人民的智慧才华，产生大量耳目一新又有积极价值观的作品。专业文艺吸收融合的人民新创造越多，文艺的社会影响就会越强。文艺评论也要破除"圈子"局限、开放人际界限，扩大专业百家视角，从人民中获得更多有益启示。

其四，创新要坚持开放的文化视野。文艺和科技、传统和现代、民族和世界，是当下国内文艺出现的融合趋势，也反映了国际艺术（如电影）的趋势走向，由此产生了不少有影响的好作品。中国文艺

[①] 习近平：《在文艺工作座谈会上的讲话》，北京：人民出版社，2015年，第19页。

还有一个重要融合：体制内与体制外，人才、智力和综合实力的融合。以创作生产优秀作品为中心，尊重各有所长，广泛博采众长。这种体制内外的融合，在一些重大题材创作中发挥了积极的作用。有了人和政策观念的融合，就有文艺生产力创新的广阔想象力。而只有坚持以推动文艺生产力发展为目的，才能坚持开放的文化视野。其中人的信任、开放是最重要的开放，这是改革开放带来的最关键变化，知识分子成为人民的一部分，广大文艺工作者成为可信赖可依靠的队伍，由此带来智慧、才情、文化的更大创造。

党的文艺方针政策是提高文艺生产力的有力保障。在习近平总书记关于文艺工作的重要论述和党的重大文艺方针政策中，提高文艺创造力、创新性都是其中的重要内涵。习近平总书记在文艺工作座谈会上强调指出："我们必须把创作生产优秀作品作为文艺工作的中心环节"[1]，"创新是文艺的生命……要把创新精神贯穿文艺创作生产全过程，增强文艺原创能力。"[2] 党的十九大报告把"二为"方向、"双百"方针和"坚持创造性转化、创新性发展"并列提出，从文艺指导思想上确立了文艺提高创造力、创新性的重要性，体现了文艺方向原则的具体化和对文艺创造性繁荣的有力推动。近年，习近平总书记在出席全国宣传思想工作会议时又强调指出，"把提高质量作为文艺作品的生命线"。这些重要思想系统、连续地提出，体现了党对文艺规律、文艺作为文化软实力的重视，成为新时代文艺提高创造力、创新性的最有利的政策环境。文艺理论评论应该在创造创新方面做出更多的努力，在对创作质量的影响力上，对社会鉴赏力的提高上，以及对重要社会文化现象上，都应该显现出文艺评论在场的有效性。而面对西方

---

[1] 习近平：《在文艺工作座谈会上的讲话》，北京：人民出版社，2015年，第7页。

[2] 习近平：《在文艺工作座谈会上的讲话》，北京：人民出版社，2015年，第11页。

文论的长期影响,当代中国文艺理论不仅要学习借鉴,也有责任提高自己的创造力,向古代和近现代文论大家学习,实现民族的和世界的文论对话。其中,有的放矢、思想创见、明朗文风,应该最有突破。

第三,文艺的社会责任感将更加增强。文艺的社会责任感具有历史性和时代性,始终伴随着文艺的发展,有社会责任感,才有文艺的进步。在当下国内外的复杂形势下,文艺的社会责任感显得尤为重要。文艺特别需要树立一种开放的社会责任感,不仅是守住底线的问题,更多的是要对社会、对人民发挥积极的情感和思想精神帮助作用。

首先要有对优秀作品的强烈创作欲,对文艺生产有高尚的追求,有艺术目的的精神崇高性,而不单是为个人稻粱谋,不是以文艺为单纯的商品生产。重要的是,文艺要更多提供善良积极的情感力量。文艺的主要特点是它的精神情感力量,这也是它作为文化软实力的主要优势。面对纷繁复杂的矛盾现实,特别需要文艺从人民立场、人类角度、世界角度,书写人民和不同文明的共同情感认知,帮助相互理解、化解矛盾、增进发展。

同时文艺需要提供更多积极务实的思想力量,发挥对民心和社会凝聚力的积极作用。当下环境中,文艺更应在审美愉悦中多发扬思考性特点,直面发展中的复杂性、变化性,多对艰难和战胜艰难等社会难点提出艺术的思考,帮助人们提高审美认识和生活认识层次,克服简单化认识。爱国主义是当下突出的社会精神,文艺特别需要提高爱国主义精神的表现水平,弘扬热情和科学、情感和理性相统一的爱国主义情怀,用清醒、务实、改革的思维为爱国主义增量,用真、善、美的艺术为爱国主义增辉,拒绝"愤青"、媚俗式的空喊误国。文艺还要用面向世界文明的多样化吸收、借鉴和创造,助力世界发展多元化,防止狭隘两极化。

特别应发挥杰出文艺家的作用,他们的作品所透露的情感、思想,对民意、社会乃至国际对中国的看法,都会有独特的影响。应鼓励他们用积极的创作帮助提升国内外友好的情感民意,把艺术个性、自我实现与人民情怀、爱国有为统一在一起。而保持人格修为、培养自身正气,则是文艺家发挥积极社会责任感的基础。

创作心声

本立而道生

——对中国书协三场重要活动的一点体会

叶培贵　中国文艺评论家协会副主席、首都师范大学教授

一、文化身份恢复及"展厅"问题

1981年，中国书法家协会成立。以此为标志，书法重新在体制内被确认为艺术门类。自此以来，书法艺术维持了40年的高速发展。"发展"是笼统的说法，若更加准确地加以界定，则毋宁说是"重续传统"与"回归现实"的二重奏。所谓"重续传统"，即连接上自1905年至20世纪80年代因被"取消"艺术地位而造成的各种断裂。所谓"回归现实"，即因为毛笔作为书写工具退出日常生活因而失去广阔根基之后，需要寻找重回生活的途径。

对此，中国书法家协会进行了全方位的努力。实践上，以第一届全国书法篆刻展览为起点，构建了一系列展览平台；理论上，以全国书学研讨会为中心、以《中国书法》杂志为平台，团结了一大批理论家；从教育上说，中国书法家协会培训中心也成为书法教育的重要阵

地。更重要的是，以中国书法家协会为纽带，来自高校、科研院所以及专业艺术机构等的高级人才，一定程度上摆脱了自发状态，形成合力，在短短40年左右的时间内，使书法不仅在国家文化系统（文旅部以及文联）中获得了稳定的艺术地位（比如"群星奖"席位），而且在高等教育体系内也成为二级学科（"美术学"一级学科下的"特设二级学科"），在中小学教育的三至六年级学段获得了每周一课时的国家课程地位。

然而问题并没有完全解决。以实践领域为例，近40年书法发展，有一个重要的命题——"展厅时代"。从第一届全国书法篆刻展览开始，展厅就成为当代书法最为重要的阵地，展览成为推动当代中国书法创作最为重要的活动方式，从一定意义上说，持续了40年的"书法热"，也可以说是持续了40年的"展览热"。目前的书法骨干与中坚作者，几乎无人没有经历过展览的洗礼。与此同时，批评声开始出现。最初主要针对展览机制特别是评审机制，此后则逐渐深入创作本身，比如许多成名书家不再参与评审导致不少展览成为"入会资格展"，又如愈演愈烈的"展览冲刺班"大批量、速成式培养入展者，甚至衍生出了所谓"展览体"，不仅技法趋同，而且不少作品只注重笔墨而忽略文化，导致文字、文本错误百出。这些问题如果不解决，最严重的后果，将是不少展览可能演变成书法圈内的"自娱自乐"，无法产生真正足够积极的社会影响。

二、新时代的要求与方略

习近平总书记在文艺工作座谈会以及中国文联十大、中国作协九大开幕式等一系列讲话中，为中国书法在新时代的发展指明了前进方向，规划了宏观战略。

"以人民为中心"是习近平新时代中国特色社会主义思想的核心。

"以人民为中心的创作导向"也就是习近平新时代文艺理论的核心，是社会主义文艺的本质要求。要真正实现"以人民为中心的创作"，书法首先需要强基固本，从根本上提升自身能力。然而，如前所述，面临着从悠久历史和丰富生活退缩到狭窄展厅的书法，是难以承载"以人民为中心"的创作任务的。

"人民"生长于中华民族伟大历史之中，也在继续创造新的辉煌，因此"以人民为中心的创作导向"在时间轴上延伸开来，不仅需要传承和弘扬民族优秀传统文化，而且需要创造新时代社会主义先进文化。习近平总书记指出：中华优秀传统文化是中华民族的精神命脉，是涵养社会主义核心价值观的重要源泉，也是我们在世界文化激荡中站稳脚跟的坚实根基。要结合新的时代条件传承和弘扬中华优秀传统文化，传承和弘扬中华美学精神。习近平总书记在批评当下存在着有"高原"缺"高峰"现象后又指出：文艺工作者要志存高远，随着时代生活创新，以自己的艺术个性进行创新。

"人民"生活于21世纪华夏热土之上，因此"以人民为中心的创作导向"在空间轴上延伸开来，就要求文艺工作者深入生活、扎根人民。正如习近平总书记所指出的："能不能搞出优秀作品，最根本的决定于是否能为人民抒写、为人民抒情、为人民抒怀。""文艺创作方法有一百条、一千条，但最根本、最关键、最牢靠的办法是扎根人民、扎根生活。"[1]

三、中国书协的三场活动

近年来的中国书法家协会真抓实干，为中国书法的当下发展与未

---

[1] 习近平：《在文艺工作座谈会上的讲话》，北京：人民出版社，2015年，第16、19页。

来道路，探索出了卓有成效的工作方法。从广度方面，首先是会员培训全覆盖，通过中国文联举办的"文艺大讲堂"，引导广大书法工作者深入学习贯彻讲话精神；其次是文艺服务下基层，通过"书法进万家"，直接服务广大人民群众。在深度方面，则连续性举办三场由中国书协直接策划、饱含深刻思考的展览与学术并包、创作与思考同步的活动：第一场是"乌海论坛暨'现状与理想'当代书法创作学术批评展"，第二场是"绍兴论坛暨'源流·时代'以王羲之为中心的历代法书与当前书法创作"，第三场是"中国力量——扶贫书法大展"。在此期间，还有"第十二届全国书法篆刻展览"。

"当代书法创作学术批评展"的指定创作内容，全部是从历代（包括近当代）书论中选取的精华，以此追溯中国书法的"理想"。整个活动聚焦因"展览"而引出的一系列论题，尤其是"可视性"与"可读性"也就是"文"与"书"的辩证关系等。所谓"可视性"，指的是书法作品以笔墨为中心而呈现出来的全部视觉效果；所谓"可读性"，指的是书法作品中的文本经过笔墨处理之后是否仍然可读。活动改变了过去的"征稿—投稿—评审—展出—批评"的线性组织模式，而采取了"研讨（作者和理论家）—约稿创作—看稿研讨—再创作—展出与批评同时进行"的方式，特别是与展览开幕同时举办的批评研讨活动，直接针对作者的创作展开追问和辩论。学术全程参与创作，理论与实践激烈碰撞。

"以王羲之为中心的历代法书与当前书法创作"继续沿用了前述活动组织方式，继续关注文本与笔墨的关系，但追问的核心，转移到"继承与创新"上，组织方提供了以王羲之为中心的历代法书，由参展者临摹，参展者同时以临习之作为出发点，结合自己的艺术理解，创作出具有时代气息的另一件参展作品。展览开幕的同时，举办了一场由文学、史学、哲学、美术学以及书法学专家共同参加的"二王学研讨会"，明确提出"二王学"概念。配套举办的"从'源流·时代'到十二届国展"论坛,分为"展场与立场""视角与视野""纵横的维度"和"思辨与追问"四场,在"乌海论坛"的基础上,进一步展开相关问题的研讨。

这两场的指定创作内容,综合来看,耐人寻味。前者是阐述书法理想的历代理论文本,后者是呈现历史源流的历代经典范本;前者是观念的表述,后者是实践的示范。

"扶贫书法大展"文本由四个部分组成:第一部分是历代"民本思想"文本,第二部分是中共领导人和有关文件中关于扶贫脱贫的文本,第三部分是一线扶贫脱贫人员的典型事迹文本,第四部分是一批扶贫脱贫村镇名称及乡村介绍。第二、三、四部分文本绝大部分是白话文。以如此大规模的完全记录当代生活内容的白话文本作为主体,是书法展览中前所未有的。如果说,前两场展览的指定文本,总体上还是指向过去的,那么这一场展览的主要文本是完全贴近现实、充分扎根生活的。它将有可能成为有史以来至少在文本方面与时代生活关系最为密切的当代中国书法展览。

四、本立而道生

不难发现,上述三场大型学术艺术活动,正是习近平总书记重要讲话精神在书法领域的贯彻落实,对于此前已经出现的各种现象,提出了针对性的解决方案。

书法生长于中国文化之中,是中国文化所孕育的独特艺术门类。在新时代弘扬书法艺术,最重要的工作之一,就是"植根传统,鼓励创新"。"乌海论坛"和"绍兴论坛"分别以历史上经典的理论文本和创作范本为指定内容,目的正在于引导整个书法界全面追溯传统,理清历史脉络,以"传统经典与当前书法创作的对话""点亮重建当代书法精神的理想之光"(《中国书法家协会七届四次理事会工作报告》),

并力图通过"艺文兼备"的创作指导理念，促使书法家们不仅仅关注笔墨，而且关注相关文化（比如文本符合诗文传统、文字符合历史规则、书写形式符合礼仪要求等等）。在所有交流环节中，过去有所忽略的诗联格律、年款写法、文字规范等在内的一系列创作中的文化问题成为热点。以此为基础，在2019年举办的十二届国展中，中国书协创新评审机制，设立了专门的"文字文本审查小组"，对关键性文本错误严格把关，在书法界引起了热烈反响。从展出之后的反馈来看，本届国展可谓近几十年来在文本问题上错误最少的展览之一。为了鼓励创新，第十二届国展在乌海和绍兴两次展览评审的启发下，在终评完成后增设"审查"环节，避免个性过于强烈的探索之作被淘汰，也取得了良好效果。

"扶贫书法大展"是贯彻落实讲话精神的又一次升级。如前所述，书法在20世纪因书写工具变化而退出日常生活，使得白话文未能获得与书法创作充分结合的契机，书法与社会生活之间的联系，失去了文本这一中介。尽管仍然有不少书法家通过诗词古文等方式弥补这一缺憾，局部的白话文书法创作的探索也时有出现，但"生活—文本—书法"三者相结合的路径终究不曾完全畅通。中国书法家协会举办这次展览，显示了巨大的艺术学术勇气，显示了担当弘文责任、探索兴艺之道、肩负历史使命的决心。

可以说，前两场展览，解决的是前述"时间轴"上的问题——聚焦继承与创新。同时，在具体展开时，又横向延伸到文化的各个领域，可谓"纵中有横"，从而探索中国书法如何从古典传统向当代创造转化。只有真正吸纳了传统精华，又找到面向当代的创造方式，书法才可能真正与时代同频共振，才可能负载起以人民为中心而创作的伟大使命。第三场活动着重探索的则是前述"空间轴"上的问题——聚焦书法与整个生活的关联。而在横向展开的同时，又融入了纵向的因素，追溯以人为本思想的历史传承并且尽可能以相应时代的书风进行表现，可谓"横中有纵"。

　　当代中国书法的道路，与改革开放几乎是同步的。从最初的重建，到将近 40 年的反复探索、反复调整、持续发展，可以说，与国家进入了新时代一样，书法也迎来了全新的阶段。在这个阶段中，书法需要在以人民为中心的创作导向指引下，更加明确"本心"，直指本应具备的文韵与世情。我深信，以上述三场活动为开端而逐渐明晰的当代书法发展新方案，一定会产生"本立而道生"的效果，如果持续深入下去，那么书法必能摆脱"展厅"封闭，完成传承历史、扎根生活、服务人民的任务，重续书法的伟大传统，真正与时代同频共振，为中华民族伟大复兴奏响点画的咏叹，奉献笔墨的歌吟。

扎根生活沃土　攀登艺术高峰

冯双白　中国舞蹈家协会主席

2014年，习近平总书记在北京主持召开文艺工作座谈会并发表重要讲话。作为一个与会者，我的耳畔如今仿佛依然能听到总书记那浑厚有力的谆谆教导之声，感受着当时会场上如沐春风般的欣喜之情。这个讲话深刻阐明了文艺发展的历史规律，揭示了风起云涌的当代艺术思潮中最为珍贵的根本宗旨，批评了阻碍文艺创作的若干现象，全面表述了党在面临新时代、新情况、新问题的当下对文艺工作的方针政策，总结发展和极大丰富了马克思主义文艺理论根本思想，成为当代中国文艺前进道路上的指路明灯。

习近平总书记一系列文艺讲话的深邃精神，指引着当代中国舞蹈界的前进道路。坚定文化自信、强化责任担当，深化改革创新，聚精会神出作品、出人才，勇攀艺术高峰，已经成为舞蹈界同人的一致共识。舞蹈工作的方向更为明确，思路更为清晰，行动更为有力，呈现出令人欣喜的新气象新风貌。

习近平总书记在讲话中明确指出：文艺创作方法有一百条、一千条，但最根本、最关键、最牢靠的办法是扎根人民、扎根生活。应该用现实主义精神和浪漫主义情怀观照现实生活，用光明驱散黑暗，用美善战胜丑恶，让人们看到美好、看到希望、看到梦想就在前方。现在，深入生活、扎根人民，已然成为舞蹈界越来越有力量的声音，正在转换成越来越多的舞者的行动纲领。近些年来，在以习近平总书记关于以人民为中心的重要论述精神指引下，"深入生活、扎根人民"蔚然成风，舞蹈工作者积极投入"深扎"行动中，足迹遍及大江南北，面对着各个民族的丰厚文化，收获颇多。记得在2017年，根据中宣部、中国文联的有力部署，中国舞协带领中青年舞蹈家深入西藏采风。在山南地区，当地工作人员安排我们观看赫赫有名的山南多颇章卓舞——山南背鼓，表演地点是一个洋铁皮搭顶、四周围拢着土墙的水泥台子。藏民们的忘我表演，让舞者们激动不已。然而，我却想，在雪域高原，这样的鼓舞，会不会被土墙围拢的水泥台子局限了些什么？藏民们似乎也没有尽兴。利用饭前饭后的时间，我与藏民们促膝聊天，说到山南背鼓的传统文化意义和当代传承，我得到了重要信息：这鼓舞完全可以在高山上表演，就在一个陡峭的山崖上，有一块特殊的平地，那才是背鼓的真正大舞台！当时，作为领队的我提议：和藏民们一起到山崖上去！艺术家们气喘吁吁地艰难攀登，又迎头赶上冰雹和雨雪，整个计划几乎放弃。然而，在山顶上一览众山小的极其壮阔的视野里，在迎风的呐喊和无数瓶啤酒的交互作用下，我们领略了藏民身心最底层爆发出来的生命激情。在鸽子蛋大小的冰雹下，我与藏民们相互碰杯，忘记了大风和湿漉漉的冰雨，大口喝酒，一起跳了起来。尽管我很快就累得倒在地上，心里却非常充实——我，还有我身边的舞者，都真真切切看到了"好东西"！那次采风之后，我们的年轻舞蹈编导创作和精心修改了《青稞》《玄音鼓舞》《转山》等一系列脍炙人口的好作品。在上述艺术创作实践活动中，我体会到，深入生活，要特别注意避免走马观花，不仅要身入，更要情入和心入，如此才能真正踏上攀登艺术高峰之路。

习近平总书记在文艺工作座谈会的讲话中强调指出：作家和文艺

家要把创作优秀的文艺作品当作自己的中心任务和立身之本，牢记人类灵魂工程师的历史使命和责任，用自己的创作为人民书写，为人民放歌。五年来我深刻体会到，如何走出"小圈子"和"象牙塔"，是中国当代舞蹈创作一直以来面临的挑战。其要害，是能否坚持深入现实生活，扎根人民，在深刻变化的火热时代生活中找到艺术生命的创作源泉。我为河南省郑州歌舞剧院创作的两部舞剧《风中少林》和《水月洛神》，取得了较好的反响。当郑州市委和剧院提出再做一部舞剧时，题材的选择让人犯难。河南的历史故事很多，人们提出了各种人物，曹操、范蠡、老子、庄子……在深入学习习近平总书记重要讲话精神之后，我再次在河南大地上深入采风。当我来到汤阴县城东30里的菜园镇程岗村，站在岳飞庙前时，突然被狠狠地猛击了一下！这位历史英雄，在今天，不是仍然具有极大的精神意义吗？在充分准备之后，我和主创团队继续深挖，推出了新的舞剧《精忠报国》，试演之后，获得了初步的好评，也收获了很多极好的修改意见。现在，这部舞剧已经进入了深度加工的阶段。我期待着它像我的其他舞剧《大禹》《英雄格赛尔》《妈勒访天边》等一样，为中华民族的英雄谱上增添一些新的亮色，让艺术创作融入更多的中华优秀传统文化的伟大精神力量。

多年以来，中国舞蹈界坚持"二为"方向、"双百"方针，坚持以人民为中心的创作导向，弘扬中国精神、中国价值，创作了一批好作品。《永不消逝的电波》《草原英雄小姐妹》《天路》《朱鹮》《大禹》等多部大型舞剧创新问世，《香巴拉》《警幻觉》《未·知》《舞·雷雨》等一些独立制作和演出的小型舞剧如雨后春笋般涌现，《鸡毛信》《兄弟》《夫妻哨》《情深谊长》《阿嘎人》《长鼓行》《漫·慢》等一大批优秀小型作品惊艳亮相，纪念抗战胜利70周年文艺晚会《胜利与和平》、纪念红军长征胜利80周年的《永远的长征》、纪念建军90周年的《在党的旗帜下》等大型主题晚会进入了情景美学的创作新境界。舞蹈界用坚实的脚步，努力践行着习近平总书记文艺讲话的深邃精神。

毫无疑问，近年来舞蹈艺术的创作收获是巨大的、丰厚的，令人振奋和喜悦。重温习近平总书记关于文艺工作重要论述精神，应该特别领会总书记所指出的艺术创作问题，强化问题导向。习近平总书记指出，在文艺创作方面，也存在着有数量缺质量、有"高原"缺"高峰"的现象，存在着抄袭模仿、千篇一律的问题，存在着机械化生产、快餐式消费的问题。文艺不能在市场经济大潮中迷失方向，不能在为什么人的问题上发生偏差，否则文艺就没有生命力。低俗不是通俗，欲望不代表希望，单纯感官娱乐不等于精神快乐。精品之所以"精"，就在于其思想精深、艺术精湛、制作精良。

因此，艺术创作领域，习近平总书记所指出的一些问题仍然存在，值得我们高度警惕，并在自己的工作中加以抵制、改正、解决。例如，在有些作品中，有的调侃崇高、扭曲经典、颠覆历史，丑化人民群众和英雄人物；有的是非不分、善恶不辨、以丑为美，过度渲染社会阴暗面；有的搜奇猎艳、一味媚俗、低级趣味，把作品当作追逐利益的"摇钱树"，当作感官刺激的"摇头丸"；有的胡编乱写、粗制滥造、牵强附会，制造了一些文化"垃圾"；有的追求奢华、过度包装、炫富摆阔，形式大于内容；还有的热衷于所谓"为艺术而艺术"，只写一己悲欢、杯水风波，脱离大众、脱离现实。凡此种种都警示我们，文艺不能在市场经济大潮中迷失方向，不能在为什么人的问题上发生偏差，否则文艺就没有生命力。

舞蹈创作虽然整体上趋势向好，成绩斐然，但是也要有问题意识。例如，舞蹈创作千人一面、模仿抄袭的问题依然存在；舞蹈版权意识淡薄、侵权行为时有发生；用动作编排代替艺术形象创作的问题不容忽视；缺失创新意识、观念陈旧、手法老套、跟风追随的问题；只注重表面动作层次的把玩和自我陶醉而忽略精神观照和精神价值塑造的问题，都值得认真研究并加以纠正。

作为舞蹈工作者，一定要认真思考习近平总书记的文艺讲话精神，思考如何做到举精神之旗、立精神之柱、建精神家园。我认为重要的是保持四个"度"。

第一，创作需要高度。习近平总书记指出："古往今来，中华民族之所以在世界有地位、有影响，不是靠穷兵黩武，不是靠对外扩张，而是靠中华文化的强大感召力和吸引力。我们的先人早就认识到'远人不服，则修文德以来之'的道理。阐释中华民族禀赋、中华民族特点、中华民族精神，以德服人、以文化人是其中很重要的一个方面。"[①]

第二，创作需要深度。每个时代都有每个时代的精神。实现中国梦必须走中国道路、弘扬中国精神、凝聚中国力量。核心价值观是一个民族赖以维系的精神纽带，是一个国家共同的思想道德基础。如果没有共同的核心价值观，一个民族、一个国家就会魂无定所、行无依归。为什么中华民族能够在几千年的历史长河中生生不息、薪火相传、顽强发展呢？很重要的一个原因就是中华民族有一脉相承的精神追求、精神特质、精神脉络。精品之所以"精"，就在于其思想精深、艺术精湛、制作精良。"充实之谓美，充实而有光辉之谓大。"古往今来，文艺巨制无不是厚积薄发的结晶，文艺魅力无不是内在充实的显现。凡是传世之作、千古名篇，必然是笃定恒心、倾注心血的作品。

第三，创作需要态度。当前文艺最突出的问题是"浮躁"。一些人觉得，为一部作品反复打磨，不能及时兑换成实用价值，或者说不能及时兑换成人民币，不值得，也不划算。这样的态度，不仅会误导创作，而且会使低俗作品大行其道，造成劣币驱逐良币现象。人类文艺发展史表明，急功近利，竭泽而渔，粗制滥造，不仅是对文艺的一种伤害，也是对社会精神生活的一种伤害。低俗不是通俗，欲望不代表希望，单纯感官娱乐不等于精神快乐。习近平总书记深刻指出："文艺

[①] 习近平：《在文艺工作座谈会上的讲话》，北京：人民出版社，2015年，第10页。

要赢得人民认可,花拳绣腿不行,投机取巧不行,沽名钓誉不行,自我炒作不行,'大花轿,人抬人'也不行。""没有优秀作品,其他事情搞得再热闹、再花哨,那也只是表面文章,是不能真正深入人民精神世界的,是不能触及人的灵魂、引起人民思想共鸣的。"①

第四,创作需要角度。"诗文随世运,无日不趋新。"创作角度问题,从根本上说,是一个艺术创新的问题。创新,是文艺的生命。文艺创作中出现的一些问题,常常是角度平庸、角度狭隘的问题。唐代书法家李邕说:"似我者俗,学我者死。"宋代诗人黄庭坚说:"随人作计终后人,自成一家始逼真。"文艺创作是观念和手段相结合、内容和形式相融合的深度创新,是各种艺术要素和技术要素的集成,是胸怀和创意的对接。要把创新精神贯穿文艺创作生产全过程,增强文艺原创能力。

文艺工作是塑造人类灵魂的伟大事业。"世事洞明皆学问,人情练达即文章。"在未来的舞蹈艺术创作中,我们应当继续采取一切有效措施,坚持党的领导,坚持正确的政治方向,大力倡导艺术创新,坚守优秀民族传统文化,广泛汲取一切优秀的世界文化营养,努力攀登艺术高峰,决不辜负习近平总书记对文艺工作者的殷殷希望。

---

① 习近平:《在文艺工作座谈会上的讲话》,北京:人民出版社,2015年,第7页。

从人民中来 到人民中去

——谈电影《周恩来回延安》的艺术创作

刘 劲 国家一级演员

艺术创作的过程是极富创新性和实践性的，需要经过生活积累、创作构思、艺术表达等阶段。艺术创作的中心导向应当是人民，从人民中来，到人民中去。从1995年起，我先后在70多部影视作品中扮演周恩来总理。为了演好周总理，我长期研究他的"形"，也不断地探究他的"神"，努力做到形神兼备。这些年演总理、学总理的过程，慢慢地让我的心灵达到了另一种境界。周恩来总理之所以在中国人民心目中有如此伟大的形象，与他始终热爱人民、心系百姓、甘当公仆，视人民利益高于一切的精神是分不开的。2019年5月，经过4年多时间的策划、制作，我第一次担任导演并主演的电影《周恩来回延安》上映了，这是我从事影视工作几十年的一个阶段性小结。在这部电影的创作过程中，我更加深刻地体会到人民才是艺术创作的基础、源泉、动力和归宿。

一、人民是艺术创作的基础

广大观众可以接触到三种周恩来总理的形象。第一种，是通过文献纪录片等渠道展现的存在于真实的历史进程中，伴随着中国革命的发展，不断进步的周恩来形象；第二种，是通过小说、舞台剧、影视等作品艺术再现的周恩来形象；第三种，是建立在真实的周恩来总理形象基础之上的中国人民心目中伟大的周恩来形象。我之前参与饰演周恩来总理的影视剧大多是重大历史题材作品，是以展现周恩来总理在不同时期如何为中国革命和发展努力奋斗为出发点的，题材和场面相对比较宏大。其间也有一些展现周恩来总理生活习惯和心系百姓的情节，但大多在剧作激烈的矛盾冲突中一笔带过。一直以来，我想拍一部立足于真实的周恩来形象，从情感的角度出发，重新唤起人们心目中那个可敬、可亲、可爱的周恩来形象的电影。

2015年，我收到了作家曹谷溪的剧本《周总理回延安》。1973年周总理回延安时，曹谷溪就在欢送总理的人群中。这个来自人民真情实感的剧本打动了我，因为它和以往的剧本不同，不是直接从周恩来总理的角度去讲故事，而是以人民作为艺术创作的基础，把讲述的重点放在了一个特定的时间点——周恩来回延安的22个小时里。周恩来生平中那些治国理政的大事基本被省略，推到前景的是周总理与延安人民的血肉联系。这种联系是贯穿整部影片的核心主题，是支撑这部电影最根本的叙事动力。在这部电影里，周恩来总理串联起的是在不同历史时期延安的干部、百姓、知青的生活以及对周恩来总理的深情，是延安人民为中国革命作出的贡献。以人民作为艺术创作的基础是这个剧本的最大亮点。我要尝试在重现历史的同时，把一部主旋律电影拍成情感大片。

二、人民是艺术创作的源泉

拿到了这部以人民作为电影创作基础的剧本之后,我开始着手搜集素材,素材从哪里来呢?还是要从人民中来。为了让剧本更加精彩,我请来中央文献研究室原常务副主任杨胜群担任顾问,请来《湘江北去》的编剧王青伟修改剧本。我们深入采访周秉德等周恩来总理的亲属,以及周恩来总理的秘书赵炜、警卫高振普等总理身边的工作人员,从多方面细节了解当时的历史,进一步了解总理的工作、生活及个人思想等细节,为创作做准备;深入采访中共中央文献研究室、重大革命和重大历史题材影视创作领导小组、全国周恩来思想生平研究会等专家,详细了解相关史实,为创作做好铺垫;收集整理大量与周总理本人以及"回延安"这段历史有关的文献资料,包括图书、影像以及中共中央文献研究室史料等;召开专家座谈会、创作座谈会等主题会议,对影片主题、内容、创作手法等进行全面、细致的讨论。剧本进行了十余次修改,努力做到精益求精。当王青伟把最终的剧本给我看后,我多次落泪,觉得可以开拍了。剧本的名字最后改为《周恩来回延安》。

之后我们深入延安,对当地人民群众进行追踪采访,灵感和细节都纷纷涌现出来,电影《周恩来回延安》让周恩来作为一个普通人和革命战士串联起他与延安的老邻居、老朋友之间的感人故事:追忆与延安老友的旧日岁月,怀念为自己牺牲的战友,牵挂为革命失去家人的老大嫂。看到延安百姓吃不饱,与延安干部举杯为誓,要让粮食产量翻一番,让延安百姓过上好日子;见到朝气蓬勃的知青们,鼓励大家扎根延安、建设好延安……饱满的情感始终贯穿影片,情感的起伏推动着剧情发展,以情感人成为本片最大的亮点。

与此同时,延安人民的信任坚守、知青的青春奉献、基层干部的踏实奋进又衬托出周恩来作为中华人民共和国总理,具有伟大的革命精神、高尚的人格风范和真挚的人民情怀，与延安人民共同谱写出一曲赞美人民、赞美党的生动乐章，展现了中国共产党和全国人民不忘初心的历史使命、继续前进的赤子之心和永远奋斗的坚定信念，体现出中国共产党时刻保持与人民群众密切联系的优良作风。

三、人民是艺术创作的动力

人民，不仅是艺术创作的源泉，更是艺术创作的动力。进入拍摄阶段，如何用艺术的手法展现剧本里想表达的周恩来总理和人民之间那份真挚情感成了重中之重。从文化央企到地方政府，从影视界专业公司到社会各界民企，再到影视创作专业人士、文艺界权威专家，还有延安当地群众都参与了进来。

剧组辗转天津、延安等地拍摄，通过实景结合电脑特技等手段，尽可能地还原不同年代的真实场景。电影《周恩来回延安》主要讲述的是 1973 年周恩来总理回访延安的 22 个小时里发生的故事，当时的周总理不仅年迈，而且身患癌症，身形消瘦。为更加符合角色形象，我开机前就开始瘦身，每顿只吃一块减肥饼干，加一点蔬菜，坚持了四五个月，瘦了 28 斤，终于达到了周恩来 1973 年回延安时的清瘦状态。周边的工作人员和参与演出的当地群众看到我，都很感动。那一刻我觉得很欣慰，让看到我的人相信甚至心疼我所饰演的周恩来总理，我努力的第一步就做到了。

在接下来的拍摄过程中，所有配合拍摄的当地工作人员和担任群众演员的延安人民在现场表现出了极高的热情，他们源自内心深处对周恩来总理的崇敬和爱戴与剧本中所展现的当年延安人民对周总理的真挚情感完全吻合。这些让整个剧组尤其是作为导演和主演的我仿佛插上了翅膀。在拍摄现场，我和参演的延安的人民群众产生了良好的化学反应，我的表演状态也被这种动力一直推着往上走。

很多的细节表演和反应都是在拍摄现场延安的人民给我真实的刺激带来的。

有一场戏是周总理请老乡们见面吃饭。他看到老乡们狼吞虎咽的吃饭动作，便忙着给他们夹菜。几个老乡一边端着大碗吃饭，一边说，要是娃也能吃上就好了。看着几位延安老乡的朴实的脸，我内心深受感动，尽力忍着，但转脸之间，眼泪一下就涌了出来。这种情感是自如的、逼真的。我觉得周恩来总理那一刻一定为人民还吃不饱饭，百姓温饱还没有解决而深深自责。这样的细节虽然情节性不强，但却成了情感的高潮点。

还有一场戏，在延河河滩，周总理的车陷进了泥淖。乡亲们闻讯赶来抬起了吉普车。延安人民热情高涨，群众演员们真的合力把吉普车抬了起来。我当时站在吉普车的踏板上说台词："是延安的小米养育了我们，养育了革命，毛主席当年对延安人民的许诺，我们没有忘啊……"说到此，我一下哽咽了，根本无法说下去，不光是当年周恩来总理感动于延安人民对自己的拥护与信任，我本人也感动于电影开拍以来延安人民对我们剧组的支持和热情。台词虽然没说完，但这个细节却把剧情推向了高潮。人民成为艺术创作的强大动力。

四、人民是艺术创作的归宿

我之前以文艺志愿者的身份多次参加中国文学艺术界联合会、中国电视艺术家协会等单位组织的"三下乡""送欢乐下基层"等深入人民群众的文艺志愿服务活动，感触颇深，艺术创作就应该从人民中来，到人民中去。

电影《周恩来回延安》制作完成之后，进入了发行阶段。所有出品方一致认为，这样一部以人民为中心的创作导向的电影，在拍摄过程中又是源源不断地在人民的推动下完成的，最后一定要回到人民当中去。我们在北京人民大会堂举办完首映礼之后，又马不停蹄地在延安、南开大学、中央党校、山东、四川、浙江等地进行点映和展映，在全国各大院线上映的同时，又结合各省"不忘初心、牢记使命"主题教育活动，在全国组织广大党员干部观看。我们还通过各种渠道把这部电影送到了农村，让全国各地的农民兄弟也能看到这部饱含情感的主旋律影片。让电影深入人民中去的决定收获了很大的反响，周总理面对老房东吃不饱饭而深深自责、对烈士遗骸无处寻找而失声痛哭、面对烈士遗属曹大嫂深情相拥、对知青们谆谆教导希望他们好好建设延安、不顾滴酒不能沾的病体与大家干杯为誓……影片放映过程中，不少观众都在低声抽泣，感动得流下了眼泪。观众通过各种渠道发来反馈："全场静坐，直到结尾曲结束，最后一个镜头消失。老老少少各有感慨，激动的心情慢慢才能平静……""每一个群众演员都表演得如此传神！好作品！真挚、质朴、深情，又如泣、如歌、如诗……""周总理为我们全党、全军乃至全国各族人民树立了不朽的光辉榜样，周恩来的精神不能成为过去式，要多写、多拍类似作品，教育我们的干部群众，特别是要教育领导干部和青少年……"以人民为出发点创作的影片在人民的推动下完成制作，最终回到人民中去，取得了很大的成功。在没有过多预热和宣传的情况下，看过片子的人都给予了很好的口碑，票房成绩也在同类国产片中遥遥领先。

总之，电影《周恩来回延安》从策划阶段就以人民作为艺术创作的基础，以身患重症的周恩来总理在特殊历史时期肩负历史使命和老一辈革命家对老区人民的情怀回到延安的历史事件为叙事中心，讲述周恩来在延安的所见所闻、所思所感，将历史与现实打通，创新而巧妙地串联起了延安人民、北京知青、身边工作人员等人物群像。在搜集素材的过程中以人民作为艺术创作的源泉，在拍摄过程中又以人民作为艺术创作的动力，最终这部电影又回到了人民中去放映，以人民作为艺术创作的归宿。电影《周恩来回延安》的策划、制作、发行过程，充分印证了以人民为中心的创作导向才是新时代艺术创作的正确方向。

创作心声

文学书写应积极有效回应时代关切

刘　琼　《人民日报》文艺部副主任

　　面对纷繁复杂的社会生活，面对微妙丰富的个体经验，"写什么"这一"前文学创作"问题，往往决定了"写得怎么样"这一"文学创作后"成果。习近平总书记文艺工作座谈会讲话提出以人民为中心的创作导向，为文艺工作者明确指出方向。习近平总书记文艺工作座谈会讲话发表以来，当代文学紧紧围绕以人民为中心的创作导向，围绕"人民性"和"时代性"进行了丰富并卓有成效的创作实践和理论研究。

　　文艺创作无法脱离具体的时间和空间。时间和空间构成历史现实。一切历史都是当代史，一切文艺创作都是对于时代的记录和想象，对于人类精神心灵的记录和想象。人是历史时代的主体。时代是指以政治、经济、文化等状况为依据而划分的某个时期。这个文化是大文化，用今天的话说，指政治、经济、文化、社会、生态五大文明的总和。文明总和构成了一个具体的历史时代的底色。建立在这个底色上的文艺创作，是时代的文艺创作。创作主体自身无法摆脱具体的时代的痕迹，创作对象也无法摒弃时代背景。时代是更加明确的现实，是有色彩的词语，强调特殊的信息背景。

　　什么是时代精神？不妨换个角度回答这个问题。一个时代对作家的影响是什么？最直接的影响是经验。目力所及，感同身受，都是经验。同一时代的人和事，身边的人和事，亲历的人和事，最容易进入写作的视野。在诸种经验中，一个时代区别于另一个时代的独特经验，最值得记录。这些也是我们通常说的时代脉搏和时代声音，作家要去把握和聆听，文学创作提倡从自己的时代发现创作的主题，捕捉创新的灵感。最深刻的影响是思想观念，潜移默化，深沉固执。每个时代的思想方式和精神气质，通过各种载体和方式对个体产生作用。个体感同身受，形成理解力和认知力，发挥想象力和表达力，推出与时代精神相匹配的创作。当然，这是理想作者。理想作者越多，文学才不会辜负这个时代。

我们对于历史的认知，有两个重要来源，一是各种史料文字，一是文学文字。前者构成历史认知的框架和骨骼，后者构成框架和骨骼下的血肉和细节。一个优秀的作家，一定是时代的认真观察者和准确书写者，会在历史的大框架下进行对现实的想象和具体构建。人类社会经历的苦难、进步和勇气，都应该收进作家的视野。但事实上，我们能看到，作家能写出来、以后能流传后世者，万无其一。这是为什么？不是作家不努力，写作是极其复杂的精神活动。从素材到文本，需要消化，需要重建，还需要机缘，这就需要我们有耐心，要给文学以时间。汶川大地震十年后，阿来的长篇小说《云中记》问世，成为"灾难和救赎"的见证。《云中记》是一首抒情长诗，也是一部精神信史，它写出了人类面对自然灾难的体认和精神自救。《云中记》的写作带来的启发至少有三：第一，对于历史和现实重大事件的书写，艺术表现力永远是第一位的，艺术表现方式则完全可以多样化。《云中记》没有采用传统的现实主义写法，甚至也不是现实主义风格作品，它具有浓厚的表现主义色彩，更像一部心灵史，属于现代派的阵营。但它可信，有感染力，令人震撼，有效地打开了关于灾后重建的认识路径。艺术超越了现实，是有创造性的艺术表现。第二，建立在对人和现实的关系基础上的诗性乃至神性的书写，彻底地征服了读者。这种书写饱含文化体认。文化体认考验作家的哲学思想力和历史认知力。小说具有鲜亮的单纯。故事简单，人物少，但凝结在主要人物身上的诗性和神性是光点，照进了读者的心灵。第三，未经思考的经验不是经验，未经想象的经验不是文学。小说捍卫的经验是具有想象力和审美价值的经验。未经思考和想象，用平庸的形式匆忙表达，是对珍贵的时代经验的浪费。文化文艺创作介入现实，一定要写到深层，写到真相，写到笑点、泪点、痛点和难点。第一时间赶到现场，第一时间写出的东西是及时的真诚的，但未必是真实的。这里要说到"真实"这个词了。我更倾向于它是一个哲学加美学的概念。文学最终能影响现实，打动人，影响这个时代，靠的不是罗列材料、煽情感叹，而是依靠具体的细节、厚实的人物、深沉的思想、真挚的情怀，靠的是对于生活经验和生命体验的关注。否则，读者不买账，说你写的只是宣传品，不能成为这个时代的记录和报告，不足以存史为证。对于正面强攻现实经验的文学写作，包括报告文学，必须要解决鲜活经验的及时转化和文学转化。写出疗治人心、见证时代的作品，文学的功能和艺术的审美才会同步，才能向经典靠近。

关于时代的文学书写，要及时，更要有效表达。要处理好以下几个问题，才可能产生有效表达。

一是历史观和辩证法。这两者都是思想方式，是认知和理解时代的前提。历史观和历史思维需要自觉训练。历史观是长线，是大局观。大局意识决定现实态度。文学不仅要告诉读者你看到的世界的样子，还要告诉读者许多人看到的世界的样子。历史观决定作品能走多远。每个具体的创作主体都有具体的文化背景，也即成长背景。超越个体的成长局限，超越经验局限，建立历史思维和整体观，才会把个体的文化景深拉深，广角加大。对于文学创作，现实不只是一堆素材，而是认识世界的起点和依据。把人和事放在历史的维度下观察，格局和视野会拓展，重点和本质会显山露水。认识历史发展规律，就会理解纷繁复杂的现实本身。当代文学界"40后"和"50后"的共同点是具有历史思维和历史经验，这也使他们的作品识别性较明显。而"80后"和"90后"的普遍特点是受教育程度较高，知识面宽。与此同时，现实经验匮乏，历史思维欠缺，成为新青年写作的短板。

　　建立历史思维，强调观察事物要有历史底色。讲究辩证思维，观察事物要全面而不是片面，要注意本质而不是表象。要善于分析主要矛盾和次要矛盾，把握现象和本质的关系，关键是建立整体观和总体观，包括对时间的整体观和空间的总体意识。在此基础上，我们就能理解为什么要看清历史发展的大势，要及时记录时代现实的大事、要事、大转折和大变化，透过纷繁复杂的表象把握主流和核心，把握真实趋势。每一个写作者都是历史中的人、时代中的人，都对时代负有责任。这也是我们今天反复提作家柳青的原因。《创业史》从文本的角度并不是无可挑剔的，从文学性的角度也不是同时期最好的，但它的认识价值独一无二、出类拔萃。柳青以一个记者对于历史变化的敏感，以一个作家对于文字记录的责任，抓住了陕西农村和农民这个局部，提炼出普遍存在的农村和农民问题，用鲜活的形象、文学的语言写出来，并传播开来，对当时的农业政策产生了重要影响。文学深度介入社会生活，是柳青和《创业史》为文学带来的光荣。现实主义创作在这方面的经验比较突出，陕西作家继承柳青传统，从陈忠实的《白鹿原》到贾平凹的《废都》、陈彦的《装台》，侧重不同，但对于不同历史时期的社会历史都有新的发现，包括以刘醒龙、谈歌、何申、关仁山为代表的20世纪90年代中期的"现实主义冲击波"，高呼"文学干预生活"。文学能否干预生活，取决于文学自身。文学能传时代之声，能领时代之先，才能在时代生活中拥有话语权。

　　文学有益于世道人心，有益于培根固本，才有"正能量"一说。正能量也体现了文学的宣泄疗治功能。中国传统文化中的"仁义礼智信"和西方基督教的奉献牺牲，都是人性中尊贵的一面，具有较大的感染力和共情力，引人向往。好的作品，优秀的作品，在写时代和生活重重矛盾的同时，一定会写出人性中的光亮，哪怕是微弱的光点。列夫·托尔斯泰被誉为19世纪世界文坛最重要的作家，也是基于其作品中的积极力量。深受俄苏文学影响的作家梁晓声，2018年出版的《人世间》可以说是一部向列夫·托尔斯泰致敬的作品。这部长篇小说也是现实主义创作的重要收获。小说关于东北老工业基地半个多世纪平民生活经验的宏阔记录细致可信，对于平民子弟形象的塑造，既清晰透彻地写出人性的层次和矛盾，更饱含深情地写出时光机里的人性的尊严和坚持，写出人类文明的底气和社会发展的意义。发展和奋斗，是改革开放新时期的时代精神。周秉义的勇气和大义，周秉昆的坚韧和仁善，都是这几十年的人世间发生的真相和真理，由此写出爱和正义的动人价值。周秉义和周秉昆这两个人物，是《人世间》对当代文学的贡献。

二是想象力和表达力。这两者都是艺术和技术方式，特别重要。"言之无文，行而不远。"这句话讲的道理，对于写作永远不过时。文艺创作进入公众视野的同时，产生了公共性。公共性是文艺的重要属性。公共性的产生，表现为传播力，有赖于文学性。新冠疫情肆虐了一段时间，报刊网络上各种形态的文艺创作才开始活跃起来。奥斯维辛以后要不要写诗？一个曾经看似历史的纸面上的问题，在这个节骨眼上成为现实。大家都在议论，不少是激愤和情绪化的表达，其实这个时候，包括文学界在内的文艺界，需要激情投入，也需要理性和理论的探讨。

这是一场时代的大考，所有的纸面上的理论研究，归根结底要有还原到现实生活层面的可行性和操作性。文章合为时而著，文学是时代和生活的镜子，也是时代和生活的推进器。从历史书写、凝聚力量的角度，鼓励同代人的记录，"眼见为实，耳听为虚"，同代人的书写相对可信。从文艺的功能来说，提倡及时和在场写作。但这个"及时"和"在场"，站在历史的角度，指"同时代"或"同一时期"，而不一定是"同一时刻"。面对时代，面对具体的时代，从记录时代精神刻度的角度，文学创作有内在规律，不追求急就章。快和慢是创作的相对时效，与品质不绝对挂钩，与个体的消化积累有关，也与文体有关。比如以抒情见长的诗歌和以及时记录见长的报告文学，面对突发性事件，反映通常比小说要快，这是文体特点。汶川大地震期间，产生了大量的诗歌、散文和报告文学，其中不乏好作品，对于及时记录信息、沟通疗治十分必要。

时代精神和文学表达有时间差，是技术问题。时代精神与文学表达有纬度差，是认知问题。文艺是人类的自觉的精神创造，以人为原点，从人和文艺的关系起步，历史地、科学地、客观地探讨文艺的形态和功能十分必要。对于这些问题的认知，形成了一个人的文艺观。在关于时代精神和文学表达的关系中，文学的认知意义和精神意义压倒了其字面意义。这也是为什么要重申文艺的功能的必要性。由此我特别赞成作家张平关于现实主义题材创作"形式应该大于内容"这一看法。

至于字面意义和表达力，当然特别重要，它是帮助认知意义和精神意义走得更远的双腿。文学回应时代关切天经地义。面对时代的大考，文学不能缺席，不能失言，也不能胡扯瞎掰。经得起时间检验，是经典作品的门槛，也是文学创作的纯正追求。由文字垒起的精神大厦，记录了时代的精神和风貌，思想内涵、文化积累和艺术创新应该成为衡量其艺术表达的基本维度。关于时代的书写，可能有千万条路径，但无论哪条路径，都务必要妥善处理及时表达和有效表达的关系。文字是呈堂证供，切勿漫不经心，或者花言巧语。

努力开创新时代西藏摄影人的新境界

赤列江才　西藏自治区摄影家协会理事
《健康报》驻西藏记者站站长

2014年10月15日,习近平总书记在京主持召开文艺工作座谈会,并作重要讲话。习近平总书记深刻阐述了文艺和文艺工作者在现代化建设中的地位和重大使命,回答了有关文艺繁荣发展的一系列根本性方向性的问题,为新形势下文艺工作指明了方向。作为一名摄影工作者、记录者,就要增强"四个意识"、坚定"四个自信"、做到"两个维护",认真学习讲话,深刻领会讲话的精神精髓,在摄影工作中努力坚持以人民为中心的导向,践行社会主义核心价值观,创作出更多优秀的摄影作品,为人民群众提供更精良的精神产品,以贯彻落实的思想自觉、政治自觉、行动自觉体现对总书记和党中央的绝对忠诚。

第一,坚持创作导向,把以人民为中心作为创作的出发点和落脚点。习近平总书记说:"文艺要反映好人民心声,就要坚持为人民服务、为社会主义服务这个根本方向。这是党对文艺战线提出的一项基本要求,也是决定我国文艺事业前途命运的关键。只有牢固树立马克思主义文艺观,真正做到以人民为中心,文艺才能发挥最大正能量。以人民为中心,就是要把满足人民精神文化需求作为文艺和文艺工作的出发点和落脚点，把人民作为文艺表现的主体，把人民作为文艺审美的鉴赏家和评判者，把为人民服务作为文艺工作者的天职。"① 一是要坚定不移坚持以人民为中心的创作导向。以人民为中心，涉及文艺工作者如何对待生活、如何对待人民。这是带有根本性的问题，也是衡量摄影人基本价值观的首要问题。不仅是摄影人创作的出发点和落脚点，也是摄影人人生观坐标系上判断和选择的一个原点。必须坚定这样的信念，我们的摄影活动是为人民的，为人民群众创作，为人民群众所欣赏，为人民群众所利用的。人民群众是我们摄影作品的受众，也是摄影作品的评判者。摄影作品优劣高低，都应该以人民群众接受不接受、满意不满意为最终评判标准。二是要坚定不移坚持践行社会主义核心价值观。摄影人必须把社会主义核心价值观生动活泼、活灵活现地体现在摄影活动中，用栩栩如生的摄影作品告诉人们什么是应该肯定和赞扬的，什么是必须反对和否定的，认真对待和积极追求摄影作品的社会效益，抓住各种有利时机，开展摄影艺术创作，全方位展示人民群众的工作、生活以及精神追求，弘扬主旋律，传递正能量，激励人民群众在新的征程上向新的目标奋进。三是要坚定不移坚持把社会效益放在首位。习近平总书记指出，"一部好的作品，应该是经得起人民评价、专家评价、市场检验的作品，应该是把社会效益放在首位，同时也应该是社会效益和经济效益相统一的作品。"② 毋庸讳言，在市场经济条件下，我们的摄影作品相当一部分也要通过市场来实现它的价值，反过来再反哺摄影，这样就会形成良好的发展。但是，在社会效益和经济效益之间，并非等量齐观，而是有第一位和第二位的区别，必须把社会效益放到首位，当二者出现矛盾时，经济效益必须服

---

① 习近平：《在文艺工作座谈会上的讲话》，北京：人民出版社，2015年，第13—14页。

② 习近平：《在文艺工作座谈会上的讲话》，北京：人民出版社，2015年，第20页。

从社会效益,市场价值要服从社会价值。"文艺不能当市场的奴隶,不要沾满了铜臭气。优秀的文艺作品,最好是既能在思想上、艺术上取得成功,又能在市场上受到欢迎。要坚守文艺的审美理想、保持文艺的独立价值,合理设置反映市场接受程度的发行量、收视率、点击率、票房收入等量化指标,既不能忽视和否定这些指标,又不能把这些指标绝对化,被市场牵着鼻子走。"①

第二,精益求精搞创作,把最好的摄影精品奉献给人民。习近平总书记说,"衡量一个时代的文艺成就最终要看作品。推动文艺繁荣发展,最根本的是要创作生产出无愧于我们这个伟大民族、伟大时代的优秀作品。没有优秀作品,其他事情搞得再热闹、再花哨,那也只是表面文章,是不能真正深入人民精神世界的,是不能触及人的灵魂、引起人民思想共鸣的"②。作为一名文艺战线的工作者,特别是少数民族地区的宣传文艺战线的工作者更应该牢记,创作是自己的中心任务,作品是自己的立身之本,要静下心来、精益求精地搞创作,把最好的精神食粮奉献给人民。改革开放以来,摄影人面向生活,深入基层,开展摄影创作,各类题材摄影新作、各种风格的摄影佳作不断,摄影作品流派、风格、形式之多样,主题、题材、体裁之丰富前所未有。但也应该看到,有些作品为了追求经济效益,或多或少显露出庸俗颓废的意识,使摄影艺术的审美趣味受到了一定程度的污染。要落实习近平总书记"精益求精搞创作,把最好的精神食粮奉献给人民"的要求,一是要坚持深入生活。创作来自群众,来自生活,摄影人必须深入丰富的生活之中,深入群众之中,跟上时代前进的节奏,冲破旧模式的约束,打造属于自己的摄影艺术风格和文化内涵。这就要求在摄

---

① 习近平:《在文艺工作座谈会上的讲话》,北京:人民出版社,2015年,第20页。

② 习近平:《在文艺工作座谈会上的讲话》,北京:人民出版社,2015年,第7页。

影实践中坚持以人为本的创作理念，关注所处环境周围的摄影题材，关注与人类生存及社会可持续发展相关的各种题材，关注人民群众的生活现状，关注人民群众悲欢离合的故事，关注人们希望经常看到和需要大力弘扬的人物、景物、故事，关注我们不希望看到但需要引起人们高度重视的事情。经过长期的积淀，为摄影艺术添加新的文化意识，注入新的人文精神，逐步形成新的摄影艺术观。新的摄影艺术观的精髓与本质是更关注人与自然之间、人与人之间的关系。二是搞好中西艺术风格的融合。继承和发扬中华民族传统文化，将我国传统的艺术格调、表达形式和中国韵味运用到摄影创作中，充分展示我国传统文化的审美情趣，充分汲取中华民族的精神品质，吸收中华民族大家庭丰富的风俗民情和优良传统。在继承发扬的前提下，应站在摄影艺术发展的最前沿，积极吸取西方摄影的理念、技巧、审美的维度，做到洋为中用，将中华文化与西方文化兼容并蓄，将古老中华传统与现代艺术新元素相结合，把我国摄影艺术推向一个新的高度。三是唱响时代主旋律。这是我国摄影艺术创作发展的方向。摄影人要投入实现中国梦的伟大实践之中，投入如火如荼的国家建设之中，在社会活动中体验生活、观察生活、分析生活，努力研究摄影创作的规律和特点，指导摄影创作，让摄影作品更加符合人民"口味"，最大限度满足人民日益增长的精神文化需求，激励人民群众积极投身现代化建设事业，为推进我国改革开放和现代化建设营造良好的文化环境。

第三，提升摄影人综合修养，为摄影艺术的金字塔奠定坚固的塔基。习近平总书记说："文艺是铸造灵魂的工程，文艺工作者是灵魂的工程师。""文艺界知名人士很多，社会影响力不小，大家不仅要在文艺创作上追求卓越，而且要在思想道德修养上追求卓越，更应身体力行践行社会主义核心价值观，努力做到言为士则、行为世范。"①古人云："画者，文之极也。"艺术就像金字塔，塔基就是文化底蕴文化修养。摄影作品的价值体现为它的精神价值。而精神价值主要依靠摄影人的品行、才智和技艺，依靠摄影人内在的知识修养，依靠摄影人对生活独到的理解。真正的摄影佳作要求摄影家既要具有很高的艺术造诣，又要具备相当深厚的综合修养。真正杰出的摄影人应该在人品、道德、学识、思想修养、文化教养上全面发展。为此，一要努力学习摄外功夫。摄影的功夫在摄外，摄影工作者要做"有文化"的摄影人，应该坚持学习，不断地扩展知识视野，不断提升摄影技术和对社会的洞察力，把文化积淀、文化艺术、人生态度、哲学思想、美学观点融会贯通起来，通过摄影将其充分表达出来。学习"摄外功夫"要持之以恒，还要经得起来自各方面的种种诱惑，瞄准既定目标，不断积累，不断提高，历练敏锐的摄影眼光与摄影能力。二要从生活中汲取营养。摄影的创新表面上看是技巧的创新，但本源来自生活、来自社会实践、来自人民。"世事洞明皆学问，人情练达即文章。"摄影人需要放飞想象的翅膀遨游天地之间，但必须脚踏坚实的地面。摄影创作的方法技巧有百条千条，但最根本、最关键、最牢靠的是扎根实践、扎根人民、扎根丰富多彩的生活。新时代需要有真情、有抱负、有担当的摄影家扑下身子，把理想、热情融入生活，融入人民群众，从鲜活的生活中吸收摄影创作的营养，获取对生命的思考与领悟，碰撞出灵感的火花，创造出价值观正确的、与人民息息相通的、具有艺术表现水准和生活质感的、有情怀有温度的摄影作品。三要不断加强生活的理解力。摄影不只是图像的摄取，相机背后应该是更为辽阔的世界和多姿多彩的生活。摄影活动是对世界、对生活的深刻理解和诠释，对世界

---

① 习近平：《在文艺工作座谈会上的讲话》，北京：人民出版社，2015年，第23—24页。

对生活理解有多深，摄影活动就有多深的内涵。自发明相机以来的历史发展中，每一个时代都有摄影作品为社会生活留下的印迹，它承载着所聚焦的那个时代的具象特征。作为一个有理想有追求的摄影人，应该积极思考人生，深刻体察社会，体察人与自然、自然与自然、人与人之间的内在矛盾与关系，不断提高对生活、对社会、对世界万物的洞察力。

习近平总书记在文艺工作座谈会上的重要讲话，博大精深，需要认真反复学习，才能把握其精髓。作为摄影人最重要的，是用讲话精神指导摄影实践和行为修养，这样，才能不辜负总书记的重托，创作出无愧于我们这个伟大时代、无愧于我们这个伟大国家、无愧于我们这个伟大民族的优秀作品。

人民的需要就是我创作的动力
——以人民为中心创作导向的实践与体悟

张千一　中国音乐家协会副主席、作曲家

党的十八大以来，习近平总书记不仅多次强调"文艺为人民服务"的根本立场，而且将其定义为"社会主义文艺"的"本质"，并确认它既是党对文艺战线提出的一项基本要求，也是决定我国文艺事业前途命运的关键。

在中宣部、中国文联的部署下，中国音协深入学习贯彻习近平新时代中国特色社会主义思想，特别是关于文艺工作的系列重要讲话和指示批示精神，坚持以人民为中心的工作导向，广泛开展"深入生活、扎根人民"主题实践活动，为广大音乐工作者走进实践深处，观照人民生活，表达人民心声，用心用情用功抒写人民、描绘人民、歌唱人民，搭建起多元化、多层次的平台。

作为这些活动的参与者、见证者，我深刻体悟到，只有牢固树立马克思主义文艺观，真正做到以人民为中心，文艺才能发挥最大正能量。只有胸中有对人民的满腔热爱、心底有为人民服务的坚定信念，才能在攀登艺术高峰的征程中克服困难、跨越障碍，担负起伟大时代赋予的使命和职责。只有用脚力走、用心力悟，才能创作出有温度、有力度、有高度的作品。

一、始终坚持服务大局和服务人民高度统一的创作宗旨

习近平总书记强调，任何一个时代的文艺，只有同国家和民族的命运紧密联系、休戚与共，才能发出振聋发聩的声音。近年来，中国音协组织千余名知名音乐家和基层音乐工作者、新兴音乐群体优秀代表，行程数万公里，推出百余部讴歌新时代、反映新时代新变化新气象的优秀原创作品，举办了十余场采风创作成果展演活动，出版了数十种原创音乐作品专辑。积极响应中国文联"文艺扶贫奔小康"志愿服务行动，组织音乐界专家在偏远山区、贫困地区、少数民族地区有效开展音乐志愿服务培训项目，为当地培养了五百余名音乐人才。我切实感到，这些活动最突出的一点，就是始终围绕党和国家的中心工作与大局来精准定位，始终将"以人民为中心"作为导向引领、贯穿始终，实现服务大局和服务人民的高度统一。

新冠疫情发生以来，广大音乐工作者自觉担当使命，积极发挥艺术特长，自觉自发、不计报酬，克服创作时间紧、录音条件有限等困难，倾情创作展示了《坚信爱会赢》《大爱苍生》《拿出勇气》《武汉伢》等一批主题鲜明、形象鲜活、感情真挚、形式多样的原创公益歌曲，营造出风雨同心、共克时艰的良好舆论氛围，凝聚起众志成城抗疫情的强大力量。笔者也以最快速度在1月31日创作出合唱《天使的身影》，2月2日在国家大剧院通过网络迅速推出，很快即有数百万点击量，并成为合唱及个人学唱曲目。身在武汉的指挥家王秀峰教授2月3日发来短信："听到你写的《天使的身影》，我感动得流泪了。在这特殊的危机时刻，你心里流动的，演唱者心里流动的，和我们心里流动的，都是最真挚的爱。谢谢你！"网络听众"王艳健康心

理"写下:"国家大剧院这场的演唱会,首先画面就令人鼻子发酸,泪目。……任何一个格莱美获奖作品都无法和她媲美,因为歌声背后有太多故事催人泪下……"中国音协和人民音乐出版社协作把《天使的身影》等抗疫歌曲做成《方舱之声》CD送往武汉。为强化优秀抗疫歌曲的创作引领和宣传推广,在更大范围内凝聚起打赢疫情防控阻击战的磅礴力量,中国音协充分发挥资源优势,第一时间成立专家组,加班加点地对全国原创抗疫歌曲进行全面收集甄选,并及时通过融媒体平台在全国范围内宣传推广优秀歌曲近千首,形成了良好社会反响。

当前文艺创作中存在某些精神匮乏、内容空虚、脱离生活、价值倾斜、缺少理想、境界低下的倾向,一些作品散发着过度的商业气息。这些问题表面上看是由艺术家素质造成的,但深究起来,还是在文艺"为什么人"的问题上发生了偏差。为此,中国音协始终把走进人民生活、倾听人民心声、表达人民情感、服务人民利益,作为组织开展各类音乐创作展演活动的出发点与落脚点,引领音乐工作者以文艺眼光在火热社会实践中发现人物、发现故事、发现情节、发现冲突,创作出接地气、冒热气、聚人气、扬正气的优秀音乐作品,更好发挥音乐艺术凝聚人心、滋润人心、照亮人心的价值功能。不论是革命老区、少数民族地区、边疆地区和贫困地区,还是改革开放前沿阵地、重点建设工程一线、农村集镇、社区街道、军营学校……几年来中国音协采风创作活动足迹遍及祖国大江南北,"到生活中去、到人民中去"越来越成为音乐工作者的自觉行动和共同追求。坚持以人民为中心的创作导向,不仅在各类主题实践活动中得到切实践行,而且在各类创作人才培训班上得到了有效引导,并取得了显著成果。近些年涌现出来的《不忘初心》《走在小康路上》《信仰》《小村微信群》《土豆花儿开》等优秀歌曲,写的都是人民群众的情感,有思想、有生活,贴近人心、激励人心,产生了广泛的社会反响,而它们全部出自中国音协全国优秀青年词曲作家高级研修班的学员。2016年5月和2019年4月,我为中国音协第二、五期全国词曲作家高研班（东莞、泉州）举办《歌曲创作中的宏观思维与微观思维》《感谢生活》讲座，与学员们分享了"到生活中去、到人民中去"的体会。

二、始终坚持生活体验和群众检验高度统一的创作途径

当前，我国文艺领域存在"有高原缺高峰"的状况，还不能充分满足人民群众美好生活的需求，这跟文化发展阶段有关，也跟我们的文艺创作体悟生活、认识生活不够有关。人民群众的所思所想所盼，是音乐创作者要把握的核心，偏离这一核心必然是不接地气的。习近平总书记指出，文艺工作者要想有成就，就必须自觉与人民同呼吸、共命运、心连心，欢乐着人民的欢乐，忧患着人民的忧患，做人民的孺子牛。

几十年来，我走遍了祖国的山山水水。现在回想起来，我所有的创作灵感、所有的成功作品，几乎都来自祖国广袤而壮美的土地，来自那些高原、山川、森林、草地、田野、大江大河；来自生活在这片山河中的各族同胞，以及丰富灿烂的民族文化。在2019年举办的"同心曲"——中国音协"深入生活、扎根人民"优秀创作成果演唱会上，我创作的《同心曲》《梦中的骑手》《雅鲁藏布》《等你》等四首作品得到展示，而它们都是我跟随中国音协采风团深入西藏、内蒙古、新疆等地采风有感而作的。

一个艺术家对多民族的文化、音乐风格色彩要有比较深的了解，往往需要很多年的采风、感悟，再通过笔写出来，这个过程非常不易。回过头去想想，我感到相当艰辛但同时也感觉非常幸福。我曾去过很多少数民族地区，与少数民族群众近距离接触，了解少数民族的文化与风土人情，反过来用自己的笔、用自己的创作来歌颂少数民族、提升多民族的文化自信，这也是一件非常有意义的事情。

采风的过程相当艰苦，或面临高原的缺氧反应，或经历边疆地区的路途遥远，很多时候一住就是几个月，与当地村（寨）民同吃同住。记得创作交响音画《北方森林》时，刚刚20岁出头的我到大兴安岭鄂伦春地区深入生活、收集素材，罹患疟疾，一病不起，最后用了7个月的时间坚持完成了这部作品。2016年赴西藏是一次行程远、周期长的采风活动。对于艺术家来说，西藏既是创作的富矿，同时也是严峻的考验——高原缺氧、水土不服。半个月的时间里，我们不仅经历了从平原走上高原的生命体验，更获得了从"高原"迈向"高峰"的文化自信，写出了《心向阳光》《八廓街》《爱上纳木错》《高原的梦》等优秀作品。2018年中国文联领导率音乐舞蹈艺术家将此次采风创作的成果带赴西藏汇报演出。

对人民群众生活的深度体验是作品创作的灵感来源，而通过演出反馈机制让人民群众对作品进行评价，是检验作品优劣、推动精益求精的有效途径。为展示采风创作成果，中国音协先后举办了"格桑花开新时代"——美丽西藏采风原创歌曲演唱会、歌从草原来——内蒙古采风原创歌曲演唱会、"同心曲"——中国音协深入生活、扎根人民优秀原创歌曲演唱会。作为这几次采风创作活动的参与者和这几项活动的艺术总监，我深刻感受到，将采风创作成果及时有效地回馈群众、接受群众的检验，不仅是"从群众中来、到群众中去"的应有之义，而且能让新作品通过演出不断得以打磨与完善，真正成为唱得响、传得开、留得下的精品力作。

三、始终坚持思想引领和艺术创新高度统一的创作标准

习近平总书记强调，对文艺来讲，思想和价值观念是灵魂，一切表现形式都是表达一定思想和价值观念的载体。离开了一定思想和价值观念，再丰富多样的表现形式也是苍白无力的。这在中国音协举办

的系列创作活动及成果中得到了充分体现。近年来获得中宣部"五个一工程"奖的《爱国之恋》、《幸福少年》（组歌）、《小村微信群》、歌剧《呦呦鹿鸣》等，就是其中的优秀代表。在2019年隆重推出的大型原创交响合唱《奋进新时代》创作过程中，中国文联和中国音协召开了16次研讨会、改稿会、审听会，就主题思想、创作思路、选题角度等进行认真研讨论证。邀请全国老中青三代词曲作家和音乐人，共同组成主创团队，中国音协主席团超过一半的成员参与创作排演。我和词作家屈塬也有幸作为团队的一员，创作了领唱与合唱歌曲《一个都不能少》，并入选中宣部庆祝中华人民共和国成立70周年举办的音乐舞蹈史诗《奋进吧，中华儿女》。在组织排演过程中，中国文联和中国音协邀请词曲作家参与每一次排练，对作品的思想内容和艺术特点进行深入细致地讲解，对排练过程中出现的问题进行纠正和分析，与指挥即时进行沟通，确保最贴切到位的艺术表达。最终呈现给观众的《奋进新时代》大型原创交响合唱音乐会从新时代的脚步、新时代的向往、新时代的荣光、新时代的奋斗和新时代的光芒等各个层面立体深刻反映主题，生动表达了中国人民置身新时代的幸福感和使命感，全面展示了新时代全国各族人民在实现民族复兴伟大征程中的自豪之情和坚强信心。

　　进入新时代，人民日益增长的美好生活需要，对包括文艺作品在内的文化产品的质量、品位、风格等提出了更高的要求。音乐创作者必须按照总书记的要求，跟上时代发展、把握人民需求，以充沛的激情、生动的笔触、优美的旋律、感人的形象创作生产出人民喜闻乐见的优秀作品，让人民精神文化生活不断迈上新台阶。《青藏高原》这首歌获得了出乎我本人意料的传唱度，这让我明白了一个道理：音乐是人类相通的语言，不分国界、不分地域、不分民族，只要能够走心入情，再加上符合时代潮流的表现形式，就能够流传。艺术贵在创新，难点也许就是亮点，甚至是创新的突破点。艺术家的创作要"源于生活，高于生活"。原创歌剧《兰花花》的创作经历让我深刻意识到，民间音乐素材对于歌剧这种体裁形式来说是把双刃剑，好的方面自然不用说，但如何理解、如何把握来自生活的"素材"和来自思考的"创作"两者之间的关系非常重要，也可以说是一大难题。一是"兰花花"从素材角度对全剧辐射的能量到底有多大有多强，要通盘考虑；二是经过戏剧化和人物化甚至情境化"过滤"后的民间音乐素材是否能够得到观众认可，要细心把握。有一点我是明确的，那就是这部歌剧绝不是陕北民歌的串烧。我要把陕北民歌的典型音乐特征在思考中彻底消化一次，再入我心，转变成我自己的音乐语言，这叫"吃得进去，吐得出来"，要让民歌的抒情性意蕴注入具有人物性格特征和戏剧展开能量的肌理符号，要用真情把美丽动人的中国故事讲给天下人听，唱给天下人听。

伟大的时代呼唤伟大的文学家、艺术家，呼唤伟大的文艺作品，在中国特色社会主义新时代，我们比以往任何时候都拥有更为充足的文化自信、更加坚实的发展基础、更为优良的创作条件，可谓正逢其时，大有可为。广大音乐工作者要始终秉持崇高的职业操守，始终坚持以人民为中心的创作导向，以高昂的热情、强烈的使命担当，服务人民生产生活的伟大实践，抒写人民喜怒哀乐的真情实感，描绘新时代的精神图谱，努力筑就中华民族伟大复兴时代的文艺高峰。

词为人民写　歌为人民咏

——从《奋斗才有幸福来》歌词创作谈起

张咏民　河南省安阳市音乐家协会副主席

党的十八大以来，习近平总书记对广大文艺工作者寄予殷切期望，他强调指出，社会主义文艺是人民的文艺，必须坚持以人民为中心的创作导向，在深入生活、扎根人民中进行无愧于时代的文艺创作。离开人民，文艺就会变成无根的浮萍、无病的呻吟、无魂的躯壳。"以人民为中心"的创作导向，是当代中国文艺工作者要始终遵循的实践指南，也是检验文艺作品能否留得下、传得开、唱得响的关键所在。

2019年4月，笔者参加了中国音协举办的全国优秀青年词曲作家第五期高研班的学习，其间创作的歌词《奋斗才有幸福来》有幸入选了由中国文联、中国音协共同主办的《奋进新时代》大型原创交响合唱音乐会，由青年作曲家杨一博作曲、著名歌唱家张也演唱，反响热烈。我曾多次思考，这首歌词为什么能够入选？它有哪些可取之处？它是否体现出"以人民为中心"的创作思想？本文结合歌词《奋斗才有幸福来》的创作体会，谈一谈"以人民为中心"在歌词创作中的指导意义，与各位方家共勉。

一、走进人民的生活，才能写出人民的感受

任何艺术作品归根结底都来源于人民，又服务于人民，这是大家公认的道理。歌词作为一种音乐文学，要通过谱曲唱给人民听。人民能不能接受，取决于作品是否写出了人民的生活感受。人们说，中国最早的歌词可追溯到《诗经》，其中有相当一部分是采自民间的乐歌，反映的是人民在劳动和斗争实践中所产生的思想、感情和意志。乔羽先生也曾说过，歌词不是绫罗绸缎、山珍海味、饕餮大餐。歌词只是布帛菽粟、粗茶淡饭。歌词属于布衣百姓，属于人民群众。因此，歌词创作"以人民为中心"，首先要走进人民的生活。

歌词《奋斗才有幸福来》是围绕"幸福都是奋斗出来的"这一主题展开的。首先，我通过查阅资料，反复体会"幸福都是奋斗出来的"所蕴含的深刻内涵，理解了奋斗与幸福之间其实就是一种因果关系，只有脚踏实地付出了，才能有所收获。我想到了"愚公移山""精卫填海""囊萤映雪"等一个个寓言故事，想到了"宝剑锋从磨砺出，梅花香自苦寒来""千里之行，始于足下""天行健，君子以自强不息"等一句句古训格言。然而，要把这个命题写出新意，还应该关注它对一个民族、一个国家以及一个家庭、一个人有哪些现实意义。奋斗可以让一个民族历经磨难并巍然屹立于世界民族之林，奋斗可以让一个国家迎来繁荣富强的盛世光景，奋斗也可以让一个家庭、一个人的生活拥有满足感、获得感和喜悦感。由此看来，对于幸福的解读可以大到民族复兴、国家强盛，也可以小到老百姓的柴米油盐、衣食住行。

想到这里，思路渐渐变得清晰，对于这样较大的主题，可考虑从小的角度切入，抓住老百姓的衣食住行去开掘，发现新质。如此，几句歌词在头脑中浮现："想看山上的风景，就要一步一步爬上来。想收树上的果实，就要一个一个摘下来。想做美丽的衣裳，就要一针一针缝起来。想造摩天大厦，就要一层一层盖起来。"其中的"想做美丽的

衣裳""想收树上的果实""想造摩天大厦""想看山上的风景"可以理解为是与老百姓生活息息相关的衣食住行，就是咱老百姓眼中的幸福。

另外，培训期间的采风活动激起了创作灵感，让歌词多了生活气息。笔者由体验制茶的艰辛，联想到在通往成功、追求幸福的路上，谁都不会一帆风顺，可能会遇到这样或那样的困难，这就需要我们挥洒辛勤的汗水迎难而上，带着必胜的信念逆风飞扬。由此，想到了蜜蜂采蜜，想到了风筝高飞，通过"蜜蜂"和"风筝"这两个意象，写下了"蜜蜂采来花蜜，甜甜地唱起来，没有谁的幸福会不请自来""风筝迎着逆风，高高地飞起来，奋斗出的幸福会如约到来"。此时我想，一个较大的主题从人民的生活体验出发，从较小的视角落笔，应该会呈现出一种较为新颖的效果吧？

二、揣摩人民的心理，才能引起人民的共鸣

一首歌曲能不能引起社会认可并广泛流传，还要受众说了算。现实生活中，人们听一首歌曲，除了会对歌曲旋律好不好听作出评价，也会更多地关注歌词部分能不能引起心灵的共鸣。像《时间都去哪儿了》（陈曦词）这首歌曲一经推出，平实质朴的歌词便打动了无数听众，因为它说出了人们心中最想表达的情感。因此，我们在歌词创作的过程中，不仅要以创作者的身份写作，也要注意转换一下身份，让自己成为一名听众、一名曲作者或是一名歌手，去体会歌词有没有触动到内心。这就要求歌词创作要揣摩受众的心理，抒真情，说真话，进而拉近与听众的距离。

在歌词《奋斗才有幸福来》的创作过程中，我把自己设置在一个与朋友聊天的情境中，想象着两个人在就某个话题，你一言我一句讲述着自己的理解和感受。要让对方接受自己的观点，只说空洞的大道理是不能奏效的，而是需要列举一些彼此生活中曾经见到或遇到过的

例子，才能使对方发自内心地去认同。这首歌词运用了比兴的手法，借"想看山上的风景，就要一步一步爬上来""想收树上的果实，就要一个一个摘下来""想做美丽的衣裳，就要一针一针缝起来""想造摩天大厦，就要一层一层盖起来"起兴，引发听众的思考，引出"没有谁的幸福会不请自来""奋斗出的幸福会如约到来"的情感共识。如此，从普通人的视角出发，用鲜活的生活体验写出来的歌词，不仅可以增加歌词的形象性和感染力，也会消除与听众之间的陌生感。这里用到的比兴手法，是中国诗歌中的一种传统的表现手法，《诗经》中有不少出自民间歌谣的作品就采用比兴的手法，发展到后来，比兴的创作手法也普遍运用到现代民歌的写作中。所以说，比兴手法的运用，也使这首歌词最终以民族唱法的形式呈现得更为贴切。

歌词作为面向大众的文学，始终以社会群体为主要服务对象，成为一群人或一类人的代言。因此，在歌词创作中，我们在写"小我"的时候要有"大我"意识，避免过于留恋自我，忽视了大众的感受，要处理好个性与共性、特殊与普遍在审美形象中的交融与统一。

由此可见，歌词创作"以人民为中心"还体现在用心体会人民的所思、所想，并通过创作把作品呈现给他们，让他们认可、喜欢，这才是我们从事歌词创作的价值所在。这首歌词写出来后，我在自己朗读的同时，还给家人朗读，目的就是想了解一下听众的反应和感受。把好歌词这一关，才能为接下来的谱曲、演唱打好基础。

三、提炼人民的语言，才能赢得人民的喜爱

歌词是一种语言的艺术。相比诗歌而言，歌词的语言要求通俗易懂，精练流畅，让人们在较短的时间里一听即懂。要做到这一点，必须使语言大众化和口语化。然而，大众化语言并不是大白话。大众化的语言必须来自人民的语言，并经过艺术加工和提炼。

很多歌词能够成功，很重要的一点在于它平易朴实、言简意赅、淡而有味、浅而有致。如《我的祖国》（乔羽词）从具体的意象入手，以小见大，没有空泛无味的口号，也没有华丽辞藻的堆砌，而是通过"一条大河波浪宽，风吹稻花香两岸，我家就在岸上住，听惯了艄公的号子，看惯了船上的白帆"这样鲜活形象的句子，在我们眼前展开一幅美丽而又亲切的画面。再如《常回家看看》（车行词），歌词平白如家常琐语，单从题目看，就像人们平时挂在嘴边的一句话。"哪怕帮妈妈刷刷筷子洗洗碗"，"哪怕帮爸爸捶捶后背揉揉肩"，看似简单，但却足以引起所有子女和父母的共鸣。分析这些歌词的语言，有个共同的特点，那就是貌似说话一样的歌词，都能找到生活的影子，但又比说话时的语言更有韵味、更具质感。因此，歌词创作要想得到人民大众的喜爱，一定要在语言锤炼方面下大功夫。

再回到歌曲《奋斗才有幸福来》。身边不少听过这首歌的朋友给我反馈时说，这首词写得很朴实，感觉写到人们的心里去了。鼓励过后让我再度思考，能得到这个效果主要得益于语言的大众化。创作中，我选取了与老百姓生活息息相关的真实体验和生动细节，如"看山上风景""摘树上果子""做衣服""建高楼""蜜蜂采蜜""风筝高飞"等，这些都是大家熟知的场景和意象。同时，运用"想……就要……"这种包含因果关系的句式，试图寻求一种以浅说深、明白如话的语言，营造出亲切平实且带有节奏的语感和语境，以期让人们听得懂、记得住，最好还能唱出来。

随着新时代的到来，我们的文艺创作语境已发生了很大变化。特别是受网络媒体的影响，越来越多的人习惯利用网络来获取信息、沟通交流以及进行商业交易。在歌词创作领域，有的歌词为了追求新奇的"陌生化"效果，堆砌一些不知所云的病句，违反了语言、诗词规范，令人费解。也有的歌词为了迎合市场的关注，选用一些概念化、程式化的词汇直白地宣泄，存在浅俗的"口水化"现象，缺乏语言的美感。实践证明，这些歌词也许会流行一时，但终会因语言的"营养不良"而淡出人们的视线。

笔者认为，解决这类问题的最好办法，就是要依托人民日常语言表达的基础，学习总结人民的语言特点，了解不同地域的方言、俚语，从中提炼升华。我们的歌词语言应当像乔羽先生说的那样，做到"寓深刻于浅显，寓隐约于明朗，寓曲折于直白，寓文于野，寓雅于俗"，这样才能成为人民喜爱听、愿意唱的好歌词。这是所有词作者要倾注一生为之奋斗的目标。

"以人民为中心"是社会主义文艺创作的灵魂，也是新时代文艺工作者必须始终坚守的初心。作为一名词作者，我深深地体会到，歌词虽然短小精练，却同其他艺术门类一样，饱含着对人民的情感表达，诠释着对时代的真实解读。

歌词的创作灵感来源于人民，它的最终呈现也离不开人民。因此，从事歌词创作，不仅要有长期不断地深入生活、扎根人民的信念，还要有从生活中汲取营养并提炼成艺术作品的能力，更要有服务人民、接受人民检验的胸怀。让我们带着人民的生活体验、真情实感和语言特点，学习钻研，潜心创作，写出更多更好的歌词。

心中有观众 下笔才有神

陈涌泉 国家一级编剧、河南省文联副主席

坚持以人民为中心的创作导向,是习近平总书记在文艺工作座谈会上的讲话中明确提出的要求,也是符合文艺创作规律的根本性指导原则。关于"以人民为中心",总书记这样解释,"就是要把满足人民精神文化需求作为文艺和文艺工作的出发点和落脚点,把人民作为文艺表现的主体,把人民作为文艺审美的鉴赏家和评判者,把为人民服务作为文艺工作者的天职"[1]。作为一名长期从事戏曲创作的文艺工作者,我对总书记的讲话深有感触。下面就结合我个人近30年的创作实践,谈几点认识和体会。

"把满足人民精神文化需求作为文艺和文艺工作的出发点和落脚点",就要尊重人民群众精神文化需求的多样化、多方面、多层次,坚持"三并举",实现题材、体裁、风格样式的多元化。就题材来说,对于传统戏、现代戏和新编历史剧,我从不厚此薄彼,而是始终把观众的审美需求放在第一位。《程婴救孤》《李香君》是根据古典名剧创作

---

[1] 习近平:《在文艺工作座谈会上的讲话》,北京:人民出版社,2015年,第13—14页。

改编的，站在当代的价值立场，尊重当代观众的文化趣味，进行了创造性转化与创新性发展。现代戏《我的大陈岛》是对垦荒精神的时代铭刻与艺术再现，不仅是为浙江台州打造一张城市名片，更要为中华民族树起一座精神丰碑。《黄河绝唱》首次将20世纪文化巨匠光未然的形象呈现于戏曲舞台，再现了抗战时期那段艰苦卓绝的历史，并让长期隐藏于历史背景之中的演剧队员走上历史的前台，通过这一个人致敬了那默默奉献的一群人。新编历史剧《张伯行》《义薄云天》是以穿越历史、烛照时代的态度，以古人的清正廉洁、大义担当，对当下发出精神的召唤。就体裁和风格样式而言，《程婴救孤》是彻头彻尾的大悲剧，《婚姻大事》是清新脱俗的轻喜剧，《阿Q与孔乙己》是喜于表而悲于里的复调悲喜剧，《都市阳光》《黄河绝唱》《我的大陈岛》是营造"青春戏曲"的审美风范，"南水北调三部曲"（《丹水情深》《丹水颂》《南水迢迢》）则追求深沉厚重的史诗格调。正如习近平总书记所说，"优秀作品并不拘于一格、不形于一态、不定于一尊，既要有阳春白雪、也要有下里巴人，既要顶天立地、也要铺天盖地。"[①] 既然观众的需求是多层次的，我们就应该"提倡体裁、题材、形式、手段充分发展，推动观念、内容、风格、流派切磋互鉴"[②]。

"把人民作为文艺表现的主体"，就是要真正站在人民的立场，将普通人的喜怒哀乐、精神追求呈现在舞台上。《婚姻大事》是一部反映当代农村生活、描写黄河一方人生存状态、表现新时期农民情感追求的轻喜剧，充满浓郁的生活气息和泥土的芬芳，揭示了平凡人物的美好心灵和细腻的情感世界。《都市阳光》正面揭示城镇化大潮中新一代普通农民工的精神向往和理想信念，也直面他们不仅身体入城，更要

[①] 习近平:《在文艺工作座谈会上的讲话》，北京：人民出版社，2015年，第7页。

[②] 习近平:《在文艺工作座谈会上的讲话》，北京：人民出版社，2015年，第11页。

灵魂入城的艰辛、挣扎乃至"惨烈"。《南水迢迢》聚焦南水北调这一世纪工程、民生工程中搬迁居民所遭遇的现实困境和精神煎熬，更凸显其勤劳淳朴、隐忍牺牲、舍小家为大家的大爱情怀。《风雨故园》首次将鲁迅原配夫人朱安的形象搬上戏曲舞台，在展现鲁迅光辉形象的同时，也为千千万万个像朱安一样卑微如草芥的小人物发出生命的呐喊。即使在描写程婴、陈蕃、张伯行这样的历史人物，光未然这样的革命先驱时，我也未将其刻意拔高，而是在充分肯定其重要历史功绩的同时，深入其内心深处，表现他们作为普通人的理想追求、精神困惑、情感激荡乃至人性抉择。正如习近平总书记所说，"人民不是抽象的符号，而是一个一个具体的人，有血有肉，有情感，有爱恨，有梦想，也有内心的冲突和挣扎。"[1] 这样的人物形象，才会饱满生动、可敬可亲、鲜活具体，既能以情动人，又能以理服人，进而以文化人。

"把人民作为文艺审美的鉴赏家和评判者"，就是既要充分尊重大多数普通观众的审美心理和中华民族的审美惯性，又要以引导、提升普通观众的审美情趣作为文艺创作的重要使命。毋庸讳言，当下文艺界解构经典、颠覆传统的做法屡见不鲜，我却始终坚持"持中守正、固本求新"的理念，就是因为我坚信，人民才是优秀传统的继承者，敬畏经典就是敬畏观众。如果一味地唯少数所谓"学者"的趣味马首是瞻，或动辄以西方理论来对中国戏曲削足适履，就无异于舍本逐末、缘木求鱼。我想，这大概正是21世纪初"赵氏孤儿热"中的有些作品引发争议，而《程婴救孤》至今盛演不衰的文化内因吧。当然，尊重观众绝不意味着对观众一味迎合，更不能以低俗、庸俗、媚俗之作拉低观众的审美格调，而应以科学的观念、健康的审美、优秀的创作来引领、形塑观众的审美情趣。如果在作品的精神指向和艺术表现上

---

[1] 习近平：《在文艺工作座谈会上的讲话》，北京：人民出版社，2015年，第17页。

降格以求来"争取"观众,只能导致观众的审美惰性,并使戏曲本身陷于停滞。因而,对于观众审美,要在适应中加强引导,在满足中不断提升。我在创作《风雨故园》的时候,对该剧所面临的重重困境是很清楚的。且不说在戏曲舞台呈现鲁迅与朱安的爱情悲剧,其题材之敏感、"度"的拿捏之困难超乎寻常,单是以表现河南农村题材为主,以风格通俗浅显、乡土气息浓厚、中原地域色彩鲜明而见长的豫剧现代戏,来表现晚清民国时期江南都市知识分子的情感历程,能否跨越题材、剧种和审美的多重隔阂,进而被观众接受呢?事实证明,该剧搬上舞台后广受欢迎,观众不仅理解了朱安的痛苦、鲁迅的无奈,也对这一截然不同于豫剧传统的崭新审美风格欣然接受,甚至核心唱段"小蜗牛"早已在观众中广为传唱。究其原因,大概正是这部被评论家誉为"再造豫剧审美视域"的作品,在拓展豫剧表现空间的同时,也在无形中熏陶着观众的审美情趣。

"把为人民服务作为文艺工作者的天职",就是在创作中要始终如一地把观众装在心里。如果说我在戏曲领域还算做出了一些成绩的话,也正是因为我坚持了这样的创作导向。尽管我的作品也曾多次获得国家级大奖,但在获奖和观众之间两者选择其一的话,我会毫不犹豫地选择观众。因为在我的心目中,观众是戏剧的上帝、衣食父母,戏最终是演给观众看的,观众的喜爱就是最高、最权威的奖。《程婴救孤》几乎囊括了所有国家级奖项,我最看重的恰恰是"观众最喜爱的剧目"这项荣誉;该剧多次赴世界各地交流演出,包括登上美国百老汇、好莱坞舞台,成为宣传中国戏曲、中国文化的一张靓丽名片,而比这更直接地打动我的,则是台下不同语言、不同肤色、不同文化语境和宗教信仰的观众那种同喜同悲的共鸣;该剧被作为当代戏曲代表作入选全国统编的马克思主义理论研究和建设工程《中国戏曲史》,也正是由于它反映了时代要求和人民心声。我始终坚信,只有用真诚的心灵面对观众,悲他们的悲,喜他们的喜,把话说到他们的心坎上,把情抒到他们骨子里,你才会心无旁骛,面对种种诱惑和利益,少几分世俗和功利,多几分对艺术的执着;你才会写出真正的艺术品,而不是图解政治、玩弄概念的传声筒。习近平总书记所说的"为人民抒写、为人民抒情、为人民抒怀",绝不只是一种理想,更是一种切切实实的创作指南。

坚持以人民为中心的创作导向,决定着我对戏曲创作美学品格的定位与追求。就我自身创作经验来说,要想真正做到为人民写戏、写人民喜欢的戏,戏曲作品应该具备如下特征。

一是雅俗共赏。戏曲源于民间,服务人民,脱离了人民群众的审美趣味而一味追求"高雅",恐怕最终会使戏曲变成极少数"文化人"的孤芳自赏,这对戏曲无异于饮鸩止渴、死路一条;另一方面,也不能满足于使戏曲始终在同一层次徘徊不前,永不停歇地向更高审美境界攀登理应成为艺术家的追求,思想精深、艺术精湛、制作精良理应是代表一个时代艺术高峰的必然要求。所以,雅俗共赏其实就是科学处理普及与提高的关系,应该在普通观众喜闻乐见的基础上,以更优秀的作品培养观众的审美素养和艺术情操。

二是文质兼备。质就是内容传达要言之有物,情节真实,人物饱满,情感充沛,思想性强;文就是艺术表现应该气韵生动,文采飞扬,朗朗上口,带给人无尽的美感。二者理应相互支撑、相互促进。有质而无文,就索然无味,无法给观众带来艺术的享受;有文而无质,就变成了华而不实的辞藻堆砌,甚至难脱"洒狗血""炒鸡毛"之嫌,恐怕终被观众所弃。以巧妙的结构、简洁的行文、诗意的语言、悠远的意境来支撑现实的观照、历史的反思、人性的开掘、文化的思辨,这样的作品就能吸引更多观众走进剧场,感受戏曲的魅力。

三是古今交融。戏曲特别讲究继承与创新、古典与现代的和谐共生。就根本精神而言,今天的戏曲是写给当代人看的,理应在继承传统戏曲美学精神的根基上,融入现代思想品格,彰显当代人文立场;

就具体艺术形态而言，应以中国现代文学为基色，熔铸现代戏剧的人文意蕴，增强剧作的思想含量，提升人物的立体感和丰富性，同时自觉地向中国古典戏曲的精神靠拢，以浓郁的情感、诗性的语言、诗化的意境乃至整体流露出的"剧诗"风格，体现对古典戏曲审美韵致的坚守。所谓一代有一代之文学，当代的戏曲作家理应体现出当代的文化担当。完全脱离传统，"维新是举"，戏曲就成为无源之水、无本之木；完全照搬传统，"老戏老演"，戏曲就成了丧失生机和活力的博物馆艺术，与观众渐行渐远；而如果完全脱离当下语境，一味地追求所谓的"古韵古风"，以现代人而作"古曲"，除了刻意展示作家的古文功底、迎合业内极少数人的嗜古趣味之外，能否带给普通观众以心灵的触动，是值得商榷的吧。

心中有观众，下笔才有神。坚持以人民为中心的创作导向是戏曲乃至一切艺术良性发展的"硬核"支撑。

为时代发声　写人民故事

林蔚然　国家一级编剧、北京演艺集团《新剧本》杂志主编

要回答戏剧如何为时代发声的问题，首先要明白戏剧为什么要为时代发声。纵观人类文明5000年的历史，戏剧几乎全程伴随始终，一部戏剧史几乎就是一部人类史。戏剧作为一门艺术，之所以拥有如此卓绝的生命力，完全是由于它与人类命运的高度相关性。戏剧就像一名秉笔直书的史官，任凭时代的狂风暴雨怎样濯洗，它依然保持着倔强的姿势，记录着与之相随的时代的光明与黑暗、蓬勃与朽坏。某种程度上可以说这是戏剧的责任。

既然为时代发声是戏剧的责任，那么当我们回望古今中外的戏剧大师，一遍又一遍重新审视他们那些散发着传世光芒的作品时，我们又找到或者说学到了什么呢？我们发现，这些作品当中几乎没有一部是直接歌颂或者批判作者所处的时代的——它们纷纷把焦点对准了时代里的人，通过时代给人形成的压力、制造的困惑，以及提供的出路，通过人与时代的互动，深入挖掘人性中永恒的价值，同时反窥时代的存在和延续本身的积极和消极意义。

习近平总书记强调，必须坚持以人民为中心的创作导向，在深入生活、扎根人民中进行无愧于时代的文艺创作。这就间接为我们新时

期的戏剧如何为时代发声指明了方向,即我们的目光应该也必须对准宏观语境里的一个个鲜活的个体。人民既是历史的创造者,也是历史的见证者,既是历史的"剧中人",也是历史的"剧作者"。

戏剧为我们提供了回溯历史的可能,但更重要的,它让我们更为深刻地认知了自己。戏剧史上最为杰出的代表某一时代的作品,恰恰是可以跳出时代的,比如索福克勒斯的忒拜三部曲中的第一部《安提戈涅》。故事讲述了女孩安提戈涅不顾国王的命令,执意为参与叛乱的哥哥收尸,最终被处死。女孩安提戈涅自以为殉的是神谕,其实支持她站出来挑战王权的是人性伦理中亘古不变的血肉亲情。这种情感不但战胜了王权,也战胜了时间,即便2500年后的今天拿出来看,我们依然不陌生。相比伟大的情感,气势恢宏的古希腊城邦战役仅仅成为装点这个悲剧故事的时代背景,其作用充其量相当于客厅里的一扇屏风。

《安提戈涅》是古希腊时期最为杰出的戏剧作品,它完全可以代表那一个时代戏剧创作的高度,然而它的焦点对准的是一个女孩的选择而并不是城邦战役的伟大胜利。为时代发声,并不只是要还原时代的外貌,更重要的是挖掘时代的内核。营造大场面绝不是戏剧的任务,戏剧该是螺蛳壳里做道场。以曹禺先生的不朽名作《日出》为例,全部戏剧空间几乎都集中在陈白露家的客厅里,时间也是从一个午夜到黎明。在这样高度浓缩的时空里,各色人物轮番登场,他们被时代异化了的价值观指导他们做出种种扭曲的举动和决定,而观众也从一间客厅的一个晚上看到了一个时代下摇摇晃晃的中国。毫无疑问,曹禺先生是在为时代发声,但这种声音隐藏在翠喜和小东西的悲惨命运里,隐藏在陈白露的内心最深处,需要观众剥开时代的光鲜自行寻找,因而显得特别珍贵。

作为戏剧从业者,为时代发声绝不是新近提出的课题,而是长久以来一直担负在我们肩头的责任。一方面,戏剧人要把目光对准人民,通过感知生活,忠实记录时代的多面,进而挖掘时代的意义;另一方面，在创作中，我们还要时刻具备跳出时代来审视生活的意识。

《中共中央关于繁荣发展社会主义文艺的意见》（以下简称《意见》）中指出，要坚持以人民为中心的创作导向，让中国精神成为社会主义文艺的灵魂，创作出无愧于时代的优秀作品。原创作品作为文艺创作中的重要组成部分，它的价值追求、方向格调对于创作者来说一直是一个重要命题，而《意见》的内容无疑对于创作者再一次提出了新要求。原创是相对于改编而言的，是平地抠饼，创作者要从无到有生发出构思，再用技术将其实施，并且要追求"这一个"与"很多个同类作品"之间的区别，成为唯一。它的魅力与难度皆源于此。而创作者是作品中最重要的生产力，作品的价值追求就体现在创作者自身对创作的追求上。

首先，创作者能否葆有创造力和创造精神，能否克服习惯势力的束缚？这其中包括惯性思维，以及主流审美、观众喜好。从大的方向上，要为人民而创作；从具体而微的方面，要为观众而创作。在这个问题上，很多创作者容易走进的误区是，当坐在电脑前，考虑到"我要为大多数人的喜好而写"，则开始迷失，忘记了创作最为宝贵的特质是个性。而是否有勇气去探寻生活潜流之下的涌动，揭示生活表层之下的真相，去探寻新的戏剧样式，探索舞台的边界，探索更多的可能性，是创作者在当前急需厘清的问题。毋庸置疑，具备一定创作经验和技巧的作者在自己的创作中，随着经验值的增加，会不断发现，把自己放在什么样的位置可以将风险最小化，找到位置之后，往往安于现状，由此可能带来的隐患是进行自我钝化或者自我阉割。可以非常聪明地判断出写什么能够讨好自己的签约方，讨好观众，进而形成惯性，这对创作者来说是很可怕的倾向，"文件"一旦加了保护，新的东西就很难再进入了。当下观众群体的分众化表现得越来越明显。

其次，创作者应如何克服困难，坚持对戏剧本体的追求？戏剧艺术究竟应该去反映什么、表现什么？演出后创作者普遍都会注重评论反馈，反观自身，校正未来创作方向。一方面是来自专家的评论，比如研讨会等，它们属于主流价值观的评论，具备专业度。另一方面是来自网络的自由评论。而对于戏剧作品，很多观众表现出一种倾向，想要在戏剧舞台上看到一个新颖复杂的故事，超越了他们对于舞台剧其他方面的期待。这个故事是不是很有新意？我怎么看了开头就猜到了结尾？观众看惯了电视剧，对于戏剧也有着故事曲折性的追求。观众也喜欢"接地气"，要看到自己的现实生活，最好能对号入座。面对这些期待，创作者应谨防自己的作品过度表层上的贴近。因为现实生活一旦被照搬照抄，舞台上就会产生"一片生活"，不加选择一样会产生对生活表面化的引用。而生活呈现出来的其实并不一定是它的真相，呈现在舞台上，需要创作者用他独特的视角去观察、提炼。一些实验戏剧并没有原汁原味地去反映生活，但它们体现了独特的况味，否则观众还不如去看网络视频和街头巷尾那些最为真实的生活片段。好的创作都是源于生活的，各个艺术门类都是如此，在特定领域中无法模糊的是艺术本体的特质，有追求的作者对自己的作品一定会有坚持与判断。而对于每一个作品，观众的反馈是千奇百怪的，有多么深情的赞美，就有多么响亮的叫骂，有坚定判断的创作者不会被这些东西所左右，因为他们知道自己要的是什么，进而也会清楚自己作品的受众是哪些人。当创作走到一定阶段的时候，每个人心里应该更加坚定，更加有判断。

第三，在书写当下、反映时代精神的时候，我们应选择什么样的角度去切入？同一个题材可以有许多种写法、许多种切入点，关键在于创作者的视角朝向哪里。目前戏剧作品同质化的倾向较为严重，说一样的话，选择一样的角度，高度相似，陷入窠臼。创作者应该关注的是人类共同的问题，比如生而为人永远挥之不去的孤独感、无解又无法走出的困境。而在表达时如何避免居高临下的说教姿态，避免自说自话的梦幻状态，则是创作者需要深思的问题。

近年来，现实题材创作一直是国有院团下大力气去抓的一个重大课题，它直接取材自当代，舞台呈现大多是对日常的加工提炼，是和百姓生活、情感关系最紧密的范畴。与此同时，现实题材领域里耸立在前面的高峰和巨人不胜枚举，无论传世之作还是当代经典，珠玉在前，对于爬坡的创作者来说是一个严峻的考验，尤其对创作者的个人积累、对生活的洞察力要求极高。可以在这条路上翩翩起舞的人，舞步一定要扎实。在当下这个时代，现实题材创作尤为重要，而优秀的作品又十分稀缺，创作者不能因为高山仰止就望而却步，必须要时刻保持对生活的好奇和敬畏，同时不断完善自己挖掘素材的能力，矢志不渝。

面对同样的现实题材，在具备一定的技能后，视角变得十分重要。面对生活的复杂性和多样性，必须视角独特才能挖出不一样的东西来。再写作同类题材，对创作者也是个挑战和考验。而如何才能让戏剧具有丰富的时代性，这是每一代戏剧人孜孜以求的课题。戏剧艺术的历史从古希腊时期延绵到今天，科技更新换代，戏剧从来没有面临过将要被淘汰的尴尬境地。这就是戏剧的魅力，而时代造就了这种魅力。创作者应在灵魂深处反复拷问自己，作品里传递的价值观和情感内容是否具有普遍性？这个普遍性在时间和空间两个维度里，都要尽可能地得到认可。戏剧的传承需要主力观众和新生代观众也就是年轻人不断涌入戏剧现场，但这里说的时代性，绝不简单地指我们要制造观众喜欢的内容，而是指要通过观众熟悉、喜欢的语汇传递一些亘古不变的真理，揭示一些必须到来的真相。简单点说，这就是戏剧创作的一般规律。

生活是文艺创作的源头活水，创作者只有深入生活、扎根基层，带着真诚、热情、思考，才有可能写出观众满意的作品。古往今来，优秀的戏剧作品中，时代从来都只负责提供一个特定的现实基础，人物的情感困惑和内心挣扎才是可以穿透时间的利刃。优秀的戏剧作品是剧作家在观众心里种下的种子，它们会自然地结出丰盈的果实，有智慧的创作者不会在观众心里强行搞装修，不分青红皂白强制树立审美范式。

  为时代发声始终是戏剧人的责任，不管是弘扬、赞美，还是揭露、批判，都是题中应有之义。重要的是，我们要用人民的语言，写出人民的故事。

摄影要纪人民之实

晋永权　《大众摄影》杂志主编

2021年，是伟大的中国共产党的百岁华诞。一百年来，我们的党克服重重困难，坚持不懈奋斗，致力于为中国人民和中华民族赢得更加幸福美好的未来，创造了令世界瞩目的一个个中国奇迹。民族和人民幸福美好的未来包括什么？我们每个人在自己的工作岗位上，能为民族和人民幸福美好的未来做什么贡献？这是当下每一位中华儿女都必须面对和解决的时代课题。

一、人民的美好生活，离不开文化的力量

幸福美好的未来，其中不仅有物质的富足和安全的保障，同样饱含着对精神文化的高度追求。文化塑造人的精神世界，提升人的精神境界，锻造人的独特人格和思想品格，使其生活具有超越世俗的精神品位和价值追求。优秀的文化产品集中反映一个国家、一个地区的道德风尚，充分显示精神文明建设水平，在文化熏陶、精神塑造、修养构成等方面，发挥着潜移默化的作用。要满足人民过上美好生活的新期待，艺术工作者多出精品力作是题中应有之义。

2019年7月16日，习近平总书记致中国文联中国作协成立70周年的贺信中，再次期待广大文艺工作者记录新时代、书写新时代、讴歌新时代，努力创作出无愧于时代、无愧于人民、无愧于民族的优秀作品，为繁荣发展社会主义文艺事业、建设社会主义文化强国，为实现"两个一百年"奋斗目标、实现中华民族伟大复兴中国梦作出新的更大的贡献。总书记的谆谆教诲再一次提醒我们，创作出无愧于时代的优秀摄影作品，就是当下摄影工作者对这个时代最大的贡献。

二、优秀摄影作品需要站稳人民的立场

不同的艺术形式有自己不同的特点。摄影是以强大记录功能而见长的艺术形式。人类发明摄影术的主要目的之一，便是翔实真切地记录自己生活的世界，传播未知世界的图景，并以视觉元素的形式保存历史与现实的记忆。对于今天的摄影人来说，记录这个伟大的时代，为"两个一百年"梦想存留厚重的视觉记忆，是义不容辞的责任。要不辜负时代的重托，又要发挥摄影艺术的自身优势，牢固树立人民的立场，坚持以人民为中心的创作导向，则是我们不二的选择。

2014年10月15日，习近平总书记在文艺工作座谈会上的讲话中所谈的第三个问题，是"坚持以人民为中心的创作导向"。总书记在讲话中指出：人民既是历史的创造者、也是历史的见证者，既是历史的"剧中人"、也是历史的"剧作者"。文艺要反映好人民心声，就要坚持为人民服务、为社会主义服务这个根本方向。这是党对文艺战线提出的一项基本要求，也是决定我国文艺事业前途命运的关键。只有牢固树立马克思主义文艺观，真正做到以人民为中心，文艺才能发挥最大正能量。以人民为中心，就是要把满足人民精神文化需求作为文艺和文艺工作的出发点和落脚点，把人民作为文艺表现的主体，把人民作为文艺审美的鉴赏家和评判者，把为人民服务作为文艺工作者的天职。

总书记在这里把人民定位为"剧中人"与"剧作者"这个双重角色。人民之于我们历史的重要意义不言而喻。人民群众不仅是物质财富的创造者，也是精神财富的创造者，更是社会变革的决定性力量。始终站在人民大众的立场上，一切为了人民、一切相信人民、一切依靠人民，诚心诚意为人民谋利益，这是中国共产党坚持马克思主义立场的根本要求。一个世纪以来，中国共产党领导的革命与建设事业，无不依靠人民、相信人民，以人民为中心，战胜了前进路上的各种艰难险阻，从胜利走向胜利。今天的摄影工作者做好精品创作生产，同样必须坚持以人民为中心的工作导向，真正做到坚持以民为本、以人为本。对于广大摄影工作者来说，坚持以人民为中心的拍摄导向，即为"天职"。只有解决好"为了谁、依靠谁、我是谁"这个根本问题，切实把实现好、维护好、发展好人民文化权益作为全部工作的出发点和落脚点，才能真正做好我们的摄影创作工作。

三、为人民放歌是中国摄影界的光荣传统

摄影术发明至今，"记录"仍然是摄影最基本、也是最本质的特征。作为工具，无论海内外，摄影的记录历程上，都诞生过一些伟大的摄影家，他们记录普普通通民众的生活，从平凡而火热的生活中寻求力量，书写了摄影史上一页页光辉的篇章。在中国社会百年来发展进步的历史上，无数摄影人聚焦时代，讴歌人民，书写了对国家、民族和人民的大爱。

在革命战争年代，石少华、沙飞、苏静、郑景康、吴印咸、徐肖冰、罗光达、高帆、雷烨、赵烈、田野、裴植、康矛召、陈正青、袁克忠、叶挺、张爱萍、林迈可（英国）等，以中国抗日战争及解放战争时期的红色影像系列，共同构建了中国革命纪实摄影的体系。《八路军战斗在古长城上》是沙飞最著名的代表作品，这幅照片1943年9月

在晋察冀画报上首次刊发，70多年来，从来没有在公众眼前消失过，被认为是最能反映华北敌后战场风貌的代表作之一。石少华的摄影历程也是中国摄影人献身革命的经典范例。他于1940年至1949年抗日战争和解放战争时期拍摄了许多作品，代表作有《毛主席和小八路》《白洋淀上的雁翎队》《地道战》《侦察员活动在津浦铁路沿线》等。这些照片无不是作者深入一线，带着对人民的深厚情感拍摄而成的。

在社会主义建设时期，中国摄影学会（今中国摄影家协会）在1956年成立，团结引导了一大批优秀摄影人深入生活开展创作。在国内，中国摄影学会组织摄影人深入现场拍摄各地的基本建设、社会主义三大改造等。在国外，摄影工作者冒着枪林弹雨拍摄了抗美援朝等的英勇斗争。在那个资讯并不丰富的年代，摄影人将新中国发展的喜人成就呈现在广大群众面前，也为今天的读者保留了弥足珍贵的影像记录。

在改革开放时期，陕西的侯登科等人和广东的安哥，分别在内陆与沿海开放地区记录下普通百姓的生活。侯登科记录了大量陕西百姓的生活原貌，他的《麦客》专题，花费了近10年时间，以黄土高原上的季节工——"麦客"作为摄影记录和考察对象，全面记录了这一特殊群体的生存状态。安哥则用镜头完整地见证了中国改革开放的桥头堡——广东的发展变迁，展现了普通人的喜怒哀乐，特别是变化中的人生况味。摄影家朱宪民致力于拍摄故乡河南等地的民间生活影像，他的"黄河人"专题直面大河两岸民生，将中原民众生活形象鲜明地呈现出来，既有历史感，又有现实感。改革开放以来，中国大陆的纪实摄影开始参与和推动历史发展，如摄影师解海龙的《希望工程》，为当时知名度尚且有限的希望工程鼓与呼，让更多人参与到了这一改变千百万人命运的伟大工程中来。

四、新时代摄影人的使命和担当

走入新时代，社会的发展、人民的重托，给了摄影艺术前所未有的发展机遇，也向我们提出了更高的要求和挑战。总书记的讲话让我们警醒，作为党领导下的摄影人，应该时刻反省——对此你有没有动摇过、怀疑过；同时有没有真诚地问过自己：有什么理由不去拍摄，不去拍好人民主题这张波澜壮阔的"照片"呢？

做一名新时代合格的摄影工作者，我们要着重做好三件事。

一是坚定自己的政治方向。对于广大摄影工作者来说，要牢记全心全意为人民服务的根本宗旨，坚持人民至上，站稳人民立场，自觉到基层去、到人民群众中去、到生产生活中去。要始终关注火热的社会生活，而不是选择逃避，或无视；对于中国社会急速的现代化、城市化进程保持密切的关注、了解，而不是退避三舍，不闻不问。对于中国人民创造出来的文明成果，保持一份敬意，心存一份感激，增加一份历史责任。这是广大摄影人必须面对的问题。要摸清广大人民群众的所思所盼，真正扎下拍照主体之根、人生价值之根、为民情怀之根，才能不断推出讴歌党、讴歌祖国、讴歌人民、讴歌英雄的精品力作。

二是要认清自己的使命职责。作为中国共产党领导下的人民团体，各级摄影家协会及其个人会员，要团结带领广大摄影工作者，自觉践行人民立场，深入生活、扎根人民，记录人民群众在我国伟大的革命与建设事业中的杰出贡献，这既是政治自觉的具体体现，也是义不容辞的历史责任要求。

三是要提高自己的业务水平。在专业上，摄影人要做到学习吸收摄影史上名家，特别是红色摄影家、革命摄影家所创造的那些优秀成果，虚心学习他们的工作方法，特别是他们秉持的记录精神、客观化立场、专业精神。不虚饰、不作伪，态度诚恳、手法质朴。坚决反对生拉硬拽、七拼八凑、故意歪曲，或为了所谓的个人视角、风格探索、流派要求，而颠倒黑白、反讽消解，把严肃现实题材娱乐化。

在《习近平谈治国理政》第三卷中，从"我们的目标就是让全体中国人都过上更好的日子"的庄严宣示到"人民是我们党执政的最大底气"的自信自豪，从"始终把人民放在心中最高位置"的高度自觉到"我将无我，不负人民"的使命担当，中国共产党坚持人民至上的坚定立场和习近平总书记坚持以人民为中心的赤子情怀跃然纸上。

我们作为一名新时代的摄影工作者，应当以总书记为楷模、为榜样，始终拥有赤子情怀，直面风浪，勇立潮头，走在时代前列，始终坚持践行以人民为中心的创作导向，秉持人民至上的摄影理念，这样才能多出精品，为人民、为时代留下宝贵精神财富，为历史交出一份摄影人的合格答卷。

新时代再造红色曲艺经典

贾振鑫　聊城大学音乐与舞蹈学院副教授

习近平总书记关于文艺工作的重要论述，科学诠释了文艺与人民的关系，强调坚持以人民为中心的创作导向，为做好新时代曲艺创作指明了方向。曲艺工作者只有深入生活、扎根人民，才能打造出"立得住、传得开、叫得响、留得下"的曲艺精品，构筑起曲艺创作的高峰。特别是红色文化题材创作，既要重塑经典，发挥激励斗志、凝聚力量、增强爱国热情的不可替代作用，更要结合时代特点与观众审美需求进行顺势而为的引导，努力打造人民听得进、愿意听的曲艺经典。

一、突出以观众为中心的平视性

就曲艺创作实际看，突出以观众为中心的平视性是坚持以人民为中心创作导向的具体落实。以观众为中心，就是曲艺家的艺术观念"必须以观众的客观存在为基础"[1]，创作内容的切入与表达、叙事思

---

[1] 薛宝琨:《论曲艺的本质和特征》，中国曲艺出版社编:《曲艺特征论》，北京：中国曲艺出版社，1989年，第11页。

维、创作手法要积极利用观众的记忆留存、思维惯性来实现与观众的平视①，使内容及表达契合观众的情感兴趣且便于理解。

就红色文化曲艺作品创作而言，获得与观众"平视"的和谐，作品切入要有观众感兴趣的"共同话题"，表达方式要善于适应观众的思维惯性、语言习惯、记忆留存，从而实现观演之间的平等对话。说得形象一点，作品表达的是和观众有共同话语、玩得起来的"小伙伴"，二者间具有"烟火气息"的平等对话与交流，才能保持友谊的长久。

红色文化曲艺作品，不管是对红色文化素材挖掘的原创，还是对文学作品的改编，从创作的层面必须要有曲艺思维的艺术创造，而不是停留在"真人、真事"的一般化叙述。要结合时代特点，从当代人的视角、以曲艺为载体给予红色文化内涵富有新意的解读。即：一是把深挖的红色文化素材转化为曲艺表现形态的独一无二的艺术呈现；二是常见红色文化素材在故事结构、创作切入、艺术手法运用方面寻求新的突破；三是使当代人因为年代隔阂、思想境界对于红色文化的生疏、不解、疑问在曲艺作品中得到完美解决。

红色文化曲艺作品，肯定少不了来自英雄行为的感动，但基于曲艺快乐艺术的属性，轻松愉快的表达更易为大众接受。也就是说，制造快乐应该是曲艺的主要基调，如此也更加衬托出"感动"的分量。如果偏颇于哪一方面都难免会流于一般化的表达，让观众失去审美的新鲜感受。之所以如此，是因为曲艺自古以来是"活在百姓身边"的人民艺术，是凝聚百姓智慧的"地方小吃"，不是脱离大众生活的"豪门盛宴"，接地气、亲民生是其与生俱来的特点。雅不可及与俗不可耐都不适合曲艺，人民喜闻乐见的雅俗共赏才是正确选项。因此，红色文化曲艺作品创作必须遵从普通百姓的视角，对革命者的崇高言行多

---

① 参见贾振鑫：《曲艺民间性的生成与演进探析》，《中国文艺评论》2019年第1期，第60—62页。

问几个为什么,并在作品中给予合理的解读。以革命者的日常情感、凡人小事的视角切入故事表达,通过鲜活、典型的人物塑造,来映射出革命者的高大形象,是适应新时代观众审美并与其保持平视的必然。

红色作品的人物塑造,肯定少不了英雄人物的正面歌颂,但流于概念化的事迹罗列抑或各种溢美之词的堆砌,则显得苍白、空洞。只有把抽象的、不可触摸的英雄精神具象化为一个个生动鲜活的故事的讲述才会更有力量。电视剧《亮剑》等红色系列的成功,说明人物塑造得"高大全"难免有失具体与真实。因为英雄人物也有普通人的一面,英勇果敢、足智多谋、舍生忘死的英雄,也会有做事的鲁莽、生活中的狡黠甚至偏执的个性。但越是这样真实、具体、鲜活的人物,越能受到观众的认可与爱戴。这种艺术手法,值得曲艺创作借鉴学习。此外,传统大书每一部都有一个喜剧色彩的"书筋"人物,也说明了典型人物性格对于作品成功的重要性。

因此,只有红色文化曲艺作品做到了"有人、有事、有情、有趣"的丰富多彩,才能避免"填鸭式"的高台教化和口号式的概念化,实现和观众间平等的对话、交流,从而受到大众的欢迎。

二、以小见大、以艺载道的曲艺智慧

20世纪"说新唱新"以来,红色经典在曲艺作品序列中极为多见,快板书《奇袭白虎团》《劫刑车》《立井架》、山东快书《一车高粱米》《智斩栾平》《三只鸡》《武功山》、京东大鼓《送女上大学》等一批作品产生了广泛的影响,至今仍广为传唱,真正是"历久弥新"的经典。现在,红色文化作为曲艺的重要创作领域,新作品仍不断涌现,章回鼓书《古城暗战》、评弹《焦裕禄》等作品都获得了不同程度的成功。

研究可知,这些红色曲艺经典讲究"小切口,大立意",突出革命精神、英雄形象集中于某一人、某一事的以小见大表达,做到了"人、事、情、趣"的有机结合，靠着生动鲜活的故事打动了观众。其中抽象的主体思想、概念化的精神，都被与"爱、恨、情、仇"相关的"凡人小事"所承载，易于被观众接受并令其受到感染。如山东快书《一车高粱米》，就是通过志愿军汽车司机大老郭用一车高粱米换回一车美国俘虏兵的故事，在富有传奇色彩的讲述中塑造了志愿军智勇双全的英雄形象，从而让观众对"最可爱的人"肃然起敬。

"你离人民有多近，人民待你有多亲。"深入生活体验，是韩起祥、马季、李润杰等写出过红色经典的曲艺家的成功诀窍之一。正是靠着和人民打成一片、同吃同住同生活的坚守，才有了与人民"同呼吸、共命运"的真实情感表达，以及一个个红色文化曲艺作品的成功。我们常说，学习的途径无非两条，一是读万卷书，二是行万里路，有时后者的切身感知甚至胜过前者的功效。红色文化曲艺作品的创作，就是要做好"行万里路"的工作。老一辈艺术家向生活学习、向普通观众学习、向生产劳动一线的人民学习的精神值得新时代红色文化曲艺创作者坚定继承。通过上述学习，一方面确定了创作素材，更重要的是了解人民的精神需求点到底在哪里，人民的思维方式、表达方式、行为习惯如何。这样创作出的作品才有客观的具体、生动的鲜活，才能成为长在人民心中的"花朵"而得到人民的喜爱，从而避免了从材料到作品的"搬运式"创作，避免了作者与观众"隔着一层"的主观表达抑或闭门造车的虚无。

要注意的是，用好红色文化曲艺创作中的宏大题材也是从讲好一个个小故事开始的，讲好每一个小故事，并将其广泛传播非常重要。历史上《三国演义》等传统大书如此，现代红色文化评书《铁道游击队》《烈火金刚》等亦是如此。这些作品的成功在于"曲艺智慧"的创造，人与事、情与趣、艺术与思想在曲艺思维范畴内合理穿插，得到了巧妙得当的处理，通过"以艺载道"的传奇表达而令人情不自已、流连忘返、沉浸其中。同时，还在于把爱国情怀、民族大义通过巧妙的构思创意、人物言行、故事情节巧妙地镶嵌在艺术塑造之中，能够给予观众艺术之美，能润物细无声地以情感人并寓教于乐，让观众在潜移默化中感悟到作品所要传达的要旨，如此才能成为传世经典。其中，跌宕起伏的故事结构、传奇演绎的艺术手法、富有技巧的"扣子""包袱"等自然功不可没，而通过爱国情、战友情、爱情、亲情的真情传递，从而与观众产生情感共鸣，也是这些作品得到认可并长久流传的重要原因。

三、思想内涵的不可或缺与科学表达

红色文化曲艺作品作为艺术，自然要满足观众审美、愉悦的功能，但绝不是对红色文化进行娱乐化的解构。即使现代观众欣赏曲艺多有"图个乐子"的初衷，但是立意浅薄、低俗、乏味的"乐子"也会因为缺乏立意、没有"笑"的"品质"与"层次"而遭到观众"口诛笔伐"的声讨。

从传统看，曲艺"劝人方"的"抑恶扬善"教化本质来自思想内涵的力量，也是曲艺耐人回味的根源。"劝人方"之"劝"其目的在于"给人以审美的享受、思想的启迪、心灵的震撼"[①]；其技巧重在"劝"的智慧，化大道于无形才能让观众乐于接受，达到"劝"的目的。在曲艺创作中，如果构思生编硬造、言语缺乏曲艺技巧，无论表演如何"添油加醋"也是无病呻吟、装腔作势的造作，不仅不会得到观众的认可，反而会令其生厌，传递思想内涵更是无从谈起。因为这种创作往往体现了创作者的主观表达，没有适合观众的"口味"，因此让观众缺乏产生平等交流的参与感，也就不会受到观众的欢迎。

---

① 习近平：《在中国文联十大、中国作协九大开幕式上的讲话》，北京：人民出版社，2016年，第17页。

因此，红色文化曲艺作品思想内涵的科学表达，应如钱钟书先生所言：如盐在水，视之无色，食之有味。让人和事的美感传递满足观众的欣赏需求，作品的思想内涵填补欣赏之后的回味咂摸。要达到上述艺术境界，关键是作品艺术性与思想性的"相顺"，而非"相背"。艺术性与思想性的"相顺"，是以作品易于观众接受为首要目标，把信息传递艺术化，并创造性地融入人间百态、世间冷暖，让受众从愉悦中感悟、认知信息传递的要旨，从而彰显艺术与思想的双赢。而艺术性与思想性的"相背"，是信息传递只借用了曲艺的外壳，没有拥有曲艺思维、曲艺技巧的实质，思想内涵变成了没有曲艺智慧的直白、突兀、笨拙的表达，最终只是假曲艺之名而已。

总之，坚持以人民为中心的创作导向，是新时代再造红色曲艺经典的必由之路，也是实现曲艺艺术在"快乐人、温暖人"中"鼓舞人、教化人"的时代要求。

理论阐释

当代中国文艺评论三题

王一川　中国文艺评论家协会副主席
　　　　北京师范大学文艺学研究中心研究员

在当代中国，由于国家领导人的高度重视，文艺评论正在发挥其积极的作用。随着2014年"中国文艺评论家协会"成立及各省份相同行业组织的陆续设置和发挥作用，文艺评论已然成为一种公共文化艺术行业，在全国的公共文化艺术发展中起到必要而又活跃的作用。因此，认真思考和深入认识当代中国文艺评论的相关问题，对于文艺评论的发展是必要的。这里就当代中国文艺评论的任务、品格和制度性意义等三方面问题谈点初步思考。

一、文艺评论的任务

当代中国文艺评论，一般来说，是一种阐释、理解和评价艺术品及其相关现象的意义的过程和行业，其主要任务是在当代社会普通公众参与的公共文化平台上，面对普通公众去阐释和评价具体的艺术品及其相关现象的公共价值，以便普通公众获得一种带有艺术公共性意义的共通理解。这种面向普通公众的艺术公共性建构，使文艺评论的内涵与现代性学科制度中的文艺批评、文学批评、艺术批评或美学批评的内涵之间,出现微妙而重要的区别(当然它们的相互联系本来就十分紧密):前者更多地面向最广大的公众群体,后者则主要面向学科内部专家群体;前者要尽力选择和运用普通公众能够理解的公共语言,后者则可以仅仅使用本学科专业圈才能理解的学术语言(有时转到其他学科圈就变得难以理解了);前者服务于公共文化事务,后者主要致力于本学科专业发展。这种区别或分离,恰是当代中国文艺评论所具有的与文艺美分科话语圈的内涵不尽相同的特殊内涵之所在。

进一步看,当代文艺评论作为当代中国公共文化艺术行业之一的具体任务,应是大体可以确定的:通过对当代中国文艺现象的及时评论而促进文艺事业发展。在此问题上,历届国家领导人的要求虽总体一致,但也有微妙而重要的修辞性区别:一是政府领导文艺工作的"工具"[①]之说(20世纪50年代),二是"促进"[②]或"推动"[③]创作之说(20世纪60年代),三是"坚持真理,修正错误"[④]之说(20世纪80年代),四是"正确引导"[⑤]文艺事业之说(20世纪90年代),五是为文艺事业发展"营造良好氛围"[⑥]之说(21世纪初至2012年),六是"引

[①] 周扬:《坚决贯彻毛泽东文艺路线》,《周扬文集》第二卷,北京:人民文学出版社,1991年,第64页。

[②] 周扬:《建立中国自己的马克思主义的文艺理论和批评》,《周扬文集》第三卷,北京:人民文学出版社,1991年,第30页。

[③] 周扬:《在全国文艺工作会议上的讲话》,《周扬文集》第四卷,北京:人民文学出版社,1991年,第282-283页。

[④] 邓小平:《在中国文学艺术工作者第四次代表大会上的祝词》,《邓小平文选》第二卷,北京:人民出版社,1994年,第212页。

[⑤] 江泽民:《文艺是国民精神的火炬》,《江泽民文选》第三卷,北京:人民出版社,2006年,第404页。

[⑥] 胡锦涛:《在中国文联第八次全国代表大会、中国作协第七次全国代表大会上的讲话》,《人民日报》2006年11月11日,第4版。

导创作、多出精品、提高审美、引领风尚"[1]之说（2013至今）等。与国家领导人对文艺评论行业的要求属于高标准和严要求相比，文艺评论从业者可能需自觉地充当文艺的观众、接受者、阐释者、评价者、测评者或对话者等，以此常态化方式为文艺做点力所能及的协助或助推工作。由此看，文艺评论的任务可以一般地表述为从旁促进文艺创作和鉴赏。至于"引领"文艺创作，不是没可能，不过那应当是少数优秀评论家或极少数"伟大的批评家"以其"伟大的批评精神"[2]方可成就的特殊使命。由此看，文艺评论是一个生长在中国本土语境、濡染上深厚的本土修辞习性的具备跨性品格的行业。它虽然看起来不大符合现代性学科制度的统一的词语规范，也并非直接来自本土传统或西方影响，但符合当代中国社会文艺界别、文化艺术传媒经济行业、艺术门类、文艺美分科话语圈和公共政治话语圈的共同的修辞调适需要，在当前中国艺术公共领域和中国文化公共领域构建中可以起到一种必要的串联作用。

二、文艺评论的品格

从属性上看，文艺评论虽然是一个行业，但有着一种跨界别、跨行业、跨门类和跨学科的开放和共生品格。它可以而且必须面向若干不同的界别、行业、艺术门类和学科开放，在此开放地带寻求和实现共同生长，而不能被固化在一个狭窄的格局内。不妨把文艺评论所具有的这种跨界别、跨行业、跨门类和跨学科等"跨"字当头的相关

---

[1] 习近平:《在文艺工作座谈会上的讲话》，北京：人民出版社，2015年，第29页。（也作"引导创作、推出精品、提高审美、引领风尚"，参见习近平:《在中国文联十大、中国作协九大开幕式上的讲话》，北京：人民出版社，2016年，第21页。）

[2] 李长之:《论伟大的批评家和文学批评史》，《李长之文集》第三卷，石家庄：河北教育出版社，2006年，第25页。

属性，统称为跨性品格。跨性，也就相当于英文所谓"跨越性""间性""交互性"等，也就是人们分别选用 cross、trans、inter 等多种不同前缀词而试图表达的那种只有跨越自身界限而面向外界开放才能有真正存在的意义。这种跨性品格的产生，并非指文艺评论面对其他事物所具有的高姿态，而是指它本来、本性或本质上就如此，也即具有发自基本生存需要的本来习性。一个作家写完小说后就去评论自己的作品，其间也可能提及与其他作品的比较，或者是去发表对于一首交响乐作品的评论，这些都是"跨"性的呈现。一个未曾有过任何创作经历的人去评论小说、绘画、电影等艺术品，同样是"跨"性的体现。文艺评论注定了就是一个具有多重跨性品格的行业。

由此可以说，文艺评论在当代中国属于中国文化艺术行业制度的一部分，是一个具备艺术公共性的文化艺术行业领域，但又是一个具有跨性品格的开放与共生领域，其参与者可以是来自文联、作协、文化艺术产业、艺术媒体、文学学科、艺术学学科、美学学科等界别、行业、艺术门类或学科的专家，以及来自相关思想文化、公共事务、时尚文化、流行文化等领域的专家。简言之，文艺评论是面向普通公众的以艺术品的公共性价值阐释和评价为中心的跨性行业。由于如此，它不无道理地被归属于具有跨文学和跨艺术门类特点的文化艺术行业组织"文艺评论家协会"，还可以进一步细分出若干单一艺术门类评论行业组织（如音乐评论、舞蹈评论、戏剧评论、电影评论、电视艺术评论、美术评论、设计评论等）。当然，这样的具备跨性品格的文艺评论行业是同时有其长处和短处的。其长处在于，似乎可以不受任何一个单一界别、行业、门类或学科的限制而开放地生长，迎接八面来风。例如，如上界别、行业、门类或学科的任何从业者（以及其他任何人）在理论上都有参与权或话语权。但其短处也如影随形地接踵而至：正是由于没有稳定的界别、行业、门类或学科，其从业者有时难免产生无归属感或"无家可归"感，甚至，正是由于众多从业者分别来自不同界别、行业、门类或学科，随之而来的是，相互之间可能遭受你不懂我、我不懂你，各说各话、自说自话的困窘。或许也正由于如此，当文学、音乐、舞蹈、戏剧、电影、电视艺术、美术和设计等艺术门类都各有其稳定的行业成果奖励机制时，向来擅长于评说各艺术门类成果的文艺评论行业自身反倒至今未获准设立正式的评奖机制。

不过，也正由于生长在文化艺术制度设置与学科制度设置的制度悖逆处，文艺评论行业难免同时享有跨性品格所带来的长处与短处、优势与劣势等必然的本土修辞习性，而这些都会继续陪伴它走向未来。好在，在当代世界跨学科交融趋势越来越明显的情形下，无论是文艺评论行业还是与之相关的其他行业、学科等，都需要走出自身的固定空间而寻求开放和交融，如此，带着各自的长处与短处、优势与劣势去相互交融，已成为一种不可回避、阻挡或延宕的浩荡潮流。

三、文艺评论的制度性意义

鉴于上面所说的跨性品格，文艺评论在当代中国文化艺术行业中的制度性存在实际上可以产生一种制度性意义，这就是说，将有时难免彼此分离或疏远的相关文艺界别、文艺行业、艺术门类和文艺美分科话语圈之间围绕艺术品这个中心而实现紧密串联作用。文学界与艺术界之间，创作界、理论界和批评界之间，创作界与产业界之间，观众与艺术家之间，文学学科、艺术学学科和美学学科之间，艺术界与思想文化界之间，文化艺术界与经济贸易界之间，以及文艺美分科话语圈与公共政治话语圈之间，等等，总是存在明显的分工差异或不同，但同时又可以通过艺术品而产生千丝万缕的异通性联系。正是文艺评论，可以将它们之间的这种既不同而又相通的异通性关系重新联系起来作综合的评论。异通性在这里正表明，当代社会中的不同界别、行业、门类或学科之间既存在相互差异又有着特定的共通性，异而通，通而异，在差异中共存共生，在共存共生中不抹杀差异，如此循环再生，终究既无法走向完全的差异，也无法走向完全的同一性，从而保持差异与同一间的异通性。对这种复杂而又确实的异通性关系，文艺评论可以发挥其跨界别、跨行业、跨门类和跨学科特有的串联作用。

如果这样的理解有其合理处，那么不妨说，文艺评论据此的串联功能可以在当代中国起到促进艺术公共领域构建的作用。当代中国艺术公共领域是指横跨于种种与艺术相关然而又彼此不同的若干界别、行业、学科或话语圈之间的冲突、交汇与调节地带，在这个开放而活跃的地带上，若干不同界别、行业、学科或话语圈之间，会不约而同地围绕艺术品或艺术现象这个中心点，产生出或寻找到公共性话题，由此展开错综复杂的异通性对话。尽管艺术的审美特性和社会影响力一再遭受质疑，但与其他诸多事物相比，艺术品可以凭借其富于感性地再现社会生活体验的卓越能力，还是一种尤其能够唤起人与人之间的共通感的话题领域之一。一部电视剧、电影、网络小说、网络剧等可以在社会中迅速唤起公众的广泛认知或共鸣，而这是其他许多事物所无法做到或替代的。2019年国庆档故事片《我和我的祖国》《中国机长》等就曾在观众中激发起强烈的情感共鸣。就拿2020年上半年"收视之王"的热播电视剧《安家》来说，它的艺术品质到底有多高姑且不论，单说它"卖"的就不仅是古老的上海洋房等，而是买房人、卖房人以及房产中介商等所有关联人在买卖过程中情不自禁地带入的自身社会生活体验，包括酸甜苦辣咸等诸多人生况味。正是这些人生况味会及时地激活众多电视观众之间的公共话题，激发起他们的共通情感波澜。即便是观众对该电视剧发出批评或责难，也会自然而然地融入他们在观剧中激发起来的对现实人生的再度体味的感情流之中。文艺评论家抓住这样的实例展开评论，所评论的就不仅仅局限于电视剧故事及其艺术表达方式的特点，而涉及种种复杂的社会话题，例如家庭伦理、经济、法律、工商管理、扶贫、教育等等，无疑有助于导向一种艺术公共领域构建。

　　这表明，文艺评论虽然是一个具备跨性品格的文化艺术行业，但实际上也可以起到串联当代中国文学艺术圈（界）、文化艺术传媒经济圈、文艺美分科话语圈和公共政治话语圈等至少四个话语圈的作用，处在这些话语圈之间相互冲突、联系和对话的交融地带，从而实际上已经处在当代中国艺术公共领域建构的核心地带。而当代中国艺术公共领域又是更大的当代中国文化公共领域的一部分。文艺评论通过体现当代中国社会中文艺生活圈、文化艺术传媒经济行业圈、学术话语圈和公共政治话语圈等之间的交融，可以进而显示当代中国文化公共领域的独特性，同时也可以为当代中国文化公共领域建构作出应有的贡献。

中国杂技创作的当代进步

尹 力　中国文艺评论家协会副主席
　　　　中国杂技家协会理论研究委员会副主任

党的十八大以来，习近平总书记对包括杂技在内的文艺工作格外重视、格外关心，他多次发表重要讲话、作出指示批示，对文艺事业寄予厚望。2014年10月，习近平总书记在文艺工作座谈会上发表重要讲话，"坚持以人民为中心的创作导向""努力创作更多无愧于时代的优秀作品"等关于文艺工作的重要论述深刻阐明了文艺创作的目标方向、原则要求和使命任务，其立意高远、内涵丰富，直指问题核心，在杂技界引发强烈反响，深刻影响了中国杂技的创作。当下，杂技创作主要体现在节目和剧目两方面。2019年，第十届全国杂技展演和第四届中国杂技艺术节两大国家级重要杂技活动相继举办。前者入选作品几乎均为近年来创作首演的大奖节目，后者则汇聚了当下剧目创作实践中最具代表性的在演和新创的成果。可以说，这是名副其实的杂技"大阅兵"，整体展示了中国杂技节目和剧目的时代风貌，集中体现了习近平总书记在文艺工作座谈会上发表重要讲话以来杂技创作取得的重要进步。

一、从民族走向世界的杂技节目创作

习近平总书记曾说:"对人民,要爱得真挚、爱得彻底、爱得持久,就要深深懂得人民是历史创造者的道理。"[①] 中国是杂技的重要发祥地,杂技是中华传统文化重要的组成部分。杂技作为最古老的表演艺术之一,正是来源于人民最朴素的创造。她的技巧动作始于人类开发体能、掌控工具和驯服对象的过程,她的道具多是日常随处可见的生活用品,她的节目则在数千年的艺术史中广采博收,在历代的杂技人手中传承再造,形成了日趋高难精湛的技术技巧,体现着人民勤劳、勇敢、智慧、乐观的性格和不断超越自我、挑战极限的追求。

中华人民共和国成立后,伴随生活的日新月异,人民的审美需求也在不断增长。杂技创作在延续技巧攀高的基础上,又增加了对艺术美的考量。难其技、美其艺。"技"与"艺"逐渐上升至同等高度,构建出杂技节目全新的创作规则和评价标准,开启了崭新的艺术格局。创办于1984年的全国杂技比赛见证了这个杂技寻"美"的过程,并且是最具影响力的专业杂技领域政府赛事之一。该赛事推出了一大批优秀作品和人才,为提高我国杂技创作和表演水平,促进我国杂技艺术事业的繁荣发展发挥了重要作用。

全国杂技比赛正是全国杂技展演的前身。从第十届起,按照中共中央办公厅、国务院办公厅《关于全国性文艺评奖制度改革的有关意见》精神,改为全国杂技展演。2019年7月,第十届全国杂技展演汇聚了来自全国34个杂技艺术单位的33个杂技节目、7个魔术节目和6台杂技剧,参演剧(节)目均为2015年以来创作首演的原创作品,这些作品既有技巧性、创新性,又有较强的艺术性、观赏性。因此,这

[①] 习近平:《在文艺工作座谈会上的讲话》,北京:人民出版社,2015年,第18页。

次展演几乎聚齐了当下国内最顶尖的新创节目，实际上这些节目近年均已在国内外杂技赛场上披金斩银、广受认可，基本代表了习近平总书记在文艺工作座谈会上发表重要讲话以来中国杂技节目创作的最新成就。

观察该届展演中的40个节目，最直观的感受就是质量大幅提升。这些节目在常年演出中深入群众，广泛接受了人民的检验，并持续打磨创新，其呈现出的艺术水准均比首演和首奖时有了明显进步。广大杂技创作者确实做到了静下心来潜心创作，把满足人民精神文化需求作为杂技创作的出发点和落脚点，把人民作为杂技审美的鉴赏家和评判者，扎根人民、扎根生活、扎根艺术、扎根排练厅，精益求精，反映出中国杂技的创作能力和态度。

杂技艺术有其特殊性，不仅演员成才期漫长，节目的技巧训练、道具研发也较其他艺术门类耗时更长，创作和打磨周期往往以年计算。该届展演节目质量的提升，不仅体现在技巧难度的走高、表演熟练度和表现力的完善，杂技节目的编排也在以更加新颖的创意、更具时代感的审美面貌出现。在近年艺术创作不断追求创新的潮流中，该届展演的节目无不提醒着我们：对杂技艺术而言，只有经过打磨才能让作品真正走向精品。杂技的特殊性决定其必须要有"十年磨一剑"的精神，必须"脚踩坚实大地"，接受人民群众检验，从人民中再次了解自己，才能持续不断地打磨、日积月累地升华。

该届展演中的杂技节目《流星》就是打磨出精品的经典案例。2019年，该节目在第40届法国明日世界杂技节、第18届莫斯科国际青少年马戏艺术节和第20届法国DAX国际马戏节接连斩获三个金奖，为中国杂技在全世界赢得了高度瞩目。中华优秀传统文化是中华民族的精神命脉，是最深厚的文化软实力。该节目中的"舞流星"是我国独有的杂技，承载着中华文明的历史和历代杂技人的智慧，云南沧源距今三千多年前的崖画上就有舞弄"飞石索"的形象。自20世纪60

年代起，大连杂技团不断对其进行改良和创新，推出了十余个节目版本，培养传承了六代演员，令这一传统民族杂技节目血脉延续，实现了中华优秀传统文化的创造性转化、创新性发展，在从民族走向世界的过程中，舞出了中国风格、中国气派。

二、用创新实现发展的杂技剧目创作

"随着人民生活水平不断提高，人民对包括文艺作品在内的文化产品的质量、品位、风格等的要求也更高了。……各领域都要跟上时代发展、把握人民需求，以充沛的激情、生动的笔触、优美的旋律、感人的形象创作生产出人民喜闻乐见的优秀作品，让人民精神文化生活不断迈上新台阶。"[①]21世纪之初，杂技剧应运而生。杂技剧是戏剧化的，除了人物和故事等基本要素，还广泛吸收了各门类艺术优长，融合音乐、舞蹈、戏剧、武术、体育等各类表演，结合了当代舞美、服装、灯光、造型等设计。21世纪的中国杂技剧，是自古未有的全新创造，是满足人民文化需求、顺应时代发展的探索与变革，展示着中国杂技繁荣创作、推动创新、书写时代的行动和决心。

杂技是"杂"的艺术，"杂"字意味着丰富的创作空间。20世纪80年代，中国杂技舞台上涌现出一些有主题、有情节的"情境杂技"作品。这些节目设计有简单的情节和事件，用杂技呈现一个小主题或讲述一个小故事，使杂技在技巧之外更添欣赏趣味。在此基础上，受到20世纪90年代以来太阳马戏团等国外新马戏的影响，国内大型杂技晚会逐渐脱离了传统形式，转向由统一的文学思想和舞台风格统领、鲜明主题表达的"杂技主题晚会"。至2004年，广州军区战士杂技团

[①] 习近平：《在文艺工作座谈会上的讲话》，北京：人民出版社，2015年，第14页。

在"情境杂技"《东方天鹅——芭蕾对手顶》的基础上改编西方经典芭蕾舞剧,创作推出了首部杂技剧《天鹅湖》,由此拉开了中国杂技的"剧"时代。

以此为时间节点,中国杂技剧正值青春期。这期间,百余部题材丰富、风格各异的杂技剧陆续问世,涌现出许多创意新颖、反响较好的优秀剧目。戏剧化的杂技剧实践深刻改变了杂技创作的局面,影响着杂技行业的方方面面,成为近年来中国艺术舞台上的重要现象。2019年是中国杂技剧集中展示、蓬勃发展的一年,第十届全国杂技展演首次纳入杂技剧,有《梦回中山国》《红色记忆》等六部杂技剧参演。第四届中国杂技艺术节则全面、集中展示了近年来我国杂技剧创作实践中最具代表性的在演和新创成果,《战上海》《我是谁》《水秀·龙石》等九部杂技和魔术剧在主会场参演,《时空之旅》《满韵骑风》等四部杂技和马戏剧在全国四地分会场参演。

杂技剧全面纳入专业赛事,这一举措与近年来全国杂技剧创作的发展态势相呼应,传递出国家对杂技剧的肯定和重视。这期间,杂技剧应时代而生,与时代同步发展,创作经历了三个阶段。第一个阶段是摸索期,剧目这一新样式为杂技创作提供了全新方向,也引发了大量跟风创作,全国大型杂技院团几乎都在这一时期推出了自己的首部杂技剧;第二个阶段是探索期,杂技剧的创作数量有爆发也有缓冲,在创作手法如叙事语言、跨界融合等方面取得了进展,积累了经验;第三个阶段是发展期,至今全国每年新创杂技剧均维持在十余部,2018年达到了二十余部,作品的整体质量明显提升,涌现出了不少优秀作品,逐渐形成了杂技剧的艺术特征。

杂技的灵魂是创新,停止创新的杂技早已淘汰在历史长河中。创新是杂技的常态化追求,拥抱时代、开放包容、广采博收、勇于打破边界、挑战自我是杂技创作的精神。这些年,人民的文化需求在不断增长,时代的审美风潮在不停变化。广大杂技人把握人民需求,紧跟时代发展，创作的题材和手法也在不断进步。不仅有《胡桃夹子》《百鸟衣》等对童话、神话故事进行的改编和再创作，也有《江湖》《岩石上的太阳》等挖掘地方文化、讲述地方故事的作品，近年来还有多部历史题材和现实题材作品，特别是《战上海》《渡江侦察记》等革命历史题材作品也成为杂技剧创作的新进步。此外，还诞生了如冰上杂技等具有全新艺术性的杂技跨界。

创作方面，杂技和戏剧融合的焦点问题在于对杂技节目的处理。一是处理杂技节目与节目间的关系，早期的创作重点主要在于通过营造意境，串联好节目与节目间的关系，使其完整、流畅地为主题和剧情服务；二是处理杂技与剧情间的关系，在用杂技塑造人物性格、推进事件发展等方面取得了进步；三是创造杂技剧的艺术风格，近年已逐渐走出了意图再现、重现故事场景的"讲故事"思维局限，转而阐释故事精髓，借鉴欧洲新杂技的创作理念，着重于加强编排创意和构建审美风格，这一变化的轨迹在近两年的作品中不难觅见。

此外，杂技之惊、险、奇、美具有强烈的现场冲击力，欣赏没有语言、文化、年龄障碍的人民喜闻乐见的艺术，已经成为全世界旅游业合作的重要领域。在国内，广州和珠海的长隆大马戏、厦门灵玲马戏、迪士尼杂技剧、上海《时空之旅》、武汉《汉秀》、澳门《水舞间》等杂技文旅演艺项目都取得了不俗的市场成绩，吴桥国际杂技节、珠海中国马戏节、武汉国际杂技节等世界性杂技赛场和金菊奖全国杂技比赛等国家、省、市主办的杂技活动也早已转变了举办方式，普遍将"节"与"赛"融合，将杂技比赛办成城市的狂欢、人民的节日，品种丰富的演出和花样百出的活动真正实现了为人民而创作、为人民而服务，让人民的文化生活不断迈上新台阶。

三、结语

习近平总书记关于文艺工作的重要论述，深刻影响着每一个杂技工作者，影响着杂技事业的方方面面。中国杂技在中华文化的养育浸润中成长壮大，扎根于人民创作，顺应时代发展创新，脚踩坚实大地，接受人民群众的检验，从人民中了解自己、打磨自己、提升自己。近年来，杂技创作取得了可喜成果，赢得了发展进步。未来，广大杂技工作者必将以创作生产优秀杂技作品为中心任务，传承弘扬中华优秀传统杂技文化，推出更多表现人民大众、反映时代风貌、弘扬中国精神的优秀杂技作品，不断开创杂技事业的新局面。

人民认可是影视评论的首要任务

厉震林　上海戏剧学院研究生部主任，影视学院院长、教授

一

"人民"一词，是习近平总书记关于文艺工作重要论述的高频词。他心系人民，情爱人民，"欢乐着人民的欢乐，忧患着人民的忧患"[①]，将文艺与人民的关系，扩展至文艺领域的各个范畴，"社会主义文艺，从本质上讲，就是人民的文艺"，人民"既是历史的'剧中人'、也是历史的'剧作者'"[②]。习近平总书记关于文艺工作的重要论述中，人民性是核心要义，有着新时代的理论内涵以及话语体系，是纲领性的重要文献。

这些重要的文艺论述，虽然专门阐述文艺评论的篇幅不多，却是言简意赅、深刻透彻的。他指出，文艺评论要褒优贬劣、激浊扬清，并归纳出"镜子""良药""利器"和"方向盘"等关键词。这是一种

---

① 习近平：《在文艺工作座谈会上的讲话》，北京：人民出版社，2015年，第18页。

② 习近平：《在文艺工作座谈会上的讲话》，北京：人民出版社，2015年，第13页。

政治和美学的定性表述，将日常性的经验提升为学理性的概念，是马克思主义文艺评论观的原创性和时代性的伟大成果。习近平总书记关于文艺工作的重要论述，也是文艺评论的重要示范，是深邃而规范的文艺评论，它的立场、观点和方法足可成为文艺评论界的典范。

20世纪80年代影视评论的第一个"黄金期"之后，目前又迎来了第二个"黄金期"。如果说第一个"黄金期"，影视评论卷入美学，第二个"黄金期"则是介入产业，激情与理性共存，喧嚣与困惑兼有。习近平总书记关于文艺工作的重要论述，立足于深化改革开放，在反思和直面文艺问题中形成，为影视评论拨云见日，示范有加。他告诫，"文艺要赢得人民认可，花拳绣腿不行，投机取巧不行，沽名钓誉不行，自我炒作不行，'大花轿，人抬人'也不行。"[①]文艺评论要"赢得人民认可"，同样是这五个"不行"，其重心是力戒"浮躁"。

"人民认可"是影视评论的首要任务。从精英知识分子到泛知识分子时代、从信息不对称到信息对称、从地理"沟壑"到代际隔阂的社会转型过程之中，"人民认可"不易，接收者也许比评论者更有学识和修养。文艺评论的文化等级，在潜移默化中影响一个时代、影响国家的文化风尚以及品质，故而影视评论任重道远。文艺评论要"赢得人民认可"，需要达及三个基本标准。

二

一是问题式犀文。习近平总书记指出，"文艺批评要的就是批评，不能都是表扬甚至庸俗吹捧、阿谀奉承，不能套用西方理论来剪裁中国人的审美，更不能用简单的商业标准取代艺术标准，把文艺作品完

[①] 习近平:《在文艺工作座谈会上的讲话》，北京：人民出版社，2015年，第10页。

全等同于普通商品,信奉'红包厚度等于评论高度'","真理越辩越明。一点批评精神都没有,都是表扬和自我表扬、吹捧和自我吹捧、造势和自我造势相结合,那就不是文艺批评了!"[①]这里,总书记鲜明提出了文艺评论的基本标准,精准表述了需要警惕的三种现象:照搬西方、商业标准和"红包"代言。

习近平总书记关于文艺工作的重要论述,以如此的"亮剑"确立了思想品格,不避讳、不含糊,构建了一种"必须的张力",防止文艺发展的盲动和失控,为社会提供一种文艺价值体系。他关于文艺工作的重要论述,针对性和指导性很强,都是探讨与破解文艺难题的,是"有筋骨、有道德、有温度"的文艺思想。影视评论虽已迎来第二个"黄金期",但是让人民心服口服的评论不多,"广告"代言的评论不少,为利益张目者有之,为博出名而哗众取宠者有之,历史虚化主义和文化虚无主义也不乏身影,影视评论缺乏足够的说服力和战斗力。庸俗、低庸、媚俗等文艺"三俗"现象存在,部分电视综艺节目难辞其咎;文艺类研究生的学位论文套用西方理论来剪裁中国人的审美,观点、注释和参考文献中洋文充斥,这些都是不争的事实。影视评论缺乏有效的制衡力量,"剜烂苹果"的工作做得不够有力彻底。深入学习习近平总书记关于文艺工作的重要论述,敢于向炫富竞奢的浮夸说"不",向低俗媚俗的炒作说"不",向见利忘义的陋行说"不",应该是当前影视评论的基本遵循。

读图时代的影视作品,在市场激烈竞争之中日益加魅,深度侵袭与占用观众的日常生活时间,观众被裹卷而入,乃至失去独立思考的时间、空间,成为影视作品的传声筒,甚至是思想"木乃伊"。影视评论必须承担起它的职责,发出独立和理性的声音,使创作、接受和评

---

① 习近平:《在文艺工作座谈会上的讲话》,北京:人民出版社,2015年,第29页。

论之间构成一种平衡关系，"良药苦口利于病，忠言逆耳利于行。有了真正的批评，我们的文艺作品才能越来越好"[1]，才能为社会构建一种价值观和审美观，并引领社会趣味。

发现、辨认和深析问题，需要评论家的悟性、能量和胆略。对于优异的文艺作品及现象，评论家要敢于肯定，"比如电影领域，经过市场竞争，国外影片并没有把我们的国产影片打垮，反而刺激了国产影片提高质量和水平，在市场竞争中发展起来了，具有了更强的竞争力"[2]，总书记在此充分肯定了"国产影片"的奋斗精神。影视产业要有杰出的战略企业和战略思想家，影视评论同样需要培育战略评论家。

三

二是思想性范文。一般而言，文艺评论需要经历四个步骤：描述、阐释、评价和理论，其思想和美学价值在递进中不断提升。大艺术家多是大理论家，至少也是大思想家，评论家拥有思想家的禀赋，也是基本的职业要求。影视评论虽是评论艺术作品，其实也是评论社会以及时代，为其所规范，同时也深化其内涵。

如此思想素质，首先体现为一种开发思维，影视评论是创造思想的。茅盾曾说，文艺作品不仅是一面镜子——反映生活，还须是一把斧头——创造生活。影视评论同样应该成为"创造生活"的"斧头"，既是对于艺术作品的开掘，赋予一种历史和美学的方位与意义，也是对于社会时代的"深挖"，建构一种新的精神秩序与价值。

其次体现为一种辩证思维。影视评论驾驭宏观的视域以及高度，

---

[1] 习近平：《在文艺工作座谈会上的讲话》，北京：人民出版社，2015年，第29页。

[2] 习近平：《在文艺工作座谈会上的讲话》，北京：人民出版社，2015年，第27页。

在悖论的格局之中辨析它的利弊得失，不能将之单向化和极端化，"要坚守文艺的审美理想、保持文艺的独立价值，合理设置反映市场接受程度的发行量、收视率、点击率、票房收入等量化指标，既不能忽视和否定这些指标，又不能把这些指标绝对化，被市场牵着鼻子走"①。

再次体现为一种方向思维，不但在善中发现美，还要在恶中反衬善和美，"清泉永远比淤泥更值得拥有，光明永远比黑暗更值得歌颂。广大文艺工作者要提高阅读生活的能力，善于在幽微处发现美善、在阴影中看取光明，不做徘徊边缘的观望者、讥诮社会的抱怨者、无病呻吟的悲观者"②，从而将中国精神、中国价值和中国力量阐释好。

影视评论成为一种思想源和时务策、价值观和历史观，似乎不是新的问题，实践起来却并非易事。它需要评论者读懂社会、读透社会，了解国情和社情，做一个"先觉者、先行者、先倡者"；具备"史识、史才、史德"以及哲学、历史和文学的"学养、涵养和修养"，"笼天地于形内，挫万物于笔端"（西晋·陆机《文赋》）；它是一个"渐进、渐悟、渐成的过程"，"厚积薄发""笃定恒心"，评论家的人格高度基本框定了评论文章的思想高度，"德不优者不能怀远，才不大者不能博见"（东汉·王充《论衡·别通篇》）。

四

三是文艺化美文。影视评论要有一种美感，思想闪烁、悟性泉涌，文字也要字字珠玑、清纯灵气、优雅通透，具有审美力量。忌八股、忌枯涩、忌浅俗。影视评论名篇，无一不拥有着美丽文字。瞿白音的

---

① 习近平：《在文艺工作座谈会上的讲话》，北京：人民出版社，2015年，第20—21页。

② 习近平：《在中国文联十大、中国作协九大开幕式上的讲话》，北京：人民出版社，2016年，第14页。

《创新独白》,以昼夜感悟贯穿之,"大珠小珠落玉盘"地倾述电影创新的方式、方法以及期待。艺术家出身的影视评论家,由于坐拥创作体悟,评论文字常有"接住地气、增加底气、灌注生气"的优势,可读性比较强,也有美学启示。习近平总书记关于文艺工作的重要论述,犹如黄钟大吕,文字"身入、心入、情入",充满着清新圆润的评论美感。

第一,文辞优美,是美文的榜样。"胸中有大义、心里有人民、肩头有责任、笔下有乾坤"[①]、"天是世界的天,地是中国的地"[②],既是哲句又为警句,在文艺界广泛传诵,人人颂赞。不能"只写一己悲欢、杯水风波"[③]、"板凳坐得十年冷"[④]等表述简约生动,字字如金,是影视评论的经典范本。

第二,引经据典,充满着深邃美妙的文气。"世事洞明皆学问,人情练达即文章","闭门觅句非诗法,只是征行自有诗","随人作计终后人,自成一家始逼真",[⑤]似是信手拈来,却是长期积累,将关于文艺工作的重要论述置于中国文论场域之中,以中国文论阐释中国文艺问题,在前人感悟之中启迪当代心智,洋溢着中国气派和风格。

第三,以小故事格式,温润文艺心灵。习近平总书记关于文艺工

[①] 习近平:《在中国文联十大、中国作协九大开幕式上的讲话》,北京:人民出版社,2016年,第1—22页。

[②] 习近平:《在文艺工作座谈会上的讲话》,北京:人民出版社,2015年,第1—30页。

[③] 习近平:《在文艺工作座谈会上的讲话》,北京:人民出版社,2015年,第1—30页。

[④] 习近平:《在中国文联十大、中国作协九大开幕式上的讲话》,北京:人民出版社,2016年,第1—22页。

[⑤] 习近平:《在文艺工作座谈会上的讲话》,北京:人民出版社,2015年,第1—30页。

作的重要论述善用小故事，有学理有情感，温馨亲切而又沁人心肺。影视评论不是将简单问题说复杂，而应是将复杂问题讲简单，是一种简约深刻之美，讲故事自是一种良好的美文策略。

影视评论是一种艰苦的文艺创造劳动，需有美学判断力的专业水平和文本细读的专业投入，"吟安一个字，捻断数茎须""两句三年得，一吟双泪流"，功力苦成，冷暖自知。马克思说，人民历来就是作家"够资格"和"不够资格"的唯一判断者。影视评论与此同理，必须深入学习习近平总书记关于文艺工作的重要论述，学其精神、立场和方法，将"人民认可"旗帜昂然高举，立志创造"扛鼎之作、传世之作、不朽之作"，言为士则、行为世范，写出无愧于时代的文艺评论。

坚持新时代文艺批评的最高标准

白建春　中国文艺评论家协会理论委员会副主任
《求是》杂志社总编室原副主任

习近平总书记在文艺工作座谈会上的讲话中指出:"要以马克思主义文艺理论为指导,继承创新中国古代文艺批评理论优秀遗产,批判借鉴现代西方文艺理论,打磨好批评这把'利器',把好文艺批评的方向盘,运用历史的、人民的、艺术的、美学的观点评判和鉴赏作品,在艺术质量和水平上敢于实事求是,对各种不良文艺作品、现象、思潮敢于表明态度,在大是大非问题上敢于表明立场,倡导说真话、讲道理,营造开展文艺批评的良好氛围。"[1]后来,他又在中国文联十大、中国作协九大开幕式上的讲话中,对"以人民为中心"的文艺批评与创作思想进行了深刻阐释。

"以人民为中心"是马克思主义经典作家文艺批评思想的时代体现。"美学和历史的观点"就像一盏愈燃愈亮的明灯,照耀着马克思主义经典作家的文艺批评生涯。从马克思的博士论文到恩格斯的晚年书

---

[1] 习近平:《在文艺工作座谈会上的讲话》,北京:人民出版社,2015年,第30页。

信，都不难看到它所闪烁的光辉，1859年恩格斯又在《致斐·拉萨尔》的信中把"美学和历史的观点"确认为文艺批评"非常高的，即最高的标准"。把美学视为研究美和艺术的科学，是马克思主义美学诞生以前的美学理论高峰——德国古典美学的基本特征。与以往那些立足于"解释世界"的思想家和美学家不同，立足于"改变世界"是马克思主义及其美学思想的主旨，核心问题是人的解放。在他们的任何一部重要著作中，无不包含着一系列美学问题。这些问题是在考察人的本质及其阶级对抗状态中的异化现象，探索人类解放的途径，及其实现共产主义美好理想的现实道路时产生的。正是这种伟大而深广的渗透，使美学成为整个马克思主义世界观、它的革命实践的理论和人的理论的有机组成部分，成为真正科学地研究"一切属人的感觉和特性的解放"的学说。唯物史观赋予历史的灵魂以现实的生命。马克思主义经典作家科学地揭示了历史和作为历史的主体的人的本质，把历史看作"既定的主体的人的现实"，他们认为，历史什么事情也没有做，创造这一切，拥有这一切，并为这一切而斗争的，不是"历史"而正是人，是现实的、活生生的人。历史不过是追求着自己目的的人的活动而已。如果说美学指向情感、感性以及艺术的本质特征，那么历史则是其核心所在，即人的本体。所谓"历史的观点"，就是基于人的自由和人类解放的标尺，而不是习惯认识上把作品及其作者放回到具体历史事件中进行比较那样简单。

"历史的、人民的、艺术的、美学的观点"的核心是为人民坚守文艺的审美理想，"为人民抒写、为人民抒情、为人民抒怀"。习近平总书记在马克思主义经典作家提出的"美学和历史的观点"中增加了"人民的观点"，这反映了中国特色社会主义的本质特征，体现了新时代中国特色社会主义文艺的本质要求，不愧为高屋建瓴的理论创造。他《在文艺工作座谈会上的讲话》中指出："文艺要反映好人民心声，就要坚持为人民服务、为社会主义服务这个根本方向。这是党对文艺战线提出的一项基本要求,也是决定我国文艺事业前途命运的关键。只有牢固树立马克思主义文艺观,真正做到了以人民为中心,文艺才能发挥最大正能量。以人民为中心,就是要把满足人民精神文化需求作为文艺和文艺工作的出发点和落脚点,把人民作为文艺表现的主体,把人民作为文艺审美的鉴赏家和评判者,把为人民服务作为文艺工作者的天职。"[1] 后来,他《在中国文联十大、中国作协九大开幕式上的讲话》中,又对文艺"以人民为中心"的问题进行了全面而深刻的论述,强调"人民是历史的创造者,是时代的雕塑者。一切优秀文艺工作者的艺术生命都源于人民,一切优秀文艺创作都为了人民"。希望广大文艺工作者都能够"坚持以强烈的现实主义精神和浪漫主义情怀,观照人民的生活、命运、情感,表达人民的心愿、心情、心声,立志创作出在人民中传之久远的精品力作"[2]。而要创作出这样的精品力作,就必须深入生活、亲近人民。所以说,"文艺创作方法有一百条、一千条,但最根本的方法是扎根人民。只有永远同人民在一起,艺术之树才能常青"[3]。这可谓是颠扑不破的艺术真理。习近平总书记在马克思主义经典作家的文艺批评最高标准中加入了"艺术的观点",也绝不是对"美学的观点"的无谓重复,而是凸显了审美理想的崇高地位。

"以人民为中心"是新时代文艺批评与创作的最高标准和行动指南,也是掌握运用文艺规律和实现文艺繁荣的根本保证。习近平总书记指出,一个时代有一个时代的文艺,一个时代有一个时代的精神,文艺的性质决定了它必须以反映时代精神为神圣使命,所以"对文艺

---

[1] 习近平:《在文艺工作座谈会上的讲话》,北京:人民出版社,2015年,第13—14页。

[2] 参见习近平:《在中国文联十大、中国作协九大开幕式上的讲话》,北京:人民出版社,2016年,第10页。

[3] 习近平:《在中国文联十大、中国作协九大开幕式上的讲话》,北京:人民出版社,2016年,第11页。

来讲,思想和价值观念是灵魂,一切表现形式都是表达一定思想和价值观念的载体。离开了一定思想和价值观念,再丰富多样的表现形式也是苍白无力的"[1]。同时他也强调,"人民不是抽象的符号,而是一个一个具体的人的集合,每个人都有血有肉、有情感、有爱恨、有梦想,都有内心的冲突和忧伤。"[2] 文学艺术并不是抽象思维的附属产物,而是凭借感性创造一个自为的世界。无论文字浩繁的鸿篇巨制还是小巧玲珑的抒情短诗,都是汇聚在一点上的"一切社会关系的总和"。只有充分尊重文艺创作规律,才能保持文艺的独特价值,满足人民的精神追求和审美需要。艺术家的真理在作品中,作品的价值在意义中,意义的生成在感性中,感性的呈现在结构中,结构的品质在技术中。伟大的艺术是不朽的,这种不朽来自它人性的丰富和感性的精致,来自它像树木一样多姿多彩的生命成长,它能够跟随时代的脚步,在时代的风雨和世事的流变中繁衍出新的价值,激励和鼓舞人民朝着伟大的目标前进,以自身的不可穷尽性符合着不可穷尽的人的现实。应当肯定,当文学艺术同争取人类解放和社会主义建设的光辉事业联系起来,并且成为这一事业的有机产物和组成部分的时候,它将产生前所未有的巨大力量。但这种力量恰恰是通过文艺本质的不断深化发挥出来的,歌剧《白毛女》《江姐》等红色经典都是这方面的优秀代表。

正如习近平总书记指出的:"人民的需要是文艺存在的根本价值所在。"[3] 同样,这也是文艺批评的价值所在。如果说文艺创作"应该用现实主义精神和浪漫主义情怀观照现实生活,用光明驱散黑暗,用美善

---

[1] 习近平:《在中国文联十大、中国作协九大开幕式上的讲话》,北京:人民出版社,2016年,第8页。

[2] 习近平:《在中国文联十大、中国作协九大开幕式上的讲话》,北京:人民出版社,2016年,第12页。

[3] 习近平:《在文艺工作座谈会上的讲话》,北京:人民出版社,2015年,第16页。

战胜丑恶,让人们看到美好、看到希望、看到梦想就在前方"[①]。那么,"以人民为中心"的新时代文艺批评,则如火炬把通往梦想的创作之路照亮。

[①] 习近平:《在文艺工作座谈会上的讲话》,北京:人民出版社,2015年,第20页。

理论阐释

"以人民为中心创作导向"的理论实践维度及时代内涵

李　晶　贵州省文联文艺理论研究室副主任
　　　　贵州省文艺评论家协会副主席

2014年10月15日,习近平总书记在文艺工作座谈会上的讲话中强调:"社会主义文艺,从本质上讲,就是人民的文艺。"[1]2016年11月30日,习近平总书记在中国文联十大、中国作协九大开幕式上的讲话中明确指出:"文运同国运相牵,文脉同国脉相连。……广大文艺工作者要坚持以人民为中心的创作导向,坚持为人民服务、为社会主义服务,坚持百花齐放、百家争鸣,坚持创造性转化、创新性发展,高擎民族精神火炬,吹响时代前进号角,把艺术理想融入党和人民事业之中,做到胸中有大义、心里有人民、肩头有责任、笔下有乾坤,推出更多反映时代呼声、展现人民奋斗、振奋民族精神、陶冶高尚情操的优秀作品"[2]。2019年7月16日,习近平总书记致中国文联中国作协成

---

[1] 习近平:《在文艺工作座谈会上的讲话》,北京:人民出版社,2015年,第13页。

[2] 习近平:《在中国文联十大、中国作协九大开幕式上的讲话》,北京:人民出版社,2016年,第5页。

立70周年的贺信中指出:"党的十八大以来,广大文艺工作者坚持以人民为中心的工作导向,深入生活、扎根人民,不断增强脚力、眼力、脑力、笔力,推动我国文艺事业呈现出良好发展态势……弘扬了民族精神和时代精神,为实现国家富强、社会进步、人民幸福作出了十分重要的贡献。"[①] 习近平总书记关于文艺工作的论述始终围绕"以人民为中心的创作导向"展开,这是做好一切文艺工作的前提。

一、"以人民为中心创作导向"的理论探源

习近平总书记指出:必须牢记我们的共和国是中华人民共和国,始终要把人民放在心中最高的位置,始终全心全意为人民服务,始终为人民利益和幸福而努力工作。中华民族五千年文明,观各朝各代兴衰成败皆以民心所向为核心要素。《尚书》中说"民惟邦本,本固邦宁",《说文解字》中将中华传统思想中的"仁爱"做了详细的记录,孔孟的儒家思想则成了以民为本的"仁爱"观的充分彰显。"民贵君轻"是社会和谐发展的重要标志。汉朝统治阶级更是借助儒学中民心、君权、天意的意识形态机制奠定了国家精神之基。到了内忧外患的近代,中华民族经历了"国破山河在,城春草木深"的风雨飘摇。中国共产党自成立以来,就担负起了救亡图存的政治使命,在充分吸纳中华传统文化、继承和发展中华传统的民本思想和仁爱观的基础上,形成了全心全意为人民服务的思想,"以人民为中心"体现的就是中国共产党的文化血脉、执政之基和力量之源,客观呈现了中国共产党的初心和使命的一脉相承。而社会主义文艺从本质上讲就是人民的文艺,从马克思列宁主义的文艺观,毛泽东思想的文艺观,邓小平理论对文

---

① 习近平:《习近平致中国文联中国作协成立70周年的贺信》,《人民日报》2019年7月17日,第2版。

艺与政治关系的回答，再到习近平新时代中国特色社会主义思想中阐述的文艺观，都回到了社会主义文艺"为人民"的最核心的本质。这些理论基础是"以人民为中心创作导向"的根基，也是社会主义文艺观不断发展完善的根本所在。

二、"以人民为中心创作导向"的实践之义

习近平总书记指出，要深刻认识和把握好文艺与人民之间的关系。一是人民需要文艺。随着人民美好生活需要日益广泛，人民对包括文艺作品在内的文化产品质量、品位、风格等的需求越来越高。二是文艺需要人民。文艺创作方法有千万条，但最根本、最关键、最牢靠的办法就是扎根人民。坚持以人民为中心的创作导向，就要积极推动文艺"沉"下去。人民是文艺作品最好的裁判员，文艺是否能真正做到"言之有物、传之有方"，关键看能否经受住人民的检验。文艺创作必须沉下去、深入下去，感受时代的脚步，紧贴时代的脉动，双脚不踩在大地上，不可能出精品力作。引导文艺工作者深切感受中国人民追梦筑梦的火热实践，从中汲取营养、锤炼品格，深化与人民群众的感情。

如何推动文艺为民实践化、多样化、丰富化，就要真正把理论修炼和实践锻炼落到实处。在文艺创作中，要尊重艺术规律，尊重艺术家创造性劳动成果，提倡不同风格、样式、流派的自然发展，同时在学术研究上也要提倡不同观点和学派的自由讨论、探索和完善。无论是高雅艺术还是通俗文艺，都应该坚持内容为王，突出文化艺术品的价值标准，凸显精神文化内涵与艺术魅力。文艺批评在文艺创作实践中也起到重要的作用。文艺创作的持续发展繁荣，离不开文艺批评的有力作为。习近平总书记指出："文艺批评是文艺创作的一面镜子、一剂良药，是引导创作、多出精品、提高审美、引领风尚的重要

力量。"① 这里包含了两个方面的内容：引导创作、多出精品是文艺批评面向文艺工作者的功能，而提高审美、引领风尚则是文艺批评面向"受众"也就是人民大众的功能。文艺批评如同桥梁，连接着创作者和接受者，也就是文艺家和人民群众。所以，从实践之义来讲，进一步发挥文艺评论的参与性、引导性，有利于提高艺术创作水平，也有利于帮助人民群众在数量众多的文艺创作中认识优劣、区分高下、甄别美丑。

三、坚持"以人民为中心创作导向"的时代内涵

（一）"以人民为中心创作导向"是坚持中国特色社会主义文艺道路的精神旗帜

回望中国共产党的发展史，就是一部不断探索"举什么旗，走什么路"，继而坚定马克思主义指导地位和中国特色社会主义发展道路的光辉历程。"以人民为中心的创作导向"是毛泽东同志《在延安文艺座谈会上的讲话》提出的核心论断，是正确解决文艺与人民、文艺与政治、文艺与生活、文艺与时代、内容与形式、继承与创新、歌颂与暴露、普及与提高、世界观与文艺创新等一系列问题的基础，是我们党的文艺思想、文艺路线、文艺方针的逻辑起点。在改革开放和社会主义现代化建设新时期，我们党始终强调文艺为人民服务，把人民群众作为文艺表现的主题和服务的对象。邓小平、江泽民、胡锦涛等党和国家领导人继承和发展了毛泽东同志的文艺思想，既一脉相承，又与时俱进。他们的重要论述是我们党对马克思主义理论的独特贡献。习近平新时代中国特色社会主义思想中，再次强调人民是推动社会主义文化大发展大繁荣最深厚的力量源泉，要以满足人民精神文化需求为

---

① 习近平:《在文艺工作座谈会上的讲话》，北京：人民出版社，2015年，第29页。

出发点和落脚点，坚持文化发展为人民、文化发展依靠人民、文化发展成果由人民共享。实践证明，人民群众是历史的创造者，也是艺术的创造者、鉴赏者、评判者。习近平总书记指出：方向决定道路，道路决定命运。"以人民为中心创作导向"是激励中国文艺沿着正确道路继续发展的根本动力。

（二）"以人民为中心创作导向"是增强中华民族凝聚力的力量源泉

中华文化是多民族交流、共通、共融的文化，具有极强的生命力、影响力、感召力。中华文化"以文化人"，用文化的力量将人民吸引过来。坚守"以人民为中心创作导向"，继而顺利实现伟大复兴的中国梦，提升国家文化软实力，增强中华文化的影响力和竞争力，是推动中华文化建设的重要目标，也是建设社会主义文化强国的重大举措。深刻认识到"以人民为中心创作导向"是提升文化自信的根本动力，牢牢把握坚定文化自信的两个方面：首先，正确认识中华优秀传统文化的继承与创新的逻辑关系。习近平总书记说，实现中华民族伟大复兴需要中华文化繁荣兴盛，要创作无愧于时代的优秀作品。继承时，不能调侃崇高、扭曲经典、颠覆历史，丑化人民群众和英雄人物；创新时，不能是非不分、善恶不辨、以丑为美，更不能搜奇猎艳、一味媚俗、低级趣味。继承时，不能胡编乱写、粗制滥造、牵强附会；创新时，不能追求奢华、过度包装、炫富摆阔。其次，要积极参与世界文明的交流与对话，取其精华、去其糟粕。习近平总书记指出，"不能套用西方理论来剪裁中国人的审美，更不能用简单的商业标准取代艺术标准，把文艺作品完全等同于普通商品"[1]，必须要以更大的决心、更大的勇气，依靠文艺的力量统一思想，凝聚民心，形成自上而下奋发图强的精神动力。

---

[1] 习近平:《在文艺工作座谈会上的讲话》，北京：人民出版社，2015年，第29页。

（三）"以人民为中心创作导向"是促进中国特色社会主义文化繁荣发展的价值追求

21世纪初，中国社会同质性逐渐消解，政治、经济、文化的发展走向了一种多元格局，尤其是消费主义文化浪潮的掀起，诸多的艺术创作不自觉地会走向一种通俗实用，迎合感性、现代性的审美倾向。因此，在过去的一段时间里曾经大量出现了感官体验和欲望叙事的艺术作品。与此同时，对于经典的解构与戏谑也开始盛行不断。精英艺术随着媒介下沉后也开始走向"雅俗共赏"的期待，还原普通人的日常经验，彰显他们对日常生活的关注才能从"消解经典"的作品中获得一席之地。这样的现象自然会引起文艺创作的很多不适应，解构经典容易，要重新创造经典却变得难上加难。

文艺的健康发展其实也是一个国家社会文化健康发展的体现。中国特色社会主义文化根植于社会主义现代化建设实践的丰富历程中，中国特色社会主义文艺也根植于社会主义现代化建设实践的丰富历程中。文艺作品反映的社会现实可以帮助社会不断修复、完善，朝着更好的方向前行。"以人民为中心创作导向"就是中国特色社会主义文化"为人民"的体现。"以人民为中心创作导向"在表现主体上，是以人为本，以"大我"取代"小我"，在感情立场上，是"心系人民""赞颂人民"，在目标追求上，是在"满足"中"引领"，而不是在"迎合"中"满足"，这些目标也是中国特色社会主义文化不断繁荣发展的价值追求。

向"以人民为中心"的舞蹈创作高地而动

张　萍　中国文联舞蹈艺术中心常务副主任
《舞蹈》杂志执行副总编

将马克思主义美学和文艺理论置入当代中国文艺创作具体实践当中，从18世纪苏联文学批评中首现的"人民性"到新时代的"以人民为中心"的中国特色社会主义文艺观，其间跨越式迭代，内涵趋向繁复递增，攀越人在"类"属意义上的伦理向度与价值向度——以人为本（文艺为人民服务）和构建人类命运共同体的大逻辑和新高度，无疑是新时代的文艺工作者跻身于两个重大历史分水岭——第一个百年与第二个百年、现代文明与后现代文明，需要锚定的努力方向。

2018年、2019年恰逢改革开放40周年、中华人民共和国成立70周年、文艺工作座谈会讲话发表5周年等重大历史节点，在历史发展的重要时刻，多有总结式的梳理与理性的反思，更有国家层面的策划以推动重大艺术项目及课题的研究来助力文艺的创新与繁荣。如鸟瞰70年视域的国家社科基金艺术学重大课题《现实题材舞蹈创作研究》《当代中国舞剧研究1949—2019》的立项研究；针对整个"新时期"，文旅部和中国文联的《改革开放40年以来全国现实题材舞剧与舞蹈诗创作研究报告》《改革开放40年中国舞蹈发展研究报告》的撰写；此外，借由"深扎"项目、《2018年国家艺术基金（五年）资助成效课题研究项目》的研究，对照文艺工作座谈会讲话精神自检自省。长有70年舞脉钩沉、短则5年内新作复盘，长短、远近、难易、丰贫彼此映照着白手起家的新中国舞蹈艺术，其实践历程、创作理念的多彩图谱及鲜明的当代属性，无论历史演化逻辑如何，"追求主题的深刻性与现实意义"成为横亘时空长廊的强劲主线，这是自吴晓邦先生的"新舞蹈"延续至今的宝贵的创作思想传统。当然不同历史时期的演进形态、文化内涵以及价值选择不尽相同，一切须站在70年历史时空的坐标系上才得以看清，这也提示我们，进入新时代面对重大文艺使命——"人民之根、深扎之基、双创之法、三精之本、时代之责"，再言现实题材、红色题材（尤其涉及重大题材范畴）舞蹈创作理论及实践，迫切需要向内审视舞蹈艺术自身的基本面，厘清理论研究与创作实践特有的主要矛盾与次要矛盾，规划任务的等级与时序，整个过程离不开两条框架性原则：一是历史与逻辑的内在统一，二是理论与实践的有机结合。如不据守以上两个原则高度，亦步亦趋跟跑其他艺术门类，抽象地应声"坚持以人民为中心的创作导向"，恐难登顶创作高峰，产出时代精品。

一如马克思主义文艺理论的当代中国化暗合其哲学精髓"具体问题具体分析"，面对新时代新任务，在"坚持以人民为中心的创作导向""深入生活、扎根人民""加强现实题材创作"的舞蹈艺术实践道路上，需"以人为本"解决三个方向上的贫弱：一是创作主体缺少深入现实生活的真诚，对题材的破解游离于生活现象本质以外，表面化、虚无化，缺少主体之于时代精神内涵的"真"阐发，见剧不见人，更不见精深思想；二是创造之法过于笼统散漫，针对既有的实践经验缺少系统性梳理与转化，更缺少回归舞蹈艺术本体视角的技术、策略、方法的探索与研究；三是面对中国传统舞蹈资源，双创精神、理论、实践均不足，对属于中国的、民族的、时代的经典形式体系和话语体系的创立，明显深耕力度不够。

问题既关键且根本，切中了艺术"本体"的两个基本内涵，一是存在本质，二是结构样态。舞蹈艺术本体建设存在先天的不足，一方面缘于缺少与传统文论、画论、乐论平行的传统舞蹈理论资源的支撑，另一方面则因为缺少一脉相承的自身体系。当代中国舞蹈艺术从两个学员班（舞运班、舞研班）到完整的舞蹈教育学历体系建设，一直行走在"博采"中西、古今、传统与现代的多维实践的"长征"路上，于当代建构的过程中按照艺术的内在统一性原则，凭借与姊妹艺术共享同一片"水土光热"资源，通过跨门类跨学科的吸收、借鉴、嫁接、代偿等方式，从无到有，不断积淀，但驳杂多端亦让舞蹈学内部各下行分支的体系化建构虚空。正是出于对短板的清醒认知，在践行"以人民为中心"的艺术创作过程中，做"深扎"之功，求"真"题材、持"善"精神、寻"美"形象，惟自力更生艰苦奋斗一条道路。创作阵营里的多思者立足现实题材、红色题材的疆域，关涉舞蹈本体最为核心和基础的问题：探究基本舞理和基本创作法则，寻找从结构方法、形式策略到语言创造的多重破解道路，以期实现符合中国当代舞蹈审美特性的艺术形象的创新目标，进而通过形象探幽析微，为时代立言、为人民放歌。

一、"以人民为中心"要做到面对题材的真破解

题材之"真"，首先指源于人民、源于生活的"当下真实"，更是指面对重大题材舞蹈创作需要去伪存真。

现实题材、红色题材之于文艺创作是个普遍难题，之于舞蹈艺术只恐更甚。需要解决更为表层的"表意"问题，这原本是艺术创作的初级任务，在不少编导那里变成了终极任务，简单地还原和回收"故事梗概"的做法，导致作品为题材而题材，就题材而题材，看似在做

题材响应，事实上强化题材的同时也在僵化题材，套了个现实题材的帽子却不见形象、不见立意、更不见精神深度。如此降维操作，在本质上偏离了"以人民为中心"的创作方向。这类舞蹈作品通过形式手段或技术手段的包装，以形式审美、风格审美、技术审美成就视觉上的"好看"，但并不"耐看"，精神能量等级不高，很难入脑入心，何谈艺术的培根铸魂。

近年来，舞蹈界坚持以人民为中心的创作导向，群发性地挑战现实题材、革命历史题材等"重大性、人民性、当下性"的题材类型。虽不乏应景之作，但亦见清流暗涌，成熟且自律的编导家在这类具有挑战性的题材类型的创作道路上，正努力实现两个目标，让人的形象立起来、让人的精神立起来。看似挑战的创作原则并不高，但对于"无言之美"的舞蹈艺术来讲，具有重要的内部实践价值。以斩获第十六届文华大奖的三部舞剧《天路》《草原英雄小姐妹》《永不消逝的电波》为例（后两部简称为《草原》《电波》），有关重大题材如何解决典型形象的塑造问题，可见一斑。

习近平总书记说："艺术的最高境界就是让人动心。"[①] 换言之，构成人民的一个个具体的"人"是驱动创作的本源。总书记关于人的本质特性的阐述，指出了人的后天建构的文化属性，是一个能动性、全面性、动态的需求体系，当脱离当代的、中国的、民族的、传统的社会实践土壤，把重大题材里的"对象"抽象、模糊为一个干瘪的标本，何谈对真实世界、现实生活的阐释力。"单向度"的艺术形象同"单向度"的人一样不符合客观世界的真实性原则，无法召唤审美体验，尤其是红色题材、现实题材类型的舞蹈创作要让人动心，就不能以符号化了的"假、大、空"来消解形象。要见人、更要见人的精神，要在

---

① 习近平：《在文艺工作座谈会上的讲话》，北京：人民出版社，2015年，第24页。

侧重于"舞蹈语言创造+演员主体性创造"的传统舞剧形象创造的基础上，探究结构性创造的突破。传统舞剧结构囿于"拙于叙事"，往往采用线性叙事策略，加上单层空间结构的固化模式，缺少结构的多义性与创新力。随着越来越多的创作者通过研究、借鉴其他艺术门类（如电影、戏剧）的结构叙事策略，尝试用更为复杂的结构叙事方式让"去语言"的舞蹈舞台艺术"简单的故事复杂地讲"，从而完成重大性、人民性、当下性等深层叙事指向。这种在舞剧结构叙事方式上的探索便于在情节脉络与矛盾冲突中植入人物的心理、情感、意识、情绪等丰富的内在世界，形成心理动机到现实行为的完整闭合链，才得以见"人"。舞剧创作在结构策略的支撑下，通过叙事视角和情节线的复化、虚实空间并重、"情感结构"与"两难结构"并举，为铺排人物的内在思想情感、精神境界的线性衍化创造了条件。

上述三部舞剧就在结构方式上通过独具匠心的设计构思，拓展叙事维度与深度：例如，采用复调叙事结构，通过两条叙述线交织，彼此裹挟攀升推动情节发展。《草原》通过跨越半个世纪的两代学生，形成两个叙事序列的架构，叙事在第一视角或上帝视角间自由切换，而《电波》《天路》二剧分别以真实物理空间的情节线和人物之间的情感线、人物的心理线构成双轨虚实并行，两厢濡染、催化推动语义趋向纵深。复调叙事为有意识地强化"情感结构"（人物的主观世界）提供了结构基础，事实上"情感结构"是舞蹈的本体结构，应该成为第一结构原则，传统舞剧创作更多以文字形态给出的故事大纲为主线结构舞段，从既往的"文学结构"向"情感结构"转移，将叙事与抒情、客观世界与主观世界、戏剧性与舞蹈性调节到相互适恰的平衡点，才是符合舞蹈审美特性的具有可操作性的"有效结构"。又如，采用舞台空间的多层结构策略，包括空间的转移、并置与叠套等多种结构关系，《草原》的三层空间、《电波》的空间闪回叠化的处理方式，都在努力通过探索复杂的结构技巧，研磨舞剧艺术时空叙事的特性。

结构观念及方式的转变一方面强化"结构作为宏观的语言"的表意属性，另一方面为人物形象提供充足的内化空间。"内化于心"多于"外化于形"的形象创造，令细节真实生动，情感可感可信。例如《天路》中的铁道兵"卢天"和《电波》中的地下党"李侠"，在情节关口通过笔墨反复铺排人物的思想、心理、意识等内空间，凸显出人物真实的自体人格，以及同社会人格的内在撕裂，自我与超我的交织与激荡，造就形象的内在冲突，这种将人物置入"两难结构"的做法，极容易带给观众"无意识同步效应"的共情能力。深刻认同人物于特定的时代语境、社会语境中完成思想情感与精神的成长蜕变，通过典型形象彰显出吻合社会主义核心价值观的中国人的精神内核。三部舞剧借由对重大题材的主体阐发重塑精神方向，为拓展舞蹈形式的阐释空间提供了范式，是一次具有重要意义的突破。其实践探索的价值甚至比艺术价值本身更可贵。

二、"以人民为中心"要做到面对舞蹈的真创造

"文艺创作是观念和手段相结合、内容和形式相融合的深度创新，是各种艺术要素和技术要素的集成，是胸怀和创意的对接。"[1]习近平总书记的话一语中的。艺术的独特性，不仅在内容本身，更在于讲述内容的方式，思想性与艺术性二者不可偏废。重大题材舞蹈创作之难恰恰在于要在丰富的舞蹈资源基础上，运用舞蹈创作法则完成舞蹈叙事结构创新、语言形式创新，实现对当代重大事件的叙述，进而升华出选材的现实性意义。围绕中国故事、中国形象、中国精神构建的当代中国舞蹈形式体系，必得根植于中国的身体文化传统及审美经验，以

---

[1] 习近平：《在文艺工作座谈会上的讲话》，北京：人民出版社，2015年，第11页。

中国传统舞蹈资源为根，以新时代"双创"为法，这是舞蹈编导需要积极探索的又一方向，更是重要的任务使命。

如果将当代中国舞蹈艺术历时性嬗变和阶段性现象纳入开放的共时性理论体系中进行解释，不难发现其体系建构的整个过程一直在解决如何将传统舞蹈资源，以及活态的、物态的、古代的、民间的、戏曲武术等近类资源纳入当代艺术架构的问题。深入生活、扎根人民也是要完成好双向度的任务，首先需要解决好"源于生活""源于人民"的问题，这是"为人民服务"的基础。人民、生活是活水源头，"源"是一个包裹丰富的多层结构，包括现实生活、文化资源、舞蹈素材三个重要目标对象。就创作视角而言，舞蹈资源、舞蹈素材是储备，在此基础上需要构建符合舞蹈审美特性、具有共性规律的创作法则，即体系化了的舞蹈创造学，类如作曲理论的和声、复调、配器、曲式"四大件"的知识体系。它们提供了作曲法则的基本框架，从而夯实了音乐创作面向重大题材进行深度演绎与生动表达的技术与方法基石。

实事求是地讲，着眼于舞台艺术的全媒介创造出来的精品，存在创造边界属性不清的问题，长此以往容易削平舞蹈艺术自身的属性，舞蹈界已经开启"繁荣中的忧思"，着眼于舞蹈本体语言的创新。例如，对舞蹈动势的创造与探究。舞蹈艺术的媒介是人体，在创作过程中人容易直接成为形象本身，尤其是红色题材和现实题材舞剧中的人物，在角色预设外加上造型的加持，依靠"技法套路+"的配方，例如"+吻合人设的主题动作""+依情节设定的人物关系调性""+表意的生活化动作"，编排出似是而非的独舞、双人舞，更多是由编舞技法完成的编排创意，语言创新的层面不高，随大流的做法导致平庸化、均质化和同质化。而典型的动势创造是以人体作为舞蹈媒介，以动作素材作为基础材料，按照"时空律"三位一体，"空间"中特定形态的"律动"在"时间"上延伸，形成一种三位一体的动势，动势经由人的视觉机制关联到形象，再通过人的审美心理完形机制，实现由意指到涵指的完整审美阶程。动势有"舞蹈性",形象有"表现性",整个过程必须在线性时间上完成,浸润而得。在动势创造的基础上,进一步形成动势集合,即产生典型形象群像化,群像化有助于形象产生情感上的厚度与力度。这种通过动势研究实现舞蹈语言创新的创作并非个案,在小剧目和舞剧中均有不俗表现,如"深扎"作品《青稞》《老雁》,舞剧作品《电波》《草原》等。与编舞技法相比,动势研究是切入语言结构内部的一种创造方法,若能鼓舞从之,众人拾柴,在各类舞蹈创作实践中寻得千法万法,朝着创作法的体系化建设共进,才能兑现"以人民为中心"的舞蹈艺术创造承诺。

舞蹈创作探索的视野除了舞蹈语言本体以外,还涉及舞台艺术等更为多元的维度,如按照图像叙事的原则展开舞蹈构图、舞台调度的基本法则研究,王玫的"舞蹈调度研究"即是在动作逻辑与空间逻辑双重思维的交织下,围绕舞台调度进行形式策略研究。此外创作还包括兼有结构与形式的策略研究,如情感结构,即通过"情感力度结构"的铺设、"强力度情感符号"的设置来构建舞蹈具有召唤性的本体结构,前者属于结构层面,后者属于形式层面,好的情感结构需在两个层面来回拉锯,方得始终;当注意力过度集中于解决外部矛盾时,内部矛盾就模糊淡化了,面对舞蹈这一独到的精神实践形式,如何保有不同于电影"真实美学"的"诗学"品格,应该多下孤立、静止、片面地研究舞蹈语言的笨功夫,避免浮躁、玄虚、散漫等形式主义取向,才能坚守"以人民为中心"的创作本位,才能以舞载道、以舞化人。

当代书法如何把握人民的需求

张瑞田　中国书法家协会新闻出版传媒委员会委员

一、人民的需求是书法创作的价值所在

"人民对美好生活的向往，就是我们的奋斗目标。"这是习近平同志当选中共中央总书记时所讲的一句话。平凡、朴实，厚重、苍劲，体现了新一代党中央的执政理念和精神动力。2014年10月15日，习近平同志在文艺工作座谈会上告诉我们："随着人民生活水平不断提高，人民对包括文艺作品在内的文化产品的质量、品位、风格等的要求也更高了。文学、戏剧、电影、电视、音乐、舞蹈、美术、摄影、书法、曲艺、杂技以及民间文艺、群众文艺等领域都要跟上时代发展、把握人民需求，以充沛的激情、生动的笔触、优美的旋律、感人的形象创作生产出人民喜闻乐见的优秀作品，让人民精神文化生活不断迈上新台阶。"[1]

---

[1] 习近平:《在文艺工作座谈会上的讲话》，北京：人民出版社，2015年，第14页。

跟上时代发展、把握人民的需求，是文艺创作的光荣使命。书法是传统的艺术样式，党的十八大以来，当代书法创作取得了长足的进步，人才辈出，好作品层出不穷，青少年学习书法的热情高涨，书法的社会关注度越来越强。曾有一段时间，我们把书法置于"象牙之塔"，一味强调书法的精英性，个别书法家以"大师"自视，刻意拉开自己与现实的距离。还有的书法家故作惊人之举，以夸张的言辞推广自己的书法作品，追求市场效益，漠视观众的反应。这些丑陋的行为，借助多媒体的推波助澜，在社会上产生了消极影响。尽管是少数人所为，也需要正视和警惕。

"关在象牙塔里不会有持久的文艺灵感和创作激情"，习近平同志的告诫引起书法界的深思。2017年，为了迎接党的十九大召开，中国文联和中国书协等单位共同举办了"民族脊梁——迎庆党的十九大胜利召开全国书法大展"，此展突破了书法展览的固定模式，在形式与内容上力争出新，发掘并确立了当代书法对重大历史主题和社会主题的表现，推动了当代书法艺术的发展。这个展览，是对中国书法传统的继承，它以"文以载道"的文化责任感和参与社会发展的强烈愿望，以书法艺术展示了当代书法家强烈的民族精神、人民情怀和深刻的社会责任感，抒发了广大书法家为实现中华民族伟大复兴中国梦的不懈追求，感情真挚、精神昂扬、目标明确，有众志成城的气象。

"一切创作技巧和手段最终都是为内容服务的，都是为了更鲜明、更独特、更透彻地说人说事说理。背离了这个原则，技巧和手段就毫无价值了，甚至还会产生负面效应。"[1]"民族脊梁——迎庆党的十九大胜利召开全国书法大展"是对习近平同志指示精神的精准落实，是对当代书法审美价值的探析，具有里程碑意义。

---

[1] 习近平：《在文艺工作座谈会上的讲话》，北京：人民出版社，2015年，第19页。

如果说这次大展是与人民同呼吸的瑰丽乐章,是当代书法与当下保持密切关联、以艺术的语言作用于每一位观众和读者的创新型展览,那么"同心同书·祖国新春好——书法文化惠民公益活动"就是一支温馨的小夜曲,在"送万福、进万家"的主题曲里,当代书法家以极大的创作热情,到宁夏盐池县花马池镇惠泽村、盈德村访问、交流,书写春联,送去祝福。我参加了"同心同书·祖国新春好——书法文化惠民公益活动",亲身感受到农民朋友对书法的热爱,他们拿着一张张"福"字,一副副"春联",脸上喜悦的表情告诉我们,书法活在现实生活之中,活在人民群众的心里,活在祖国的大好河山之间。

到生活中去,到人民群众需要的地方去,已经成为当代书法家的精神动能。近年,中国书协每年都要组织书法家下乡,到艰苦的地方为群众送去温暖和问候。

二、人民的需求是书法得以发展的根本

人民与党的关系、与国家的关系,习近平同志一直认真思考。他反复强调:"我们党来自人民、植根人民、服务人民,党的根基在人民、血脉在人民、力量在人民。"失去了人民的拥护和支持,党的事业和工作就无从谈起。同样,人民的需求也是书法得以发展的根本。

一段时间里,"江湖书法"不断扰乱我们的审美视线,乱力怪神向书法领域渗透,传达一些不健康的理念,甚至是错误的理念,比如不承认书法对社会的审美教化作用,忽视书法对世道人心的影响,嘲笑传统书法的中和之美,以所谓的解构主义推崇书法的墨象变化,以狂怪的语言情绪颠覆传统书法的文境诗心。如此极端的举止,尽管可以在一个小范围里赢得几声可怜的掌声。然而,只要拥有系统的书法史知识,对书法创作的艺术规律具有清晰的判断能力,就会识破这种浅陋的艺术谎言。

优秀的艺术作品，要具备"充沛的激情、生动的笔触、优美的旋律、感人的形象"。习近平同志的作家朋友贾大山，"率真善良、恩怨分明、才华横溢、析理透彻"，赢得了习近平同志的尊重。贾大山因病去世以后，习近平同志写了文章《忆大山》，表达了自己对朋友的怀念之情，他说："大山是一位非党民主人士，但他从来也没有把自己的命运与党和国家、人民的命运割裂开。在我们党的政策出现某些失误和偏差，国家和人民遇到困难和灾害的时候；在党内腐败现象滋生蔓延、发生局部动乱的时候，他的忧国忧民情绪就表现得更为强烈和独特。"[①]

　　书法与书法家也概莫能外。尽管书法与文学的外在表现形式有一定差别，但其文化形态、审美功能是一致的。2019年，中华人民共和国成立70周年，中国书协隆重举办了"盛世中国——庆祝中华人民共和国成立70周年书法大展"。展览以中华人民共和国成立以来有广泛影响的突出事例为素材，由全国各地的书法家创作丈二尺幅的书法作品，以此表现这个严肃、宏大的主题。书法家带着对国家与人民、历史与时代的深情厚谊，以汉字书法的视觉群像，呈现了中华人民共和国成立70周年的光辉历程和人民创造历史的精神风貌。展览配以历史照片和文字题解，深化了当代书法的历史叙述和美学张力。这个展览与"民族脊梁——迎庆党的十九大胜利召开全国书法大展"是姊妹篇，均以构思独到、主题鲜明、题材重大，赢得了观众的喜爱和肯定，同时刷新了当代书法创作的纪录，并以深刻的思想内涵与独特的艺术语言载入史册。

　　这种创作成果不是偶然得来的。党的十八大以来，中国书协强调根植传统，鼓励创新，艺文兼备，多样包容，要求书法家坚持"为人民"的艺术立场，创作出人民喜闻乐见的书法作品，从而无愧伟大的时代和伟大的人民。令人欣慰的是，在中国书协的正确引导下，当代书法家自觉地回眸书法的历史，去原点审视书法的文艺形态，在现实

[①] 习近平：《忆大山》，《光明日报》2014年1月13日，第2版。

中厘清书法的艺术规律，树立以人民为中心的创作理念，促进当代书法的真正繁荣。

三、人民的需求对当代书法创作提出了新的要求

"人民的需要是文艺存在的根本价值所在。能不能搞出优秀作品，最根本的决定于是否能为人民抒写、为人民抒情、为人民抒怀。一切轰动当时、传之后世的文艺作品，反映的都是时代要求和人民心声。我国久传不息的名篇佳作都充满着对人民命运的悲悯、对人民悲欢的关切"[①]。习近平同志论述以人民为中心的文艺创作，具有历史意义、时代高度、理论深度。在文艺工作座谈会上，习近平同志所举的例证发人深省——屈原的"长太息以掩涕兮，哀民生之多艰"，杜甫的"安得广厦千万间，大庇天下寒士俱欢颜""朱门酒肉臭，路有冻死骨"，李绅的"谁知盘中餐，粒粒皆辛苦"，郑板桥的"些小吾曹州县吏，一枝一叶总关情"，等等，都是深刻反映人民心声的佳作和佳句。毋庸置疑，这些有思想感情、忧患意识的文艺作品，以其独有的审美力量，让我们感受到一个伟大民族的精神品性。

文艺创作不是艺术家的个人炫技，也不是牟取功名利禄的手段。文艺作品不是满足人们感官刺激的杂耍，一味夸大艺术作品的娱乐性是短视的，也是危险的。文艺作品要有济世情怀，艺术家要有"先天下之忧而忧，后天下之乐而乐"的精神向往。因此，书法家不仅要走出"象牙之塔"，还要有为国家、为人民奋不顾身的社会理想。

书法艺术是中国艺苑的一朵奇葩，生命芬芳，陶冶了一代又一代的中国人。书法艺术既有文化魅力，也有形式美感，不同书体和不同

---

① 习近平:《在文艺工作座谈会上的讲话》，北京：人民出版社，2015年，第16页。

风格的书法作品,为我们提供了巨大的想象空间,徜徉其间,可以感受到中华文化的博大精深,东方艺术的典雅厚重,一个伟大民族的精神历程。李泽厚一语中的:为什么书法艺术历时数千年至今绵绵不绝?……因为它们都是高度提炼的、异常精粹的美的形式,是历代中国人民所喜爱和推崇的。

在极端功利主义和消费思潮的影响下,一些书法家有了浮躁的情绪。横向取法,弯道超车,冠冕堂皇的理由,让一些书法家有了投机心理。只想着个人的声名,忘记了书法家的文化使命,热衷市场,忽视了书法作品的艺术内涵。似乎书法一技,是谋取个人利益的媒介和手段。对此,中国书协高度重视,连续举办"国学修养与书法"培训班,邀请当代文艺理论家、学者、艺术家授课,普及国学知识,厘清书法艺术的"载道"精神,促进当代书法家的人格养成,提高当代书法家的文化修养和正确的创作态度。

习近平同志重视人民对文艺作品的感受,重视艺术家与人民的关系。他说:"热爱人民不是一句口号,要有深刻的理性认识和具体的实践行为。对人民,要爱得真挚、爱得彻底、爱得持久,就要深深懂得人民是历史创造者的道理,深入群众、深入生活,诚心诚意做人民的小学生。我讲要深入生活,有些同志人是下去了,但只是走马观花、蜻蜓点水,并没有带着心,并没有动真情。要解决好'为了谁、依靠谁、我是谁'这个问题,拆除'心'的围墙,不仅要'身入',更要'心入'、'情入'。"[1]朴素的语言,道出了习近平同志与人民的真情实感。深入学习、领会总书记的讲话,体察当代书法创作的方向,深入生活,了解人民的喜怒哀乐,不断学习、勇于进取,"身入""心入""情入",如此,我们才能够创作出不负人民众望的优秀书法作品。

---

[1] 习近平:《在文艺工作座谈会上的讲话》,北京:人民出版社,2015年,第18页。

在新时代语境下重构人民文艺

陈耀辉　吉林省委宣传部副部长
　　　　吉林省文联党组书记、主席

习近平关于文艺工作的重要论述是结合中国文艺发展的新特征、新趋势和新样态而提出一系列的新理念、新思想和新论断，为新时代新文艺树立了新理想、新方向、新标杆，在经历了一系列理论创新、精神延展、逻辑发展后形成了完整科学的思想体系，成为习近平新时代中国特色社会主义思想的重要组成部分，使"以人民为中心"成为人民文艺在新时代语境中的核心话语。

一、人民文艺重构的理论基础和实践基石

习近平总书记"以人民为中心"思想的创新性特征，是新时代人民文艺得以重构的理论基础和实践基石。

（一）继承和发扬了民本思想

"以人民为中心"的思想，继承和发扬了中华传统的民本思想。中国传统文化和美学思想中丰沛的人民性资源蕴含于坚韧的中华文脉之中，成为垦拓新时代语境文艺理论坚实的传统文化基石。何为人、何

为民、何为人民，传统典籍中的文字庄严而昭著，义理精微而广大。《尚书》云："民惟邦本，本固邦宁"，民本思想是中华传统文化中的宝贵财富。孔子的仁民论、孟子的仁政说，荀子的"君者，舟也；庶人者，水也。水则载舟，水则覆舟"，诸子百家的思想言论中处处闪烁着仁民恤民、以民为本的思想光辉，承载了中华民族的民族性格、文化心理和审美取向。"长太息以掩涕兮，哀民生之多艰""安得广厦千万间，大庇天下寒士俱欢颜""衙斋卧听萧萧竹，疑是民间疾苦声"……自《诗经·国风》起，历代铁肩担道义的文人创作出大量忧国忧民、关切人间冷暖的文艺作品，铸就了具有强大现实生命力的中华风骨和东方神韵。

（二）涵植和发展了人本理论

"以人民为中心"的思想，创造性发展了马克思主义的人本理论。"人"一向是马克思主义学说中的关键性话语与核心价值。从《神圣家族》驳斥青年黑格尔派腐朽、庸俗的主观唯心主义，到《关于费尔巴哈的提纲》中批判费尔巴哈的旧唯物主义，再到以《哲学的贫困》创立新的历史唯物主义，马克思实现了从唯心主义到形而上再到科学实践观的思维嬗变，完成了一系列的反思、批判与超越，将人的本质确定为"一切社会关系的总和"，构建了唯物主义的人本思想。马克思在《第六届莱茵省议会的辩论》中说，"人民历来就是什么样的作者'够资格'和什么样的作者'不够资格'的唯一判断者。"[1] 列宁也曾指出文学"不是为饱食终日的贵妇人服务，不是为百无聊赖、胖得发愁的'几万上等人'服务，而是为千千万万劳动人民，为这些国家的精华、国家的力量、国家的未来服务"[2]。在给察特金的信中，列宁明确提出了"艺术是属于人民的"思想。文艺的人民性理念历经了经典马克思主义

---

[1] [德]马克思、恩格斯：《马克思恩格斯全集》第一卷（上），北京：人民出版社，1995年，第195页。

[2] [苏联]列宁：《列宁全集》第12卷，北京：人民出版社，1987年，第96页。

到20世纪毛泽东文艺思想，而今，习近平总书记以人民为中心的思想精准地提炼和包容了丰富的新时代内涵，是马克思主义文艺理论的创造性转化和创新性发展。

（三）赓续和丰厚了党的文艺思想

"以人民为中心"的思想，赓续和丰厚了中国共产党的文艺思想。毛泽东早在《在延安文艺座谈会上的讲话》中论证了文艺与人民的关系，提出"我们的文学艺术都是为人民大众的，首先是为工农兵的，为工农兵而创作，为工农兵所利用的"[①]，这一观点奠定了毛泽东文艺思想人民性的基调，开启了社会主义文艺关于人民叙述的传统。邓小平在1979年根据我国社会主义文艺的新发展、新变化，进一步提出"文艺为人民服务、为社会主义服务"的"二为"方向。江泽民、胡锦涛都曾多次提到文艺的人民性问题。习近平总书记站在新的历史起点上，2014年在文艺工作座谈会上的讲话中明确提出"社会主义文艺，从本质上讲，就是人民的文艺"[②]，并将文艺"以人民为中心"的论断写进党的十九大报告中，形成了在新时代语境下党的文艺思想的新传承和社会主义文艺思想的新维度，构建了以人民为中心的社会主义文艺学的理论体系。

二、人民文艺重构的内在动因

贯穿于习近平总书记关于文艺工作的重要论述始终的已经不仅是"人民"二字内涵，更是"以人民为中心"的六字深意，是中华民族和人类命运共同体意识下的厚重表达。以人民为中心，既是具体的，也

[①] 毛泽东：《毛泽东选集》第三卷，北京：人民出版社，1991年，第863页。

[②] 习近平：《在文艺工作座谈会上的讲话》，北京：人民出版社，2015年，第13页。

是广泛的,既有核心的突出显现,也有全体的带动跟进;核心意义是:高度热情和一致向前,绝不能拖后腿和开倒车。在新时代语境下的人民文艺需要重构,或者说正在走向重构,其内在动因主要有两个方面:一方面,要满足人民文艺自发的进步要求。大凡优秀传统的成因,都来自在本质内核稳定的前提下保有的自身新陈代谢的进化性所促成的内在自然动力,这就是与时俱进的合理性,尤其是处于新时代语境之下的人民文艺,正在积极地促进自身的有效调整。这个调整过程,既是重构的契机,也是重构的形式,而从契机的价值取向上看,则是时代重构的重要内容之一。另一方面,要满足对于人民文艺纠偏矫正的调整要求。人民文艺曾经受到周边环境的影响或侵蚀,这是不争的事实,也是不可避免的现象。重要的,一是要清醒看准,二是要冷静修正,这就是习近平总书记以人民为中心的思想所涵纳的对历史负责的襟怀和对发展方向的期望。

世界上有两种矿藏,其中物质矿藏是有穷尽的,而精神矿藏是无穷尽的,是无价的,是一代代相传的,并且可以薪火更旺、光辉愈盛。曾经,有些评价标准唯粉丝、唯流量、唯消费,这在某种程度上造成了与人民文艺的背道而驰。新时代以来,文艺家和文艺作品在习近平总书记关于文艺工作重要论述的指引下,已经不断步入新的境地,这客观地促进了人民文艺的艺术和审美机制的重构成型。

三、人民文艺的新增内涵

习近平总书记指出:"以人民为中心,就是要把满足人民精神文化需求作为文艺和文艺工作的出发点和落脚点,把人民作为文艺表现的主体,把人民作为文艺审美的鉴赏家和评判者,把为人民服务作为文艺工作者的天职。"[①]

（一）人民文艺的新内涵一：全球命运共同体理念

习近平总书记的构建全球命运共同体理念是新时代话语，而构建全球命运共同体的大环境是人民文艺重构的新时代语境，"各美其美，美人之美，美美与共，天下大同"的文明互鉴和包容开放，是标志性的人民文艺的世界语。习近平总书记勉励文艺工作者要"坚持不忘本来、吸收外来、面向未来，在继承中转化，在学习中超越，创作更多体现中华文化精髓、反映中国人审美追求、传播当代中国价值观念、又符合世界进步潮流的优秀作品，让我国文艺以鲜明的中国特色、中国风格、中国气派屹立于世"[②]。我们的文艺只有紧紧围绕人民、彰显中国精神，才能够有风骨、有气韵，才不会失魂失责、失声失语。只有在人民之中创新、在中国精神之上发展，才能有效地凝聚中国力量、表达中国形象、倾诉中国话语，才能以人民文艺为载体不断提升中国的影响力和吸引力，在世界舞台上展现中国全面、丰富、立体的大国形象。

（二）人民文艺的新内涵二：实现两个一百年目标

实现两个一百年目标，是从站起来到富起来再到强起来的中华民族的新时代新目标。中国梦是中华民族梦想的总和，为中国梦的实现鼓与呼是人民文艺的核心使命，伟大的梦想需要伟大精神的支撑。伟大精神的背后是强大的文化自信，文化自信中包含着信仰的力量，需要重构的人民文艺正是这种人民精神力量的活化和火花。新时代语境下的人民文艺，就是要最大限度地扛起激励中国人民和全体民众精神的大旗，满足人民对美好生活的追求，充分发挥文艺内容与意识形态

[①] 习近平:《在文艺工作座谈会上的讲话》，北京：人民出版社，2015年，第13—14页。

[②] 习近平:《在中国文联十大、中国作协九大开幕式上的讲话》，北京：人民出版社，2016年，第10页。

的同质性以及传播与接受的广延性，为中国梦的实现鼓与呼。习近平总书记"以人民为中心"的思想经受了文艺实践的检验，开辟了人民文艺的新航程。重构的人民文艺可以体现出人民的崇高精神和可贵品质，因此，这一新语境下的人民文艺，将是民众期盼的、充满文化自信的"精神读本"。

（三）人民文艺的新内涵三：提升全民族文化自信

文化自信是新时代语境下的人民文艺的本质力量和精神风貌，真善美是人民文艺的价值准绳，更是一个国家和民族发展中最基本、最深沉、最持久的力量。它能够汇聚起中华民族无坚不摧的磅礴伟力，也是中华民族能够屹立于世界民族之林的蓬勃内应力。新时代语境下的人民文艺的重构，一方面把"人民"这个政治概念转化为了文艺形象，另一方面把"以人民为中心"的思想和艺术判断转化为了全民族的文化自信。人民文艺也要与时俱进、永葆新鲜生动和蓬勃可爱，亟待凝聚起内化于心、外化于行的信仰力量，传递正能量、高唱正气歌。在繁荣文艺创作上面，人民的审美倾向奠定了新时代文艺实践的价值基础。习近平总书记指出，"文艺创作方法有一百条、一千条，但最根本的方法是扎根人民。只有永远同人民在一起，艺术之树才能常青。"[1]"人民是文艺创作的源头活水，一旦离开人民，文艺就会变成无根的浮萍、无病的呻吟、无魂的躯壳。"[2]

近年来，文艺界在习近平总书记"以人民为中心"的思想引领下，取得了令人欣喜的成绩，使得文艺创作迎来了新的春天。以吉林省为例，文艺工作者牢记总书记的谆谆教导，自觉与人民同呼吸、共命运、心连心，着眼爱国主义、中华优秀传统文化、白山松水地域文化等题

---

[1] 习近平:《在中国文联十大、中国作协九大开幕式上的讲话》，北京：人民出版社，2016年，第11页。

[2] 习近平:《在文艺工作座谈会上的讲话》，北京：人民出版社，2015年，第15页。

材进行创作，推出了一批"接地气""沾泥土""冒热气"的优秀文艺作品。由吉林省组织创作的电影《黄大年》《辛亥革命》，歌曲《乘梦飞翔》《儿女情长》等文艺作品，获得中宣部精神文明建设"五个一工程"奖、电影"华表奖"等国家级奖项，雕塑《八女投江》、动画《生生不息》、舞剧《红旗》、吉剧《蒲公英》等作品入选国家级项目。这些优秀文艺作品为人民立言、为时代造像、为人民文艺增光，把以人民为中心的思想和艺术判断转化为全民族的文化自信，因而呈现出缤纷可人的美学样貌，体现了人民文艺为人民服务的文艺理想。

总之，习近平总书记"以人民为中心"的思想，把中国文艺理论中的"民本"思想上升到了一个前所未有的高度，把对人民的热爱提升到了新的境界，充满了人道主义关怀和人性的光辉，提升了人民文艺的审美格调，正在成为马克思主义文艺理论发展史上光彩夺目的新坐标。

提升新时代文化治理体系十策

郑晓幸　四川省文联主席

互联网技术和新媒体改变了文艺形态，文艺创作传播发生嬗变，催生了一大批新的文艺类型。与传统文艺组织群体不同，新的文艺组织和群体不依赖财政拨款，不占用行政事业编制，自发成立、自主发展、自行运作和自我管理，活跃在经济社会发展的各个领域，丰富着人民群众的精神文化生活。这些新文艺群体的规模之大、活动之多、影响之广，超出想象。

加强对新文艺群体政治引领是进入新时代在守正创新中坚持和发展中国道路的必然选择，是在强基固本中维护社会主义国家文化安全的必然选择，是在坚定先进文化方向中促进文化艺术大发展大繁荣的必然选择，是在文化供给侧结构性改革中不断满足人民美好生活需要的必然选择，是自觉承担起举旗帜、聚民心、育新人、兴文化、展形象的使命任务，为建设具有强大凝聚力和引领力的社会主义意识形态作出应有贡献的必然选择。

因此，加强新文艺群体的政治引领是摆在各级党委和宣传文化部门面前的重大课题，不能回避。新文艺群体的政治引领，就是习近平新时代中国特色社会主义思想的引领，是增强"四个意识"、坚定"四个自信"、做到"两个维护"的引领,是"不忘初心、牢记使命"的引领,是爱国主义、集体主义、社会主义教育的引领,是坚持"二为"方向、"双百"方针、"双创"原则的引领,目的是促使新文艺工作者听党话跟党走,为繁荣发展社会主义文化作出新的贡献。

一是加强组织建设,切实将党对新文艺工作的领导落地落细落实。

人心是最大的政治,力量是事业的支撑。组织部门应加强新经济组织和新社会组织(包括新文艺群体)"两新组织"党的组织建设,建立健全新文艺阵地的党建工作机制,定期或不定期进行指导督导,实现对新文艺工作的全覆盖。统战部门应加强新文艺阶层体制外知名新文艺工作者的指导、联谊、团结、培训,不断巩固壮大最广泛的统一战线,既要做到求同存异、和而不同,又要能容人之短、容人之失、容人之异,还要照顾到其他同盟者的利益。文化和旅游部门应加强新文艺工作者的党建工作,落实党在文化建设中的各项方针政策,应制定新文艺阶层健康发展实施意见。宣传部门应提升关于"新文艺群体意识形态主体责任制"的工作绩效考核权重,在新闻出版、广电、文化和旅游、文联、社科联、工商联、妇联、团委等组织的党建工作中,启动意识形态引导清单制和建立红黑榜单,增加对新文艺群体的意识形态引导职能和责任。

二是高度重视文化艺术发展顶层设计,为文联新职能有效发挥提供保障。

应建立由党委或政府分管领导牵头负责的文艺工作部门联席会议制度,形成联动机制,统筹协调新文艺阶层发展中若干重要问题的解决。文联部门在深化文联体制改革中,应围绕延长工作手臂扩大覆盖、明确文联承接政府职能转换后的新职能,使文联组织的联系范围和服务管理能力显著提升。文化和旅游部门应加强文化政策环境优化,制定"加强新文艺群体创作生产引导扶持的实施意见",以政策举措引导和扶持新文艺群体创作生产,从顶层设计上确保各项工作有力有序推进。

三是深入践行社会主义核心价值观，全面加强先进文化对新文艺阶层发展的引领。

应加强创作生产导向引领，组织常态化的新文艺会员培训，原则上每三年进行一轮系统培训，抓好基层一线文艺工作者思想政治教育，巩固马克思主义在文艺领域的指导地位。以政府扶持社会力量方式，培育一批社会主义核心价值观引领的文艺精品，推动产生一大批"叫好又叫座"的新文艺精品。引导新文艺群体主动参与社会主义核心价值观进机关、进企业、进社区、进乡村、进学校、进景区、进公共活动场所、进交通枢纽及口岸、进网络空间。规范线上线下传播内容，坚持"重在建设和发展、管理、引导并重"的方针，鼓励新文艺群体推出优秀网络原创作品，推动网络文学、网络音乐、网络剧、微电影、网络演出、网络动漫等新兴文艺类型繁荣有序发展。在各种展览展播展演活动中，各地文化部门要加大对文艺内容展示的抽查力度，新文艺阶层党组织负责对展示内容严格把关，规范传播内容。

四是坚持以人民为中心的创作导向，推出社会效益和经济效益相统一的精品力作。

应制定出台新文艺工作者深入生活扎根人民有关文件。完善艺术发展基金的扶持机制和管理办法。支持新文艺群体建设展示传播平台及展演活动平台，加大播出文艺精品佳作力度。围绕人民群众对美好生活的需要，支持和鼓励新文艺群体开展思想性、艺术性、观赏性有机统一的文艺创作和文艺活动，服务美好生活需要。把乡村振兴、精准扶贫、改革开放等主题列入重大文艺选题。加强对新文艺和网络文艺的评论工作，开展对重大理论课题及重点作品、文艺思潮、文艺现象的评论。创新开展对新文艺群体文艺创作的评价，经评估认可的新文艺精品，实现政府扶持的全覆盖，以财政资金保障对新文艺精品的公益化传播。

五是注重提升新文艺群体创新能力和整合能力，培育挖掘文化经济新增量新动能。

文化和旅游部门应不断加强新文艺阶层的创新能力和资源整合能力，加大以互联网、大数据、人工智能为先导的现代科技应用及推广，拓展新的文艺形态发展空间。商务部门、文化和旅游部门、科技部门应定位新的消费热点和投资热点，推进形成一批"文化＋旅游""文化＋人工智能""文化＋金融孵化"等新经济空间、"文化＋订制""文化＋IP授权""文化＋智能创作"等新经济模式、"文化＋社交""文化＋电商""文化＋大数据"等新经济平台，引导新文艺群体勇做新动能发展先锋。

六是破除身份歧视和认同偏见，努力营造关爱新文艺阶层的社会氛围。

组织、人社部门应破除身份歧视、认同偏见，打破阶层固化、利益藩篱，在政治地位、宣传舆论、职称评定、荣誉评奖、政策扶持等方面，给予新文艺群体和体制内文艺人士同等待遇，营造权利平等、机会平等、规则平等的公平竞争环境。统战部门、文联部门应建立与新文艺群体经常性联系平台，多为他们在深入生活、教育培训、展演展示、宣传推介等方面创造条件，引导他们成为德艺双馨的优秀文艺人才。

七是深化文化艺术供给侧结构性改革，切实推动文化事业与创意产业深度融合发展。

深入推进文化供给侧结构性改革，通过场馆平台共享共建、新文艺爱好者展演配套等多种举措，把新文艺群体的文艺展演服务纳入公共文化服务体系。引导各类资本进入文化休闲娱乐服务行业进行兼并合作，壮大文艺企业规模和提升竞争力；从人才、税收、场地、职称、评奖、金融等方面对文化艺术服务类企业进行扶持；引领工艺美术类企业坚持走品质化、品牌化发展道路，严防产能过剩和供给低效。鼓励新文艺群体融入"一带一路"建设、"长江经济带"建设、新型城镇化和成渝城市群建设等主题文艺创作和文化产业发展。

八是传承发展中华优秀传统文化,自觉担当起创造性转化、创新性发展的时代责任。

鼓励支持新文艺群体坚守中华文化立场,深入挖掘传统文化价值,努力实现创造性转化和创新性发展。鼓励支持新文艺群体挖掘巴蜀文化旅游资源,建设集美食、文创、演出等为一体的文创项目;加强对历史名人遗址故居的修复、保护和利用,引领新文艺组织聚落打造主题旅游线路。支持新文艺群体开展古蜀文明遗址普查、古蜀文明探源研究,积极参与品牌推广。支持新文艺群体投入和研发以其为主题的影视剧、小说等相关产品。鼓励新文艺群体弘扬传统文化精髓,开展各种形式的传统文化经典创作展演活动,支持新文艺群体开展传统文化精髓的符号设计和作品设计,围绕旅游业"吃住行游购娱、商养学闲情奇",开发创意衍生品。支持新文艺群体提炼文化经典故事,打造一系列以传统文化为内核的新型 IP,通过书籍、动漫、玩具、话剧、音乐、雕塑等多种形式,弘扬和传播中华优秀传统文化精髓。

九是提高文化治理现代化能力,着力加强文联对新文艺阶层管理服务方式的改革。

统计部门应建设新文艺发展动态信息采集及统计分析体系,挖掘文化经济新动能、发掘新文艺组织和群体新动向,做到新文艺组织和群体发展、扶持和引导工作有迹可循,为党委政府部门的文化科学治理提供扎实决策支持。组织部门、教育部门应有重点、有计划、分步骤实施"文艺大师"培养计划、"文艺名师"带动计划、"文艺英才"培育计划和"文艺会员"发展计划,推进新文艺工作者勇于担当、主动作为,提升社会化文化治理能力。

十是不断加强新文艺阶层自身改革,主动适应汇入新时代文化强国建设发展大潮。

新文艺阶层的相关行业协会及联盟须积极对接文化市场需求，主动引领文化市场的消费需求，有效控制和警惕"过度娱乐化"的消费走势，提升群众个性化多样化消费水平。主动对接文化市场大众化、品质化需求，推动文艺创作高峰工程和品质工程建设。突出文化市场的创新变革走向，对接年轻化、时尚化等文化消费新需求。新文艺群体要研究和适应文化市场，建立文化消费需求的有效评估和反馈机制，提倡绿色消费、审美消费。支持新文艺组织建立行业联盟，搭建资源共享联盟平台，充分利用好现有的版权贷、文创贷、科创贷、产业基金、孵化资金、风投资金、天使资金等金融资本，强化自身良性发展功能，切实解决新文艺群体发展资金短缺问题。完善新文艺企业治理结构，规范权责定位和行权方式。充分借助现代高新科技，提升文艺创作和传播水平，增强新文艺群体核心竞争力。加大新型文艺业态培育，强化创新驱动发展。

论网络文艺的人民性

郑焕钊　暨南大学文学院副教授

随着互联网数字文化经济的发展，以网络文学、网络影视、网络游戏、数字音乐等为代表的网络文艺，日益成为人们日常精神娱乐生活的主要内容。尤其在媒介迭代与技术融合的趋势下，网络文艺已不只是作为一种新型的文艺形态，而是成为推动中国各种文艺类型融合发展与推陈出新的重要驱动力，对中国文艺的整体观念和实践形态带来了深刻的变革。正是在这一意义上，讨论网络文艺的人民性问题，从根本上，就是在探讨网络数字文化时代中国文艺人民性问题所面临的新机遇、新挑战与新问题。

如果我们考虑到超过九亿的网民在技术赋权下所带来的文艺表达欲望的高涨，青年网络文艺不断地引领着当代流行文化的潮流，以及网络文艺在产业、资本和技术的推动下，对人民群众日常生活所带来的全方位覆盖和深度渗透，我们就不得不承认：一方面，在技术与媒介的推动下，网络文艺前所未有地激发了人民群众文艺参与的活力，成为中国社会主义文艺繁荣发展和社会主义青年文化建设的主导阵地；但另一方面，网络文艺仍面临着资本技术功利发展所带来的创作生产、传播分发和意义消费的一系列问题，导致文艺人民性面临着风险与挑战。

一、网络文艺丰富社会主义文艺人民性的内涵

"社会主义文艺,从本质上讲,就是人民的文艺。"[①]这是习近平总书记对马克思主义文艺观的重要发展,显示了马克思主义对"文艺源自人民""文艺表现人民"和"文艺离不开人民"的文艺与人民关系的正确认识,也成为党的文艺工作"为谁服务"的根本前提。社会主义文艺的人民性,决定着我们必须坚持"以人民为中心"的创作导向,"要把满足人民精神文化需求作为文艺和文艺工作的出发点和落脚点,把人民作为文艺表现的主体,把人民作为文艺审美的鉴赏家和评判者,把为人民服务作为文艺工作者的天职"[②]。

在网络数字文化时代,随着互联网的大规模普及、文艺创作门槛的降低,网络文艺吸引了巨量的用户参与,人民群众参与度日益提升。文化参与主体也从一、二线城市向三、四线城市及农村扩展,从精英群体向低学历阶层延伸,互联网文化成为真正涵盖各地域、年龄和职业的大众文化。在技术的推动下,原本潜藏的各阶层文化底色与娱乐诉求凸显出来,多层次的文化需求塑造了多样化的网络内容样式和社群组织。在媒介、技术与产业的推动下,网络文艺的参与主体、表现主体与服务主体的人民性获得了新的发展,文艺与人民的关联方式在互联网文化的推动下获得了丰富。

一是在技术赋权之下,人民文艺表达的权利得到进一步的实现,人民作为文艺创作的主体地位在网络文艺中获得了现实性。人民群众

[①] 习近平:《在文艺工作座谈会上的讲话》,北京:人民出版社,2015年,第13页。

[②] 习近平:《在文艺工作座谈会上的讲话》,北京:人民出版社,2015年,第13—14页。

是文艺创作生产的源头活水,在人类漫长的历史中,人民群众也以各种各样的方式,参与艺术的创造与发展。但在互联网时代来临以前,由于大众的文化水平、创作能力和参与条件的限制,人民作为文艺创作主体的真正实现仍然受到各种制约。互联网技术,尤其是移动互联网的大规模普及,为人民群众参与艺术的创作生产提供了技术的便捷,降低了人民群众发表、分享个人艺术作品的门槛,极大地激发了人民群众参与和表达的欲望。在技术赋权的同时,是人民群众文艺参与权和文化参与权的更充分的实现。从文艺源自人民的角度来看,文艺的人民性获得了技术所赋予的现实性。

二是伴随人民群众文艺参与热情而来的,是广阔丰富的社会生活实践在网络文艺中获得了表现的空间,作为"历史的剧中人"和"历史的见证人"的人民群众,在网络媒介的推动下,其文艺表现主体的地位获得了更充分的保障。"文艺要服务人民,就必须积极反映人民生活。今天,在我国960多万平方公里的大地上,13亿多人民正上演着波澜壮阔的活剧,国家蓬勃发展,家庭酸甜苦辣,百姓欢乐忧伤,构成了气象万千的生活景象,充满着感人肺腑的故事,洋溢着激昂跳动的乐章,展现出色彩斑斓的画面。"[①] 除了网络文学所激发的文学热忱外,短视频的图像记录方式更深受普通群众喜爱,他们立足草根的日常生活,展现底层社会不为人知的艰辛、奋斗与尊严;或模仿流行影视的桥段,以充满江湖色彩的英雄演绎,表达底层青年眼中的正义;或戏仿都市男女日常心态,通过喜剧式表演获取共鸣;或表达对理想生活的憧憬与努力,记录追寻梦想的艰辛历程。人民群众气象万千、感人肺腑、色彩斑斓的生活图景,远远超出文艺工作者所能关注的视野,正是得益于互联网技术和数字文化应用的便捷条件,广大网民用

---

① 习近平:《在中国文联十大、中国作协九大开幕式上的讲话》,北京:人民出版社,2016年,第11页。

文字、图像、视频、声音和身体,记录生活、表达理想、交流情意、愉悦审美。"文艺创作方法有一百条、一千条,但最根本、最关键、最牢靠的办法是扎根人民、扎根生活。"[①] 网络文艺深受欢迎并非偶然,它借助技术和网络的优势,让文艺的触角触及人民生活的各个方面,展现了"微文艺"背后的"大中国"。

三是网络文艺凭借其丰富的平台功能和互动技术,增强和创新文艺服务人民的功能,让人民作为审美鉴赏主体的地位获得了更好的实现。一方面,随着网络文艺的平台化发展,网络文艺不仅让广大人民群众获得来自艺术作品的精神愉悦和趣味娱乐,而且搭建了文艺与生活更为全面、丰富的联系的桥梁,让文艺以审美感性的愉悦形式,承担着非遗传承活化、城市形象传播、公民审美教育、助力抗疫扶贫等重要使命,网络文艺平台在社会主义文化建设中的功能日益突出。另一方面,在"弹幕"等即时互动技术的推动下,人民作为文艺审美鉴赏的主体,其作用进一步凸显。人民群众借助"弹幕"的即时互动观看视频和小说,或点评人物、讨论剧情,或普及知识、分享情感……"弹幕"等互动技术即时地反映了网民对文艺作品的审美反应,网民深入细节的犀利评论成为最直观的晴雨表,直接呈现了文艺作品服务人民的效应。文艺内容是否表现了人民的真实生活、服务了人民的精神需求,弹幕技术能够直观地帮助创作者观察文艺服务人民的效应。尽管网民的弹幕评论有时情绪化、不专业,甚至可能有低俗恶俗的内容,但从总体上看,弹幕所呈现出来的网民对文艺作品的丰富的解读空间和集体智慧,往往出乎文艺创作者和专业评论家的意料,展现了人民群众作为审美鉴赏者和评判者所具有的能动性和创造性。

---

① 习近平:《在文艺工作座谈会上的讲话》,北京:人民出版社,2015年,第19页。

二、增强网络文艺人民性应对挑战的方式

然而,我们也要看到,网络文艺在极大地激发了人民群众的文艺参与性的同时,网络文化空间所具有的弊端、网络文艺与产业资本的深刻联系以及技术商业化应用中存在的问题,都在一定程度上制约和影响了网络文艺人民性的实现。

一是过度商业化的运营模式导致网络文艺内容生态的失衡,文艺表现人民群众生活实践的内容丰富性受到损害。网络文艺是我国数字文化产业的核心构成,商业化运营是推动数字文化产业发展的必然途径,但问题在于资本的急功近利所带来的过度商业化,导致网络文艺内容创作生产的不断窄化,那些不适合进行跨媒介 IP 运营、不适合进行游戏与影视改编的内容,往往并不为网络文艺平台所鼓励,甚至抑制其发展,最典型的例子就是网络文学在近十年的产业化发展中所显示的内容类型的单一化倾向。数字文化产业为实现对内容的跨媒介运营,充分利用优质内容的粉丝效应,最大程度获得经济效益,这本无可厚非,问题就在于一旦网络文艺的创作生产与资本进行深度捆绑后,本身就处于产业场域中的网络文艺,就会在资本和技术的共同导引下过度发展某些类型,不仅过度消耗仍处于积累期和成长期的文艺类型在自然发展下所可能展开的丰富性和可能性,而其他那些不能实现商业变现的文艺内容,也会被排挤在受众阅听范围之外。这就从根本上损害了文艺内容生态的平衡。事实上,每种文艺的类型都是一种特定的观察和表达现实的复杂的审美体系,表现着特定的现实内容,有着特定的消费受众。内容生态的失衡,不仅导致人民群众多姿多彩的现实生活在艺术表达中的缺位,更导致内容产品无法真正满足人民群众精神需求的多样性。

二是网络空间固有的一些文化形态,或制约了网络文艺发展的空间,或带来文艺价值观的问题,文艺鼓舞人民的精神旗帜的作用受到

削弱。"伟大的作品一定是对个体、民族、国家命运最深刻把握的作品。"[1] 这样的作品需要有较为广阔的文化视野和思想厚度，需要在一个有机的艺术整体中获得表达。网络文艺天然具有个体性、草根性和碎片化的文化特质，其文化内容倾向于表现微观个体的微观生活，能够以其贴近人民群众的微观感受而具有极强的感染力，但其碎片化的特质和过于囿于日常感性，使其存在着对历史和社会的整体性观照的缺失，一定程度上制约了其对历史观与文化观的完整性和深刻性的把握，甚至由于过度情绪化和娱乐化的诉求，导致其价值观的支离破碎，更甚者对社会主义核心价值观产生消解。另外，由于技术文化的"后喻文化"特点，使其更亲近年轻世代，而青少年追求个性、炫酷的文化姿态，在一定程度上使网络青年文化具有较为鲜明的亚文化色彩。青年亚文化是青年文化发展中的一个正常现象，网络青年亚文化的问题在于产业资本和传播媒介的聚焦，助长了非理性的圈层粉丝文化问题。此外，在网络技术的便捷与商业变现的推动下，有些个人为了赢得网络关注，不惜以各种低俗出位的内容博得眼球，不利于风清气正的网络文化空间的形成与发展。文艺是精神的旗帜，是引领人民前进的力量，网络文艺的精神深度的缺失与价值观的偏颇，将极大地影响文艺精神旗帜作用的发挥。

三是网络文艺的圈层化所带来的审美代沟，内容分发的技术机制所带来的信息茧房问题等后果，在一定程度上导致文化的割裂，对社会主义文艺的精神凝聚力带来不利的影响。"我国作家艺术家应该成为时代风气的先觉者、先行者、先倡者，通过更多有筋骨、有道德、有温度的文艺作品，书写和记录人民的伟大实践、时代的进步要求，彰显信仰之美、崇高之美，弘扬中国精神、凝聚中国力量，鼓舞全国各

---

[1] 习近平：《在中国文联十大、中国作协九大开幕式上的讲话》，北京：人民出版社，2016年，第13页。

族人民朝气蓬勃迈向未来。"[①] 以兴趣为基点所建立的网络社区，是网络文艺文化形态的重要特征，并形成"圈层自萌"的文化形象。这种圈层化往往通过特定的流行文化资源的挪用与创造建立起次元文化壁的方式来实现，其不仅在不同代际之间带来审美代沟，也在城乡青年与不同社会阶层之间建立起同代人的文化分化。与此同时，以智能算法和用户数据为基础建立起来的内容分发推荐机制，不断地迎合和满足用户对某种类型内容的需求，导致其对某种类型内容的过度关注而屏蔽对其他内容的触及，带来自我封闭的信息茧房……这种种后果，无形之中带来当代文化的割裂，影响了跨越代际与阶层的审美共同体的建立，导致审美作为"和"的力量无法发挥其对全社会精神凝聚力的作用。

因此，从网络文艺作为网络数字文化时代中国社会主义文艺繁荣发展和社会主义文化建设的主导阵地的重要意义上，我们需要进一步增强网络文艺的人民性。

一方面，深入贯彻"以人民为中心的创作导向"，加强内容创作生产引导，推动多层次网络文艺内容和产品体系的建立，构建健康的网络文艺内容生态。要充分发挥网络文艺激活人民群众参与积极性及其对多姿多彩的生活图景的表达与呈现的优势，不仅要加强对网络文艺商业化运营模式的政策引导和评论介入，深入阐释文艺人民性的价值内涵，要求网络文艺生产主体深入贯彻"以人民为中心的创作导向"，鼓励网络文艺类型的多样化，构建满足不同受众需求的网络文艺产品体系；而且要推动专业创作与网民创作的互动促进。"走入生活、贴近人民，是艺术创作的基本态度；以高于生活的标准来提炼生活，是艺

---

① 习近平:《在文艺工作座谈会上的讲话》，北京：人民出版社，2015年，第6页。

术创作的基本能力。"[①] 专业创作者要向人民群众学习，从网民自发的创作中寻找灵感和方向，扩大网络文艺表达内容的广度。网民要善于发现生活中的精彩，表达生活中的趣事，但是由于缺乏专业的文艺视野和能力，如何以高于生活的标准来提炼生活，是专业文艺工作者的可为之处。因此，网络平台和文联机构要帮助人民群众提高审美表达的能力，提升网络文艺对人民生活表达的深度。

另一方面，推动网络文艺及其平台承担公共文化建设的责任，建设风清气正的网络文艺空间，发挥价值引导与审美认同的力量，构建审美文化共同体。网络文艺作为连接文化与生活、经济、社会的重要形式，既能以细微的日常生活传递城市丰富层面，构建城市文化软实力与文化认同，又能使高雅的、小众的、失落的、古老的文化以适合今天人们接收的媒介和技术方式进入大众的视野，激活传统文化记忆，构建民族文化认同。从这一意义上看，应在保障网络文艺合法的经济行为的情况下，更大程度发挥网络文艺平台作为当代社会生活重要运作机制的功能：既要加强对网络文艺空间的正面价值引导，提升网络文艺创作的价值内涵，营造风清气正的网络文艺空间；又要使网络文艺平台承担公共文化建设的责任，从而在文化分化的年代构建公共文化空间，推动网络文艺平台成为更大层面上的文化认同与社会公共文化建构的力量，推动不同社会主体在网络文化空间的互动中开展对话，充分发挥网络文艺审美共同体和文化共同体的作用。

---

① 习近平：《在中国文联十大、中国作协九大开幕式上的讲话》，北京：人民出版社，2016年，第12页。

刍议京剧的现代转换

单跃进　周信芳艺术研究会会长

习近平总书记关于文艺工作的重要论述，对京剧事业的发展具有深远意义。现结合学习，就京剧的现代转换议题进行探讨，并融入对当下京剧院团艺术建设的思考。

一、实现京剧的现代转换是京剧院团的使命

习近平总书记关于文艺工作的重要论述中对文艺与人民关系的阐述既是马克思主义文艺观的思想精髓，也是对文艺本质的深刻揭示和科学论述。这对于我们清醒认识京剧的文化属性，理解京剧与人民、与时代的关系，进而廓清思想认识，建设当代京剧文化，很有启迪。

京剧植根于中国传统文化，孕育于农耕文明，滥觞于社会变革转型。从她发展的雏形时期起，便以其通俗和世俗在与民众交融中成长，在诸腔竞争中脱颖，成为受众广泛的大众艺术。20世纪以来，一代代京剧艺术家以创造性的艺术劳动，为京剧融入时代与民众作出贡献。众多声腔流派的涌现，众多新排剧目的出现，无不以民众的真切拥戴为基础。抗日救亡时期，京剧与全国民众一起，投入救亡运动。梅兰

芳、周信芳等的抗敌演剧活动，以及他们面对日伪重压的不屈精神，至今为人传颂。

20世纪三四十年代的田汉、张庚先后提出京剧现代化命题，在理论层面上推动京剧与时代的关联，影响深远。事实上，京剧在近现代历史上，从来不是孤立的话题。对它的定位与抑扬，总与一定文化思潮的争锋相关，也与争议京剧的文化属性相关。京剧的现代化进程与京剧艺术发展一路相随。周信芳便是开启京剧现代化进程的标志性人物。直至20世纪80年代，业界对传统文化的讨论再起风云，一边是"让京剧美死"的消亡论喧哗，一边则涌现了一批颇具现代文化品格的京剧，如《徐九斤升官记》《曹操与杨修》《画龙点睛》等。其中《曹操与杨修》被认为是"戏曲现代化的里程碑"，反映了人们对京剧现代化追求的普遍认同。此后又有《膏药章》《骆驼祥子》《狸猫换太子》《廉吏于成龙》《华子良》《成败萧何》《金缕曲》等剧目陆续面世，京剧在人文内涵上追随时代价值渐成风气。

简言之，近百年来，京剧在与时代的交融中，彰显出它具有古典性、人民性、时代性的统一体，并铸就了京剧的文化属性，显现了京剧追求现代化的历史轨迹。在世纪交替之际，戏剧界对京剧现代化的思考，在时代性、人民性、民族性的基础上，趋向了对传统艺术进行现代转换（转化）的系统思考。其背景固然基于京剧的发展实践，更是历经各种风云后，对本民族文化的充分自信，以及对现代文明进程的体认。这种思考，廓清了京剧的文化属性，摆脱了长期存在的古典性与现代性二元对立的逻辑陷阱，提示了京剧古典性融入现代之重要。

本文所理解的京剧现代转换，有三个要素：一是以现代人文精神和价值观念涵养京剧的内在文化；二是以创造性的实践将京剧的古典性融入现代京剧语汇体系；三是在现代转换中保持中华文化的认同。由此，构成京剧现代转换的目标任务，即融入时代、服务人民。

京剧现代转换是京剧现代化进程的一个新阶段，更是京剧院团必将继续的文化与历史使命。诚如习近平总书记所说:"传承中华文化,绝不是简单复古,也不是盲目排外,而是古为今用、洋为中用、辩证取舍、推陈出新,摒弃消极因素,继承积极思想,'以古人之规矩,开自己之生面',实现中华文化的创造性转化和创新性发展。"①

二、主演主官的文化自觉是实现使命的关键

众所周知,京剧有一定的文化符号和象征作用。京剧的现实状况在某种意义上成了传统文化生存状态的寒暑表,隐含着民族文化认同问题。在实现中华文化创造性转化和创新性发展的大局中,京剧院团的主演与院团长必然有一个文化角色担当的问题。

站在民族文化发展的高度,与站在剧种或剧团的,甚至站在自身行当的角度上看京剧,其文化态度是很不相同的。京剧的现代化历史进程,京剧的现代转换,需要院团的主演和院团长站在尽可能高的层面来观察和思考京剧的未来发展。要有开阔的文化视野,有深切的忧患意识,有义不容辞的责任意识。如此,方有可能形成一种文化自觉,明确自己的角色担当。这里所说的文化自觉,是指作为京剧从业者对自身历史文化状态和现实环境的理性审视和认识过程,乃至对京剧现状的真切体认和对未来发展的清晰展望。京剧院团的主官,尤其要看到京剧等戏曲庞大的规模体量与其文化艺术影响力不能匹配的严峻现实。

京剧是以表演为终端显现的剧场艺术,主要演员有怎样的艺术境界或文化态度,很大程度上决定着剧院的审美追求。京剧的现代转换实践,亟需一大批具有文化自觉意识、勇于担当使命的艺术大家去发

---

① 习近平:《在文艺工作座谈会上的讲话》,北京:人民出版社,2015年,第26页。

挥关键性的引领和示范作用。在京剧界有这样的艺术家，他们对京剧传统有精深的认识能力和驾驭能力，同时保持着对时代精神的体验和感知，有很强的文化自觉意识和超越自我的意识。他们的积累和思考，最终见诸其艺术行为，成就了一系列京剧佳作。尚长荣便是其中的代表。这样的艺术家，其思维是辩证的，不为偏颇观念误导。他们不仅影响一出戏的创作走向，也影响一个剧院的审美理想，甚至影响一个时代的观众。他们是实现京剧现代转换使命的核心与关键。

院团是京剧艺术家从事艺术实践的基本组织保障。这种保障首先基于文化大格局中对剧院和剧种的谋划发展，乃至在世界戏剧文化格局中的谋划。重点国家京剧院团在目标设定上，应当具有鲜明的文化立场和审美理想主张。比如上海京剧院，就在其发展规划（2006年至2010年）中提出：以建设源于中华文化、融入世界文化潮流、富有活力的京剧文化为己任；坚持用本民族的舞台语汇和演剧方式演绎人类共通的故事与情感；以民族艺术魅力来唤起人们对民族文化的崇敬和认同；通过创造性的艺术实践，实现京剧艺术的现代转换，甚至明确"继承周信芳演剧思想""坚持整体戏剧的理念"，并具体落实在剧目创作、演出营销、艺术推广等工作环节中。实践证明，确有成效。

具体而言，每个京剧院团的历史传统、艺术力量的构成，乃至所处的地域文化不尽相同。京剧院团势必要精准设置属于自己的发展目标和功能定位，以融入京剧现代转换的整体态势。京剧界有很多实力雄厚的院团，各有优势，蕴藏着巨大的艺术创造能量。执掌京剧院的院团长，要有明晰的文化自觉和责任意识。能够不人云亦云，不随波逐流；要有洞悉世象，坚持艺术真谛的定力；要引导艺术家廓清理论和观念上的迷茫，敢于、善于与持不同艺术观念者交流；要致力于建设科学的艺术决策机制，把握好剧院艺术价值取向和艺术行为的走向；要在艺术价值追求上，坚定地倡导有益于激活艺术创造的实践；要格外地珍惜那些致力于自我超越的艺术家，珍视他们生命禀赋中的创造意识。所以说,院团长既要看到艺术家对院团的影响,也要看到一个院团明确的文化崇尚和审美追求,以及对艺术家的影响。

三、共同的艺术价值观念是追求理想的保障

无可否认,京剧业界对"京剧改革"持有特别的敏感心理,对此当辩证地看,之中既有对一些文化激进和艺术失格行为的警惕和反感,也有亟待厘清的价值观念问题。实现京剧的现代转换,是一个携传统同行的过程,是需要将传统艺术价值融入现代的过程,因而需要艰难的创造性劳动和创造性转化,尤其要避免二元对立的逻辑陷阱,以形成共同的艺术价值观念。

习近平总书记"传承中华文化""实现中华文化的创造性转化和创新性发展"之论述,对古与今、洋与中、新与旧的关系的阐述,其辩证唯物主义的思想方法,值得京剧业界结合具体实际深入学习和领悟。比如,"话剧+唱"式的"改革",在京剧发展史上留有很深的印迹,让人深陷"写实与写意"的二元对立。但是,当人们对剧场艺术的认知发展到"写实"并不是唯一时,自然会发现京剧"非写实"的舞台语汇和叙事方式有着辽阔的空间,京剧表演根本不必受制于"第四堵墙"。那么,其封闭与防御的心理就会释然。况且,京剧素来是倡导艺术个性发展的,是包容不同艺术观点的。历史上,流派艺术的峥嵘就是艺术个性对艺术共性的挑战,进而再转化成对京剧艺术共性的丰富与传承。但是,在一些艺术价值观念的基本层面,院团内部应当形成共识,从而引导京剧从业者的艺术行为,激活艺术创造,克服消极守成的态度,杜绝激进失格的行为,主要从以下几个方面来推进。

第一,发挥京剧表现时代文化精神的能力和禀赋。京剧固然以古装戏居多,但并不意味着它无法表现时代精神。大量优秀的新创剧目表明,时代精神是作品的灵魂与内涵,而非外在的贴附。即便是现代

时装戏,依然不乏成功个案。问题在于,京剧界当防止"出世"怡情的滋长,否则将从不关注时代,渐进到不会关注时代,进而被时代边缘化。而一旦需要关注,则忙不迭应景图解,贴附概念。

第二,维护表演规范和程式化舞台叙述的稳定性。京剧讲究规范,从表演、声腔、伴奏、装扮,乃至舞台叙述方式等,皆是如此。这是京剧的文化积淀,也是艺术个性和特质。无论表现怎样的题材,京剧的形式追求和表现不可或缺。在多元文化格局中,保持京剧的这些特质,犹如维护其基因健康。京剧传承需要一个稳定而不僵固的传统架构。

第三,鼓励演员激活程式规范,追求表演至高境界。京剧的规范和程式表现,赋予演员塑造人物形象的技术途径和手段。在这个独特的表演语汇系统里,其严格的程式规范训练也会掣肘很多演员对人物形象的塑造,甚至让人物类型化和空洞化。而真正有艺术境界的演员,是善于激活程式规范的,并予以灵活运用,达到有规范的自由行动,化技术为艺术,进而塑造生动的形象,甚至实现性格化的表演。演员应该有追求至高表演境界的职业愿望。

做到以上三点,就会有共同的艺术价值观念作为保障,必将聚合起京剧院团的集体审美理想和追求。以此为基础,也必将引发京剧院团一系列运行机制的深化与变革,诸如剧目创新机制、人才培养机制、经典剧目传承机制,等等。

四、结语

习近平总书记指出,"文艺创作中出现的一些问题,同创新能力不足很有关系。"[1] 作为京剧人,深以为然。近百年来,京剧时疾时徐地

---

[1] 习近平:《在文艺工作座谈会上的讲话》,北京:人民出版社,2015年,第11页。

走向现代，也有或左或右地纠葛与徘徊。京剧的现代化是有待继续的使命。实现京剧的现代转换，实则是摒弃偏颇，携传统以入现代，以现代人文之炬映照传统，以传统审美之韵润泽现代。二元世界的激宕与交融，虽前所未遇，然前景可期，必是创造力与创新力驰骋的天地。因为无论是怎样的艺术，都盛于创造，衰于满足。

理论阐释

主题性美术创作中的"人民性"表达

孟宪平　山东艺术学院美术学院副教授、山东省签约文艺评论家

习近平总书记在2014年文艺工作座谈会上提出"坚持以人民为中心的创作导向",之后多次论述"人民性"对于文艺创作的重要意义。显然,对于美术界来说,如何将"人民性"内化到国家形态的美术创作中,是一个亟待思考和解决的问题。

国家美术创作最集中的体现就是主题性创作。党的十八大以来,主题性美术创作越来越受到关注,与此相关的学术研讨、创作培训、订件赞助、展览推广等活动接连不断,创作观念和手法不断拓展,呈现出日益繁荣的局面。不过,有的艺术家对"主题性"理解仍显滞后,对艺术创作思想性理解不深,导致不少主题性美术作品出现偏重形式技巧、精神旨趣异常等问题。本文认为,深刻理解习近平总书记提出的"人民性",能够从根本上树立正确的价值观和审美观,解决创作中存在的问题,推动主题性美术创作思想水平和审美境界的提高。那么,如何理解"人民性"?主题性美术创作核心价值何在?"人民性"如何能够解决主题性美术创作中的问题?下面对此作概要讨论。

一、"人民性"及其美术表现

"人民性"就是坚持以人民为中心的创作导向。习近平总书记从三个方面展开了论述：其一，"人民需要文艺"，论述了文艺的宗旨和服务对象的问题；其二，"文艺需要人民"，论述了文艺创作的源泉和方法的问题；其三，"文艺要热爱人民"，论述了文艺表达思想情感的问题。[①] 由此可见，"人民性"将文艺创作的出发点、过程、归宿都放到了人民身上，是党一直坚持的群众文艺路线的准确阐释和生动呈现，表现出社会主义文艺的鲜明特征。

美术创作的"人民性"不是空话，而是在形式、内容、观念、过程等方面都有实在表现。美术评价的标准是劳动人民。人民喜欢不喜欢、理解不理解、接受不接受，是衡量美术作品价值的重要标准。美术形式和内容来自人民。美术家要深入现实生活，倾听百姓的心声，了解群众的喜怒哀乐，学习、借鉴民间艺术形式，创作有新鲜生活气息、反映人民真情实感的作品。当然，美术创作还要引导人民、教育人民。美术家理应有较高思想境界和审美水准，借助美术作品对人们精神产生潜移默化的影响，理应承担着纯化和提升社会审美文化的责任。

主题性美术创作可以说是"人民性"文艺观的典型体现。固然大多数美术创作都包含某种"主题"，但本文所说的主题性美术指的是国家主导下的、服务于国家文艺政策、表现时代命题和主流价值的美术创作。它在新中国的政治语境中发生，有着鲜明的中国特色。党和国家领导人一向重视文艺的政治功能，而主题性美术创作则是这种国家意志影响下中国美术界的积极表现。

主题性美术创作有一些艺术形态上的特征，比如写实性、叙事性、

[①] 参见习近平：《在文艺工作座谈会上的讲话》，北京：人民出版社，2015年，第1—30页。

历史性、完美性等，但其最根本的特征乃是"人民性"。从延安时代的民间美术研究开始，到中华人民共和国的社会主义现实主义美术观念形成，主题性美术创作不断吸收各种优秀传统，经过学院教育的总结和传承，从草创到成熟，形成了一整套完整的创作和理论体系。在这个过程中，始终如一坚持的就是美术创作跟人民群众、人民生活之间的密切联系。美术家使用画报、年画、连环画、宣传画等直接面对群众的美术形式，推动新年画运动、国画改造、油画民族化以适应群众的审美趣味，形成了"创作采风""三结合"等深入群众、体验生活的创作方法，充分运用巡回展览、街头展览、文化下乡等深入社会的展览形式，在作品中描绘工农兵形象、再现人民生活、表现百姓普遍的思想感情等等，这些都是主题性美术创作"人民性"的鲜明体现。

二、主题性美术创作"人民性"的异变

主题性美术理应是"人民性"文艺思想最集中的体现，但在现实生活中，由于种种因素的影响，也出现了主题性美术创作"人民性"弱化甚至异变的情形。这种异变有多种表现：忽视生活、漠视群众、脱离社会，风格装饰化、造型媚俗化、"人民"观念的抽象化和空洞化等，甚至可以这么说，中华人民共和国主题性美术创作的发展历程，就是跟"人民性"异变斗争的过程。

"人民"观念的抽象化和空洞化，是主题性美术创作中经常出现的异变现象。虽然认识到人民的重要性，但有的美术家对人民的认识仍然停留在文化政策和创作理念中，习惯于用概念化的图解和符号表现人民，或者塑造成"高大全""红光亮"的偶像，或者描绘成满怀道义、器宇不凡的圣贤，或者想象成战天斗地、无所不能的英雄，或者弱化为没有表情、没有差别的侏儒或木偶，这些都明显背离了人民的真实生活。习近平总书记说，"人民不是抽象的符号，而是一个一个具

体的人,有血有肉,有情感,有爱恨,有梦想,也有内心的冲突和挣扎。"[1] 显然,人民形象的抽象化,正是由于美术家脱离人民、不了解人民,反而用主观臆想或概念设定代替真实体验的结果。

过度追求"装饰",或者说"矫饰",表面上看只是风格问题,究其实也是"人民性"缺失的表现。《美术》杂志于2018年举办"主题性美术创作的当代性"研讨会,不少学者都指出当前主题性创作过分强调视觉性、装饰性、唯美性的问题。人民固然不排斥装饰,但"矫饰"本质上背离人民的真实生活和审美趣味,并对人民健康的审美情趣产生误导和戕害。矫饰源自贵族审美,注重感官愉悦,削弱真实内容和艺术主题。当然,在装饰艺术或者工艺美术领域,强调装饰也许无可厚非,但在主题性美术创作中,过分装饰必然会导致"主题性表现"的弱化和湮灭,其破坏性是显而易见的。

过度追求"自我表现"和"形式主义",也是主题性美术创作需要警惕的倾向。20世纪80年代以来,中国在改革开放的同时也迎来了新一轮现代艺术的冲击。现代艺术深受非理性思潮、极端自我主义影响,追求"唯我独尊"的自我表现和对扭曲、丑恶、怪异、任性的表达,这种语境对主题性美术创作也颇有影响。在一些所谓的主题性创作中,我们能看到有的艺术家热衷形象变形和恣意"写意",日益脱离真实生活,色调幽暗诡异,空间光怪陆离,逻辑不清,主旨不明,"主题"沦为空壳,"人民性"消弭甚而丧失。主题性美术固然也提倡个性和表现自由,但总体而论,现代艺术追求"自我中心"和"形式的表现性",与主题性美术追求"人民中心"和"内容的再现性",依然有着泾渭分明的差异。

---

[1] 习近平:《在文艺工作座谈会上的讲话》,北京:人民出版社,2015年,第17页。

三、"人民性"理念发展和主题性美术创新

重提主题性美术和"人民性",是当代国家文艺发展的必然要求,有着鲜明的时代特征,必然需要作出新的阐释。一方面,中华人民共和国成立初期主题性创作一统天下的局面已经不在了,当代主题性创作必须面对全球化背景下的艺术多元化。国家对主题性创作的政策和赞助,应该理解成一种在文艺多元和国际背景下对主流核心价值的积极引导和示范,其效果需要人民和社会的检验。另一方面,"人民"理念也在发展变化。当代人民群众构成复杂,思想观念和文化背景千差万别,审美诉求不断提高,主题性美术创作需要适应这种复杂局面,以获得人民群众的认可。习近平总书记强调,"随着人民生活水平不断提高,人民对包括文艺作品在内的文化产品的质量、品位、风格等的要求也更高了"[①],"人民群众的审美要求发生了很大变化,文艺产品传播方式和群众接受欣赏习惯发生了很大变化"[②],因此文艺创作必须"跟上时代发展、把握人民需求",才能创作出"人民喜闻乐见的优秀作品"。

事实上,由于对新时代"人民性"理念发展的认识不足,主题性美术创作已经凸显出各种问题和不足。艺术家为赞助、获奖而创作,为名利心困扰,美术作品不能真正走进人民群众,就是很典型的例子。受此种因素影响,主题性美术作品的形象塑造和审美品格也有脱离人民群众的倾向。毋庸置疑,重大历史题材、中华文明历史题材、重大现实题材等一系列美术创作工程,加之全国美展等国家展事的推动,国家赞助确实催生了一大批高质量的美术精品名作。然而,人民群众对这些作品了解多少?作品对人民群众的真实生活表现多少?艺术是

---

① 习近平:《在文艺工作座谈会上的讲话》,北京:人民出版社,2015年,第14页。

② 习近平:《在文艺工作座谈会上的讲话》,北京:人民出版社,2015年,第28页。

否真的实现了服务人民、教育人民的目的？显然，重提"人民性"，对于重新审视主题性创作的性质，重建主题性美术跟人民和社会的关系，具有十分重要的意义。

充分认识"人民"理念的发展和新颖内涵，是新时代主题性美术创作的基石。习近平总书记在2019年春节发表新年贺词时，描绘了一种真实可感的人民图景：他们有科学家、工程师、驻村干部、新市民、快递小哥、环卫工人，以及一系列有名有姓的普通而不平凡的劳动者。总书记的描述让我们感受到新时代"人民"理念的新发展：个体性更强，主体意识更高，劳动不分高低贵贱，人性更加真实而淳朴。人民是"个体"和"集体"的统一体，他们每个人都有自己独特的职业、性格、思想、感情，又不约而同地为社会进步作出贡献。

"人民"理念的发展必然要求主题性美术创作作出反应。对此可以试举几例。其一，将宏大叙事融入个体经验。主题性美术往往需要依托宏大叙事，但新的"人民"理念需要更加关注个体经验，将人性和命运的真实描写融入叙事结构中。其二，从严肃转向平和。当代的人民群众是有血有肉、有真情实感的真实的人，生活在稳定而和谐的社会，美术家应改变主题性美术常见的严肃面孔，努力采用平易近人的口吻以适应新时代人民的感知方式和心性特征。其三，从纪念碑性转向人性抒情。战争和动乱需要纪念和崇高，而当代都市和乡村生活充满了普通人性的情感体验，美术家采用人性抒情笔调更能打动人民群众的心扉。其四，从教导和号召转向融入和激励。美术家的自我定位，不应该是高高在上的教导者，而应该是"扎根人民""扎根生活""与人民同呼吸、共命运、心连心"，创作感人肺腑的作品，激发人民群众对生活、对祖国、对大自然的热爱和真情。

四、结论

综上所述，主题性美术创作在中国社会主义文艺建设中具有不可或缺的重要地位，但是，由于社会扩张和文化多元发展，主题性美术从早期的国家单一文化政策逐渐转变成一种国家赞助下的主流美术形态。由于多元艺术思潮影响，当代主题性美术创作也表现出观念和形态的异变现象。研究表明，只有以"人民性"文艺思想为依托，探究新时代下"人民"观念的新特征，重建美术创作和人民之间的密切联系，才能促使主题性创作和社会主义文艺不断走向繁荣和发展。

人工智能发展与网络文艺的人民性

赵丽瑾　西北师范大学传媒学院云亭青年教授

在新时代社会主义文艺繁荣发展的蓬勃景观中，网络文艺以不断创新的艺术形式、迅速壮大的产业规模，毋庸置疑地成为引人注目的重要发展力量。因互联网用户数量庞大，文艺创作的可参与程度高，网络文艺成为最大众化、最接地气的文艺。大众化主要是指文艺从精英阶层为主导的、高雅的文化主张，向面向广泛大众、通俗的文艺主张的转变。自电视诞生以来，现代媒体便大大推动了文艺的大众化发展。与20世纪两次文化启蒙运动所提出的"文艺大众化"不同，在现代媒体发展及后现代主义全球化文化背景[1]下，文艺大众化更多以资本利润最大化为目的，以满足人们的欲望为手段，而非真正为大众服务的文艺宗旨，艺术生产很大程度被整合进了商品生产。今天，人工智能技术助力网络文艺在制作、传播中不断创新发展，那么，坚持科技"以人为本"，以人民群众的精神文化需求为本，将文艺大众化、文艺智能创作落实为"人民性"，使网络文艺在本质上成为人民的文艺，才能符合新时代社会主义文艺繁荣发展的基本要求。

---

[1] 资本主义在全球范围内的第三次新扩张。

一、算法推荐与网络文艺创作传播的人民性

网络文艺以互联网为平台制作、传播和鉴赏，随着互联网技术的发展，呈现出发展的阶段特征。在Web1.0门户时代，用户数、点击率、流量作为传播目标。会使用电脑并能够上网的草根写手匿名写作网文，成为中国网络文艺创作的开端，虚拟的网络空间淡化了创作者的社会身份和阶层界限，大量粉丝拥趸的出现，网络空间被当作"人人都可以成为艺术家"的新天地。Web2.0的最大特征是社交，智能手机的普及降低了网络文艺创作的准入门槛，参与者大规模增加。网络文艺创作也随着文化产业的发展，显露出明显的商业化特征，大量网络文艺作品出现，同时出现水平良莠不齐、创作缺乏规范等问题。直到手机用户实名制实行，网络用户的身份意识和社会责任重新得到重视，UGC[①]体现了大众作为文艺内容生产的主导性地位。进入Web3.0场景细分传播阶段，场景、细分、垂直和个性化服务成为其新特征。网络平台会选择推送有创意的文艺精品，满足用户的文化期待，网络文艺被看作是算法文艺。此时，高关注度、高收入的网络文艺创意者逐渐与一般的爱好者区别开来，网络文艺的大众性具体为大众的参与互动性。那么，新的创意阶层是否意味着新的精英群体，网络文艺该如何坚持更好地满足人民群众的精神文化需求？

今天，移动互联网传播重点逐渐从"流量之争"转向"场景之争"，互联网技术平台通过不断创造社会场景，为消费者提供与场景感知适配的信息（服务），以此占领市场，赢得商机。在这样的背景下，移动互联网时代的文艺作品要想获得用户青睐，满足用户的文化和精神需求，就无法不考量"场景"因素。依赖人工智能技术所进行的算

---

① 互联网术语，全称为User Generated Content，也就是用户生成内容，即用户原创内容。

法推荐便是路径之一。算法是通过对海量数据的挖掘分析，在各种复杂要素之间寻找并建立关系，以用户需求为目标，为用户建构最佳贴合场景，更好地实现传播效果，今日头条的算法推荐和个性化信息流分发具有代表性。目前的算法包括基于内容的推荐，协同过滤推荐以及基于效用、规则、知识、人口统计信息等的推荐。手机用户在"抖音""快手"一旦频繁刷某一类视频，就会连续不断收到大量同类视频推送，这就是智能算法推荐给受众带来的使用体验。人工智能兴起之后，依据算法进行筛选向用户推送文艺作品，逐渐取代了早期普通用户的创作和传播。推荐算法对用户画像、给文艺产品设置标签，网络文艺作品的"标签"与电影工业的影片"类型"有某些相似之处，无论是为了受众细分，还是出于贴合场景，都是商业逻辑，使信息推动的落点更为精准。另一方面也可以把受众"画像"或用户需求作为文艺内容生产的参照，如果受众观看、转发、点赞，或以弹幕和留言的方式参与评论，则能作为更清晰的参数，为创作者提供参照。从某种意义上来说，这种传播特点能够直接反映人民群众真实的文化、艺术和娱乐需求。

当然，算法推荐也有其明显的弊端，对用户而言，算法推荐尽管能够保证信息落点的精准，然而长此以往，用户可能被局限于重复的文化内容，难以体验艺术的丰富性和创新性，不利于丰富和提升人民群众的文化生活质量。从文艺创作的角度来看，推荐算法对不同社会背景、社会实践的用户进行社会阶层的划分，在社会结构层面上很可能加大数字时代的阶层分化，出现数字鸿沟，使文艺以人民为中心的宗旨难以落实。

不过，技术由人设计，推荐算法包含了设计者的意志。如果能恰当科学地反映人民意志，则能更好地满足人民真实的精神文化需求。但是，正如传媒学者斯科拉·拉什强调指出的，在一个媒体和代码无处不在的社会，权力越来越存在于算法之中。因此，对于使用推荐算法的网络平台而言，应理性审慎操作，对公众来说，可以学习了解算法基本常识，提高算法素养[①]。算法设计、智能科技应以人民为本、以良好的人伦道德为原则，严守法律红线、保证市场活力，尝试以"人工"辅助"算法"的模式，提升优质内容推荐，以健康丰富的信息流动激发社会主义网络文艺的先进性和人民性，传递真善美，激发文艺能量。

二、人工智能文艺生产与"全面发展的个人"的实现

推荐算法在网络传播中的应用，与人工智能技术的发展直接相关；同时，人工智能也在改变网络文艺的生产模式和创作机制，并可能产生划时代的影响。2015年国务院将人工智能列为"互联网+"领域重点发展的任务；2016年"十三五"规划纲要提出要重点突破人工智能技术；2017年全国两会上，人工智能被首次写进政府工作报告。尽管人们对人工智能在生产和生活中的应用已不完全陌生，但是当"微软小冰"出版诗集，机器绘画作品被拍卖，则意味着机器不仅可以替代人类的物质生产，还有可能通过对人类意识、情感的模拟，参与和改变人类精神生产。马克思在关于物质生产的讨论中指出，机器是"人的延伸"。第一次机器革命是对人"生产器官"中"肢体"即"体力"器官（手臂等）的延伸。人工智能技术则是对人类"生产器官"即"智力"器官（大脑等）的"智能"的延伸。机器自动化改变了人类物质生产，人工智能对人类"智能"的模仿和计算，尤其在艺术领域的创造，也必然对人类精神文化生产产生巨大影响。

回溯人类艺术史，现代印刷技术、机械复制技术对艺术发展都产生了重大影响。马克思曾指出，各种经济时代的区别，不在于生产什

[①] 算法素养指公众所具备的认识、评判、运用算法的态度、能力与规范。

么，而在于怎样生产，用什么劳动资料生产。那么，用什么样的技术手段进行精神生产同样是问题本质。机械复制技术颠覆了艺术的精英属性和等级秩序，互联网和移动互联网技术为大众参与文化生产提供了工具和平台，大众从被动的受众、文艺消费者变为文艺生产的参与者。不过，从"机械复制"到"智能原创"，人工智能时代的机器和技术不是文艺产品的"再生产者"，而成了"生产者"。马克思在研究机器自动化的影响时提出，一方面，工人面临在劳动资料被夺走的同时，生活资料也不断被夺走，在他的局部职能变得过剩的同时，他本身也变成过剩的东西；另一方面，用那种把不同社会智能当作相互交替的活动方式的全面的个人，来代替只是承担一种社会局部智能的局部个人。马克思认为机器自动化为"全面发展的个人"提供了潜在的可能性，而其实现的条件是私有财产的扬弃。但是今天，人们不免因人工智能技术的发展而焦虑，无外乎对自身被机器所取代的恐惧，对强人工智能[1]和超级人工智能[2]的恐惧。人类目前的科技水平主要实现了弱人工智能，即只能在特定领域、既有规则中表现智能性。不过，无论是已经得以应用的弱人工智能技术，还是探索中的强人工智能，或者艺术作品叙事中的超级人工智能，不可否认，智能自动化确是对人类智力的解放，人工智能介入文艺创作和生产是未来的必然趋势，并将创造新的文艺生产方式。尽管以人类的艺术鉴赏标准来看，人工智能在文学诗歌、音乐绘画等艺术领域的创造表现还差强人意，但是越来越宏大、沉浸、实时、虚实融合等复杂的场景，正在不断地对文艺创新提出要求。通过研究人类艺术的创造过程，模仿神经网络深度学习，机器正在不同程度地自主完成创造性工作，通过人机交互，人类逐渐

---

[1] 强人工智能指人工智能不受领域、规则限制，具有与人类一样的创造力和想象力。

[2] 超级人工智能指超越人类智能。

从海量的基础劳动中解放出来，更为集中地承担起主体性的艺术创造工作。生成艺术、算法创作等便部分解放了人类的体力与智力，使人类获得更大的创作自由与主体性的人工智能文艺创造活动。

在社会主义文艺繁荣发展的当下，当人工智能对于人的"生产器官"全面延伸之时，如何将人们感受到的威胁与恐惧，转变为获得艺术自由和创造主体性的快乐？笔者以为，要遵循"以人为本""以人民为本"的原则，以人民的体力和智力的全面解放为宗旨。新技术的开发，如果仅仅为少数人服务和利用，则会不可避免地成为人类文明的致命威胁；如果人民群众都能享受到新技术所带来的利好，那么人工智能对文化生产职业和工作的取代，就能转化为对人类劳动的解放。只有将文艺生产从资本主导和等级秩序中解放出来，才能使人类获得全面发展，为实现自身的生命价值而自由创造，同时实现文艺真正的人民性。

习近平总书记在中国文联十大、中国作协九大开幕式上的讲话中指出，一个时代有一个时代的文艺，一个时代有一个时代的精神。在媒介融合发展的时代背景下，文艺与智能技术密切相关，因此更应坚持技术以人为本，以人民的根本利益为本，坚持人民性作为社会主义文艺事业发展的根本原则。

"以人民为中心"文艺创作三题

胡智锋　北京电影学院党委副书记、副校长
徐　梁　北京师范大学艺术与传媒学院2019级博士研究生

重温习近平总书记在文艺工作座谈会上以及在中国文联十大、中国作协九大开幕式上的讲话精神，让我们愈发清晰和坚定文艺创作要"以人民为中心"的光荣使命与艰巨责任。当前，无论是国家层面的中国特色社会主义制度建设，还是民族层面的文化传承发展，以至于个体层面的美育素养的精神追求，都迫切需要思想性和艺术性俱佳，能够反映人民心声、按动时代脉搏、体现民族气韵、展现文化厚度的中国特色文艺精品佳作。在笔者看来，切实践行文艺创作"以人民为中心"这一意义重大、内涵丰富的时代命题，需要我们从文艺创作方向、文艺创作动机和文艺创作样态三个层面进行深入思考。

一、明确方向：防止过度商业化

过去一段时期中，我们的一些文艺创作者在创作方向上出现了某些程度的偏差，他们在文艺创作中过度倾向于商业化、产业化追求，严重忽视了艺术性与思想性导向。这种偏颇倾向不禁让我们自审与叩问：文艺创作是以人民为中心，还是以人民币为中心？当文艺创作一切向"钱"看时，眼里和心中就没有了人民。

一方面我们要看到，戏剧上座率、电影票房、电视收视率、网络视听流量和销售量等量化的市场标准在文艺实践中是有其积极意义的，不仅在一定程度上激发了文艺创作的活力，也为文艺创作提供了较好的物质基础和经济后盾，客观上为文艺发展奠定了物质基础。放眼世界，无论是各类畅销书籍、热播节目、流量网剧，还是卖座舞台剧、商业大片等，以市场和产业作为实践指标，的确在一定程度上反映了文艺与经济社会的特定关系，也体现和满足了受众的部分期待视野与兴趣偏好。另一方面我们也要认识到，过度强调文艺发展中的市场和产业因素，我们的文艺创作就会不断陷入唯经济利益的倾向，停留在表面的视听满足、感官刺激和娱乐消费上，而忽略了广大人民群众深层次、多样化的情感诉求、审美要求和精神需求，甚至丧失文艺对人民精神世界激励、鼓舞、提振、提升的艰巨使命与责任。

文艺波涛总是与时代浪潮共荣共进，大浪淘沙后我们也总能清晰地看到，大量以经济利益为主要驱动的畅销书、热播剧、商业片等，虽然可能会有一时的热闹景观，但喧嚣过后，大多数必定会被人们快速遗忘，成为速朽的快餐品。仅仅满足市场和产业，围绕人民币的文艺实践是很难走得坚实、走得长远的。我们必须谨防文艺创作中过度依赖市场指标和产业度量的倾向。历史和实践都在不断印证着，只有将以人民为中心的大旗高高举起，才能保证我们的文艺创作沿着正确的道路和方向前行。

二、匡正动机：防止过度个人化

文艺创作动机是体现文艺价值趋向的重要准绳，究竟是为了反映创作者的个人意志还是观照人民大众？答案是毋庸置疑的。在2020年这场全球性的新冠疫情中文艺创作的一个典型案例，让我们对这个问题有了更加深切的体认。某些知名作家基于个人观察，撰写了大量疫情笔记，引发了各方议论。一些猎奇表述和负面情绪传达，甚至给民众带来压抑、阴暗乃至绝望的感受。在百年不遇的疫情面前，当困难、危机、灾难来临时，我们应当给予人民更多的关爱、温暖与激励。在这个层面上，以人民为中心的文艺创作动机是必须要坚持的。

一方面我们看到，文艺创作是一种特殊的精神劳动，离不开个体独特的感受、体验和表达，故个人化、独特性的观察与思考是文艺创作的前提条件。另一方面我们也要认识到，仅仅停留在个人层面上的小悲欢、小离合是远远不够有分量、有价值的，很难成为真正意义上的文艺精品佳作。个人的荣辱得失只有与时代、与人民紧密关联互动，才有可能产生震撼人心、温暖人心、鼓舞人心的文艺精品佳作。取材社会现实、贴近群众生活的影片《我不是药神》之所以产生热烈的反响，彰显爱国情愫、抒表民意民声的《战狼Ⅱ》之所以得到民众的喝彩，都是因为这些文艺作品对人民性和社会性的深切关注、呼应和表达，真正反映了百姓心声和人民意愿，为推动社会和谐稳定与繁荣发展作出了文艺创作应有的贡献。执拗于个人情感和个性体验不能自拔，拘泥于主观臆断和自说自话沉迷不悟的文艺创作，只能与民众情感和社会价值相游离，甚至背道而驰。文艺为个体意志服务时，其格局、思想和价值是有局限性的。虽然有"文学作品都是作家的自叙传"的说法，但正如冰心诗作《春水》中所言"墙角的花！你孤芳自赏时，天地便小了"，文艺的格局宏微、境界深浅、情怀浓淡是反映文艺作品品质高低的重要维度。

文艺为人民服务的创作动机贯穿古今。我们有过"兴、观、群、怨"的文艺创作功能表达，深切反映百姓的喜怒哀乐；也有"文章合为时而著"的充满大局观的文艺观念；更有毛泽东发表《在延安文艺座谈会上的讲话》以来逐渐形成的中国共产党领导的"百花齐放，百家争鸣""为人民服务,为社会主义服务""贴近实际,贴近生活,贴近群众"等成熟的文艺方针;直至新时代以来,习近平总书记旗帜鲜明地提出"以人民为中心"的文艺思想,一以贯之地体现了对文艺实践的深刻洞察感悟与高度概括凝练,凸显了对文艺实践和发展倾注的人民意志、社会关怀与现实观照。

三、丰富样态:防止过度单一化

"以人民为中心"的文艺实践,需要我们对文艺创作的服务对象进行全面、深刻的认识。"人民"并不是形而上的抽象概念,而是非常具体可感的存在。其因职业、年龄、性别、民族、地域、健康状态等的差异性而显现不同的认知视角、兴趣爱好和审美习惯,这些正是满足人民对文艺创作多样性需求的出发点和着力点,也是体现文艺创作面向多元文化发展、多维审美建构的理念。

从历史经验来看,中华人民共和国成立七十多年来,党和国家的人民文艺政策有诸多成功经验。如在区域文化的平衡、传承与创新中,关注和推行文艺实践在不同地域文化、不同生态环境、不同风格类型、不同材质形式等因素下的差异性发展,如我国不同地方戏曲曲种在鼎盛时期有数百种。再如少数民族题材电影的不断推出,针对老年人、女性等特殊群体创作的影视剧作,以及面向少年儿童生产的动画影片等,都彰显了对文艺创作样态类别多样性与均衡性的重视。

从现实景观来谈,当前的文艺实践中存在着逐热、跟风现象,造成创作样态过于单一、失衡,这首先在内容的多样性与均衡性上反映突出。一是在文艺引进国别上的单一与不均衡,中华人民共和国成立以来注重东欧各国文艺的引进,改革开放之后我们聚焦对欧美、日韩等国文艺的引进,而更多的像拉美地区国家等的文艺作品则较少有引进和交流。二是文艺服务对象的单一与不均衡,网络文艺实践以产业化视角为名，偏重年轻化、时尚化而忽略针对其他年龄层段的文艺创作等的情况仍然存在。同时对弱势、残障群体的文艺服务也相对缺乏。最近一段时期，中国传媒大学电视学院团队发起"光明影院"行动，专门联合部分影剧院为视障人士设计创作可听电影，得到了广泛而积极的社会评价，为特殊类别公共文艺服务提供了实践范本。三是在文艺创作题材上的单一与不均衡，以电影为例，近年来的创作普遍集中在商业化的剧情片上，不仅单调乏味，而且不利于对电影生态的良性建构，从为人民服务的目标导向来看也是有所偏离的。其次在形式的多样性与均衡性问题上也有明显不足。当前的文艺创作在表现形式上热衷跟风，形式往往雷同扎堆，忽略了不同类型、手段和方法的可能性，也忽略了不同材料、介质和媒体的可能性。

以影视媒体为例，相比于受青年群体热捧的互联网新媒体而言，广播的关注度不断削弱，电视开机率正在下降，传统媒体甚至被称作"老年人媒体"而备受冷落。我们必须认识到，每一种媒体样态背后都拥有庞大的目标人群和相应的媒介接触习惯，从战略上我们都要予以尊重，不能轻率、简单化地切割、替代处理。每一种艺术形式，媒介类别的背后都是一个特定群体的生活方式、情感寄托、情绪共振的表达渠道。从整体的布局来看，我们需要通过政策和策略来进行更多的引导，使其既顺应时代变化，与时俱进地拥抱发展，也要给传统形式留有保持本身特性的生存空间。在欧美部分国家，虽然网络新媒体也很活跃，但传统媒体依然是备受关注的主流媒介之一，如录像带依然是相当多的欧美民众文化消费的主要产品形式，因其寄托着相当一部分人的生活、文化和消费习惯，背后更有相关联的职业人群的就业保障和生活需求。再如电影，受疫情影响，中国院线电影遭受重创，这虽是无奈的现实，但绝不能因此对院线电影予以简单切割和隔绝。我们必须看到，影院电影作为亿万人民群众重要的日常文化消费方式，也是庞大电影产业链条上不可或缺的组成部分，具有重要的文化意义和现实价值,需要从战略层面予以支持,使其在配合全局工作的基础上,逐渐复活重振,以此才能让更多的人民群众得到生活与精神的满足。百花齐放才是春,多样、多元、多维的文化实践才能涵育健康良性的文化生态,才能滋养文化的繁荣与创新发展,才能给国家和民族的未来注入源源不断的生机与活力。

作为具有中国特色的社会主义文艺实践,无论是从国家制度建设层面、社会文明进步层面还是公民素养提升层面,都对主流价值的倡导有着迫切的需求。因此,文艺作为体现社会主义核心价值的重要领域,理应牢牢把握"以人民为中心,与人民心连心"的价值坐标和精神航向。只有坚持以丰富多彩的样态,不断满足人民多样化的精神需求,文艺才能取得真正的大繁荣、大发展,才能获得人民真诚的点赞。

人民群众是艺术的欣赏者,更是创造者

傅道彬　中国文艺评论家协会副主席
　　　　黑龙江省文艺评论家协会主席

2014年10月15日,习近平总书记在北京主持召开文艺工作座谈会并发表重要讲话。习近平总书记站在民族发展的立场上,强调"文艺是时代前进的号角,最能代表一个时代的风貌,最能引领一个时代的风气"。[1] "举精神之旗、立精神支柱、建精神家园,都离不开文艺。当高楼大厦在我国大地上遍地林立时,中华民族精神的大厦也应该巍然耸立。"[2] 习近平总书记在讲话中,着眼中国和世界发展大势,深刻指出,实现中华民族伟大复兴的中国梦,需要中华文化繁荣兴盛,必须高度重视和充分发挥文艺和文艺工作者的重要作用。文艺,在民族复兴的伟大征程中始终发挥着自己独特的作用。现在我们比以往任何一个时刻都更接近实现中华民族伟大复兴的梦想,而越是这样的时刻,越需要发挥文艺引领时代风尚、铸就民族魂魄的重要作用,以更多的

---

[1] 习近平:《在文艺工作座谈会上的讲话》,北京:人民出版社,2015年,第5页。

[2] 习近平:《在文艺工作座谈会上的讲话》,北京:人民出版社,2015年,第6页。

精品力作诠释弘扬社会主义核心价值观，为我们的民族凝魂聚气，为我们的时代凝心聚力。

文艺服务人民是习近平总书记讲话的核心。在讲话中，总书记谈得最多的是人民，说得最动情的也是人民。习近平总书记指出，服务人民是文艺工作者的神圣使命。"要把满足人民精神文化需求作为文艺和文艺工作的出发点和落脚点，把人民作为文艺表现的主体，把人民作为文艺审美的鉴赏家和评判者，把为人民服务作为文艺工作者的天职。"[1]"为什么人的问题，是一个根本的问题，原则的问题。"1942年，毛泽东同志提出了文艺为工农兵、为人民大众服务的根本方向；2014年，习近平总书记在激烈变革的历史条件下重新提出了文艺要赢得人民的发展方向。要赢得人民，文艺作品就要展现出社会历史高度；要赢得人民，文艺作品就要富含民族文化精神；要赢得人民，文艺作品就要有面向群众、扎根生活的风格。"接地气"的作品耐看，就是因为它们"把人民的冷暖、人民的幸福放在心中，把人民的喜怒哀乐倾注在自己的笔端"[2]。让一部作品有崇高之美、信仰之美，有思想深度、艺术高度，追根究底都取决于以人民为"出发点""落脚点""鉴赏家"和"评判者"的创作态度和艺术宗旨。

从习近平总书记的讲话中我们深切地认识到，人民群众不仅是我们服务的对象，更是艺术创作的主体。过去我们总以为是我们带着艺术家给人民群众送去艺术作品，送去精神食粮，普通群众只是欣赏者，是艺术的接受者，而忽略了人民群众在艺术创作中的主体地位。其实，艺术家到人民中去不仅是"送去"，更多的是"索取"，是得到艺术的滋养，是回到历史发展的源头。习近平总书记在讲话中指出，人民既

---

[1] 习近平：《在文艺工作座谈会上的讲话》，北京：人民出版社，2015年，第13—14页。

[2] 习近平：《在文艺工作座谈会上的讲话》，北京：人民出版社，2015年，第17页。

是历史的创造者，也是历史的见证者，既是历史的"剧中人"，也是历史的"剧作者"。这一论断生动而深刻地阐释了人民群众在社会历史发展中的主体地位，体现了对历史唯物主义基本原理的深刻把握。历史证明，人民群众才是文学艺术的创造者。诗歌、散文、戏曲、杂技、书法、美术等艺术形式最初都是人民群众创造的，艺术家是在人民群众的创造中成长起来的。因此，我们不能忽视人民群众在艺术发展中的主体作用，不仅要把人民培养成艺术的欣赏者，更要充分调动人民的艺术创作积极性，让人民成为艺术创造的中坚力量。

黑龙江省文艺界在艺术创作上一直坚持"文艺品牌"建设的发展方向，推出了"黑龙江版画""龙歌""龙江书刻""龙江冰雪画""冰上杂技""黑龙江农民画""少儿戏曲与舞蹈""冰雪摄影""民间手工艺""北派二人转"等十大精品建设。在以往的艺术实践中我们深深地认识到，文艺产品是特殊的精神产品，艺术创作只有一流，没有二流；不是精品，就是次品。物质产品可有优劣之分，而精神产品却只应是精品创造。过去我们往往只重视艺术家的创作，重视专业艺术工作者的作用，习惯的做法是将创作好的作品送到基层展出，将艺术创作简单地理解为小圈子里的事情。在艺术品牌建设中，重视获奖，重视活动效应，而忽略了基层群众的创作潜力和主体作用。学习习近平总书记的讲话之后，我们认识到坚持以人民为中心的文艺创作导向，不应当简单地理解为服务人民，也应该强调人民群众在艺术创作中的主体作用，充分调动人民群众的艺术创造热情，人民群众不仅是艺术的欣赏者，更应该成为文学艺术创作的重要力量。

一、人民群众是文学艺术的创造者和历史推动者

文学艺术史让人们看到了那些伟大文学家和艺术家的名字，屈原、司马迁、王羲之、陶渊明、李白、杜甫、吴道子、颜真卿、李商隐、

苏轼、辛弃疾、陆游、关汉卿、罗贯中、曹雪芹等在中国文学史上熠熠生辉，光照千秋。这往往给人一种错觉，以为是文学家、艺术家创造了文学和艺术的历史。确实，文学艺术史往往是由伟大的文艺家和伟大的艺术作品构成的，但这并不能改变人民群众是文学和艺术历史创造者的基本事实。

最早的文学形式是在人民群众中孕育的。诗是文学艺术之母，说到诗的起源，鲁迅先生有过"杭育杭育"的著名论断。这表明诗是适应劳动的需要而产生，在原始人类的劳动生活中诞生，原始歌谣是劳动的呐喊，也是生活的记录。诗是有节奏、有韵律的语言加强形式。诗之所以有节奏，是与劳动的节奏、生命的韵律联系在一起的。任何伟大的文学家艺术家都不能脱离时代和生活的土壤，伟大的艺术创作总是喊出了时代的声音，在人民群众的艺术滋养中产生。屈原、司马迁、陶渊明、李白、杜甫、苏轼、曹雪芹等成为一个时代文学的象征，最重要的还是时代对他们的塑造和影响。与时代越近，与生活越近，就越能创作出具有时代代表意义的里程碑式的艺术作品。许多文艺形式本身就来源于人民群众的创作。诗歌如此，戏剧、小说、雕塑、书法、美术等也无不如此。人民群众的欣赏习惯、审美水平也决定着一种艺术形式的兴衰。离开了人民群众的土壤，文艺创作就成为无本之木、无源之水。

二、让人民群众成为艺术创作主体

人民群众中潜藏着较大的艺术创作潜力，文艺的根本目的是调动人民群众的创作热情，让基层群众成为艺术创作的主角。黑龙江地处祖国边陲，但广大艺术家特别是基层广大群众却一直保持着艺术创作的热情，许多艺术活动都来自基层群众的自发创作。版画是黑龙江省美术具有代表性的艺术形式，北大荒版画在全国美术界有着广泛的影响。近年来，我们在黑龙江版画建设中，注重群体建设，不仅是培养一两个优秀版画家，而是培养了大兴安岭、鸡西、绥棱、肇东等地若干有影响的版画创作群体，从而形成坚实的艺术创作基础。大兴安岭地区人口仅五万余人，却有近百人的版画创作队伍。黑龙江省版画院与当地教育局合作将版画作为中小学教材，许多中小学生对版画产生了浓厚兴趣。在建设"黑龙江农民画"的过程中，农民一直是创作的主力。为了给更多的农民艺术家提供创作的舞台，黑龙江美术家协会举办了黑龙江农民画双年展，一大批农民艺术家脱颖而出。绥棱县农民陈小会在农民画展中获得金奖，当地政府已将其作为特殊艺术人才安排到文化馆任创作员。基层群众的创作成就使得黑龙江省艺术创作空前活跃。黑龙江人天性豪迈，乐于歌唱，"龙歌"是黑龙江省的艺术品牌，而"龙歌"艺术品牌的产生主要得益于基层广大群众的创作。近年来黑龙江开展了新龙歌作品征集，在征集的几千首作品中，绝大多数是来自基层的群众创作。儿童歌曲《小雷锋》，语词优美，韵律悠扬，节奏明快，在竞争激烈的黑龙江省"文艺奖"评选中，得到评委们的一致赞扬，成为一等奖的候选作品，而作者王子仑就是七台河新建煤矿的采煤工人。

三、让艺术家从人民群众中汲取营养

习近平总书记在文艺工作座谈会上的讲话发表以来，广大文艺工作者深入生活，扎根人民的热情空前高涨。到生活中去，到人民中去，成为艺术工作者的自觉追求。在习近平总书记讲话的指引下，黑龙江文艺界的广大艺术家精心打造、长期坚持"送欢乐，下基层"这一文艺品牌活动。几年来与中国文联先后举办了"走上高高的兴安岭——中国文联艺术家林区行""风雪故人来——中国文联艺术家抚远边疆行""正是稻谷飘香时——中国文联艺术家北大荒垦区行""共圆中国梦——中国当代表演艺术家书画作品展"等大型活动。艺术家们组织面向基层的"文艺进万家"活动，面向乡村、工矿送书法、送美术、送曲艺、送剪纸，组织了百余次文艺志愿服务活动，密切了文艺工作者与人民群众的联系，艺术家的足迹遍布黑龙江大地，不仅为农村、工厂、军营、学校等基层单位送去了高雅艺术，也使得艺术家洗礼灵魂，受到教育。广大艺术家在参加文艺志愿活动中也立足生活，汲取营养，创作出一批有影响力的艺术作品。青年版画家刘德才在参加文艺志愿活动中观察生活，凝练主题，创作了《刻在北大荒的土地上》，在第十二届全国美展中获得金奖。青年女版画家沙永汇创作的反映北大荒现代农业的沧桑巨变，获得第十三届全国美展金奖的《金秋时代》，也是在长期深入北大荒农场生活中完成的。农民油画家肖景志，长年在乡间田野创作，其题材以东北山水为主，一年创作量有三百余幅。且不说他获得的各种奖项，仅就他的创作量而言，就是常人难以企及的。他说，农民怎么种田，我就怎么画画。艺术家们在回顾自己创作经历时，无不认为只有生活才是艺术生长的土壤，只有与人民群众的思想感情一致，艺术才有影响力。

四、让基层成为艺术人才队伍的重要来源

在艺术人才队伍建设中，建设高端人才队伍固然相当重要，但我们仍然不能忽视对基层文艺人才的发现和培养，让基层成为文艺人才的重要来源。有句话叫"高手在民间"，其实在基层的乡村工矿中有许多艺术人才。黑龙江省文艺界注意发现和培养基层文艺人才，尤其注意对乡镇工矿有影响的文艺人才的培养和培训，组织基层文艺人才参加各种艺术学习，使他们在保留乡土风格的基础上，了解当代艺术的发展现状。近年黑龙江省书法家在全国书法"兰亭奖"评选中多次荣获金奖，而曲庆伟、金泽珊、吴庆东均是来自县乡的作者。

以人民为中心既强调人民需要文艺,也强调文艺需要人民。人民是文艺创作的源头活水,一旦离开人民,文艺就会变成无根的浮萍,无魂的躯壳。而人民群众的艺术追求和审美品位是不断发展的。这就要求我们适应时代发展需求,树立精品意识,坚持创新理念,坚持以人民为中心的创作导向,努力创作出更多更好的文艺精品,为推动文化大发展大繁荣、建设社会主义文化强国、实现中华民族伟大复兴的中国梦贡献智慧和力量。我们应该切记,人民群众不仅是艺术的需求者,也是艺术产品的生产者。人民群众永远是艺术创造的主体。

文艺价值的精神向度

蔡　毅　云南省文艺评论家协会副主席

文艺价值是文艺作品的精粹，是存活于文艺作品中的一种有意无形、不易看到却能感知的精神性意向和能量。当文艺价值创生后，就在文艺作品中形成一种随时随地向外扩张传播的趋势，或者叫蓄势待发。只要条件成熟，它就倾泻而出，开始达意传情，推动和生成新的思维，感染和召唤人们去实施执行。

文艺价值的精神向度就是精神趋向或趋势，体现人追求价值超越的趋向，体现超越现实和局限，指向无限广大与自由。用通俗的话来说，精神向度考虑的就是一颗心是不是通达另一颗心和更多的心，价值在哪些方面促进了人与人之间的共鸣和共情。文艺价值从来都影响着人们的生活，对时代精神、社会文化和普通个体产生着难以尽数的贡献。每一种价值都有强大的渗透力和辐射力。

一、为人生

世间的各种文艺，表现方式多样，组成结构多元，目的内容各异。有提倡载道的，有提倡为艺术而艺术的，有提倡游戏人生的，有鸣不平泄愤的,有为争自由平等提出抗议的,也有赞美歌颂或自鸣得意的,但归根结底,都是面向社会大众,为人生服务,为人生增光添彩、出力呐喊的。为人生的艺术其实就是以人民为中心,向人民负责,为人民服务的艺术。

为人生的文艺用多种形式对生命的存在和意义进行不倦的探寻追问,带领人们进行各种生活体验、精神冒险和心灵旅行。文艺价值则直指生活生命的核心,揭示人生的真谛,为世人提供许多优质选择与有益答案。现实生活总是充满繁杂、琐碎、混乱和盲目,让人很难看清趋势与方向。文艺价值则能引领人们克服盲目,走出混乱,步入光明。价值把人们的视野扩大延长,将更多前人和智者的人生经历、生命体悟、智慧结晶和盘端出,供人们参考借鉴、比较选择。

文艺价值深刻关联着人的生命存在和意义建构,能给人们的基因里灌注精神、情愫,促进人们对精神家园的至诚追求。价值对人生的影响是深入而全面的,从外在生活到内在心灵提供全方位服务。心灵是每个人真正的精神家园和情感根据地,没有价值光晕的烛照召唤,心灵会变得浅薄、盲目、黯淡。价值光晕是存活于文艺作品中的一道智慧彩虹,它充溢着情与爱、思与理,向世人投射着不竭的光芒,照见世界,照亮人生。唯有当人们更多地接受文艺美和思想、情感、心智的熏陶浸染时,才能增加心灵之财富,提高生命的精神意义。当然,为人生也包括不断打破旧的"自我",重构新的"自我",用价值培养自己丰富、成熟的辨别力,使自己广泛接纳多种营养,做到日新,日日新。

"为人生"也是从古至今无数文艺家心心念念的追求目标与理想信念。多少人在为这一理想目标苦苦打拼、奋勇前行。贝多芬的"我要扼住命运的咽喉",鲁迅先生的"我以我血荐轩辕",萨特的"引天下为己任,逆转乾坤救人类""自授委任状,旨在保护人类"[①]都是表达自

[①] [法]萨特:《文字生涯》,沈志明译,北京:人民文学出版社,1988年,第6页。

己所为，决非仅为一人一家，而是有着更大的雄心抱负。因此，为人生的根本目的就是从为个人推及为他人、为大众、为全人类，同时也要提升到促进人类进步和国家、民族发展的境界，而文艺价值正是执行这一伟大使命的先行官。文艺价值为人们树立理想信念、塑造榜样、提供优质资源，以形象的方式向人们展现美好生活、理想境界，让人变得更好，生活变得更美满。

二、为时代

人们常将哲学说成是时代精神之"精华"、文明文化之活的"灵魂"，这话对文艺价值同样适用。因为凡价值，本身就是事物的精华和灵魂。而真正的文艺价值绝不仅是对时代的"反映"和"再现"，而且是对时代精神的表达与创造，是致力于提高人类精神生活，塑造和引导新的时代精神的能量和动力。

文艺价值的灵韵与光晕"不是玫瑰，如花盛开／不是飞鸟，翱翔云天"（狄金森诗）。它放眼世界，雄视古今，蓄势待发，不光为人生、生活，也为时代、社会，为文化、文明提供源源不断的精神良方和智力支援。其中最值得我们重视的是，它总是将真正优质的价值推广放大，顽强地渗透到一个时代的精神风貌中，成为最流行的东西、最值得努力的方向，以引领时代的精神和风尚。

文艺是描绘生活、把握世界的一种方式，价值是引领人们攀登时代高峰的动力。从抽象概括的高度说，最高最优秀的文艺基本也是一个时代、一个社会人们价值追寻的精神高地。只要稍微一想，达·芬奇、莎士比亚、雨果、托尔斯泰、卓别林、鲁迅、毕加索等艺术大师，他们既是个性超卓、思想特异的探索者，也是一定时期民族文化、时代精神的最高代表，是人类精神所能达到的辉煌顶点。他们给世人留下的杰作既是那一时代人类精神探索的代表，时代精神和民众智慧在其中凝聚；也是留给世界最宝贵的精神财富，积淀着大量思想情感；对人类的艺术，甚至对整个人类精神的生长具有照亮和统领性的影响。以至于我们现今的思维方式、创作方式、生活方式都受到他们潜移默化的影响，在他们的示范和催化作用下大步向前。

文艺记录和展现人与生活、时代气息和特征，传达社会的欢乐与希望、痛苦和恐惧，记载生活的进步与沦丧，表现人性的美好与丑恶，为文化画像，替时代放歌。文艺价值则是艺术作品优良品质的总结与发扬，最能体现作品独特的思想观念和审美理想。它切入艺术本质，自觉承担展现人、人性、人伦、道德、宗教、法律、价值观和审美观等变迁的重任。它随时代而动，但又经常超越时代，跑到时代前头，指导时代。它饱孕思考，饱含爱、同情和怜悯，"坚持着无声的／呐喊，努力将那瞬息提升为永恒的记忆"，[1]用自己的璀璨之光，照亮文艺想象世界的新进程，造福时代，造福人类。

三、为文明

文明是使人类脱离野蛮状态的一切行为和思想的集合。文明既指一种社会的进步状态，也指人类文化、艺术、道德和智慧的进步状态。在人类历史上，文明哺育滋养了优秀的文艺，文艺反过来又促进和滋养着文明，这是一种相互促进、共同繁荣的良性循环关系，也是人类社会和历史上可贵的一种景象。

首先，文学艺术的作用在于提高人民群众的精神文化素质，丰富和发展人类的精神文明；文艺价值则传递思想、信念和信心，点燃心灵的灯火，积极构建人类文明的形态和理念。其中，价值灵韵是提高民众素质的营养品，价值光晕是引导民众精神生活的灯塔。它们所提

---

[1] 马贵：《杨牧：抒情，为世界减速》，《文艺报》2020年4月17日，第4版。

供的能量和营养，不断在丰富和提升着一切享用者的文化精神素质，帮助他们明确自己的生命意义和历史使命，为实现自我和时代价值，为创建人类文明做出卓越的贡献。

其次，价值代表正义和真理，指导人们的行为和实践，推动人类历史走向文明进步。远的不说，从十四世纪欧洲文艺复兴运动开始，反封建、反教会，以提倡人权取代神权的思想解放运动就在欧洲各地蓬勃展开。意大利文艺复兴运动的杰出代表薄伽丘在其代表作《十日谈》中批判宗教守旧思想，主张"幸福在人间"，被视为文艺复兴的宣言。但丁在《神曲》中赞美人的勇敢，歌颂人的智慧和创造精神，高呼人"不是生来去过野兽的生活，而是要去追求美德和知识的"。莎士比亚在他的作品里提倡"爱"的力量能战胜一切，用罗密欧和朱丽叶至死不渝的悲剧故事，来化解两个家族之间的矛盾纠纷和历史恩怨，体现了"爱"是世间最高的价值。人文主义者勇敢冲破一切精神束缚，宣扬积极向上的文明思想，成为唤醒人类文明进步意识的路标，代表着人类最伟大、最先进的变革。文艺复兴确立的许多价值理念，如自由、人权、法治和人道主义思想都永放光芒，为文明进步奠定了坚实的基础。

再次，价值是度量文明进化、人性善恶的一杆标尺。文艺价值来自文艺作品，且建立在人类历史和现实成就的思维基础之上，因此价值能规范和衡量人的思想和行为，充当辨别真假、美丑、善恶、是非的一种标准和尺度。它扬弃旧义，创立新知，在衡量时代气息、社会风尚、文艺思潮的进步，以及培养提升普通民众的是非认知、道德水平和审美趣味方面功不可没。一切文艺作品及其价值理念，最终都要在是否符合人类发展、文明进步方面接受检验。

人不仅是文化主体、道德主体，也是文明主体。一代又一代的人们，在很大程度上是经由无数文艺经典的培植，才变得更加文雅、文明。只有充分发挥文艺价值之伟力，以文育人，以艺养心，民众才会变得知书达理、广博多才。而自身壮大后，又能用优秀作品和文艺价值促进世界文明的进步。

四、为未来

文艺价值"为未来"的向度是说它在尊重历史和现实的前提下，有着强烈的为未来考虑的目标倾向。未来是文艺价值重要的服务对象。未来意寓时间、希望和一切可能。心灵和价值指向未来，其一是说，相信未来可以胜过当下，未来比现实更美好。其二，为未来需要超越当下，为长久计。其三，为未来其实就是为理想。理想就是在更高更广的精神维度上超越现实世界的束缚，重建人的心灵世界。其四，为未来的最高的目标就是为不朽、为永恒。只有树立这种远大目标，才能克服一切阻碍和困难，行远攀高，不为一点小成小富止步不前。价值为未来的发展提供多元多样的思想资源和良方善策，在分析解释现象、认识理解规律和预测发展趋势方面都大有作为，能为世界增添更多的真实、善良和美好。

为未来需要想象和预测。未来生活究竟是个什么模样，谁都不好预测。但你想要什么样的生活，只有从现在就开始努力去谋划创造，才有可能实现。文艺的武器是想象与虚构，狂放丰富的想象虚构能超越现实，摆脱各种束缚，为未来开辟道路。比如科幻小说、科幻电影，就颇能体现人们对未来的设想和预测。从法国作家凡尔纳到中国的刘慈欣，都用自己的作品生动描绘和展现未来社会的可能趋势，体现了预见未来的一种惊人的思考力。18世纪大诗人歌德在他的诗中就预言了人工智能。他写道，"冲破那阴郁的束缚，总有一天，思想家万能的大脑，能把思想家人工制造。"文艺对未来世界的猜测预想，往往走在科学技术之前，启迪了科学技术的发展。因为艺术家的职责不仅是要描述已经发生的事情，而且要描述将会发生、可能发生的事情，所以预测思考对于掌握人类的命运具有重要意义。站在未来的角度去思考问题，才能为未来开辟道路，创造更美好的世界未来。

　　未来是一个不断发展、无限提升的过程，所以为未来最高的境界就是为不朽、为永恒。真正优秀的艺术作品，具备感应万物灵魂、歌颂人类爱情友谊、表现人类生活中的人性光辉和美好的心灵世界、注入创作者的灵魂和诗意等特质，并拥有长远生命力。而文艺价值闪烁着审美的光芒和认知的力量，承载着人的理想和抱负，给人以憧憬和希冀，其意义功用是全时性的。它对一切过去、现今和未来的读者观众开放，不仅属于它产生的那一个时代，而且属于世世代代可能的读者观众。价值光晕像探照灯一样，不仅要照射过去和现在，更多要照射未来，指向未来。这便需要我们除了看到所有人都能看到的之外，还要看到、想到所有人都没有看到、没有想到的；要以一种不畏失败的浪漫闯劲，打破时间枷锁，开启超越现实、面向未来的时空大门，如此才能高瞻远瞩。向未来是以做好当下为前提的，故我们既要尊重昨天，珍惜今天，也要为未来做准备，怀抱着"祝愿凡是种下的玉米／都生出美丽的珍珠"（吉狄马加诗句）的心愿，迎接它的到来。

坚持以人民为中心
繁荣发展新疆少数民族文学

赛娜·伊尔斯拜克　新疆文联理研室副研究员

习近平总书记在全国民族团结进步表彰大会上发表重要讲话，强调坚持促进各民族交往交流交融，不断铸牢中华民族共同体意识。2019年10月23日，中共中央办公厅、国务院办公厅印发了《关于全面深入持久开展民族团结进步创建工作铸牢中华民族共同体意识的意见》，要求坚持以人民为中心，紧扣"中华民族一家亲，同心共筑中国梦"总目标，紧紧围绕共同团结奋斗、共同繁荣发展主题，大力营造中华民族一家亲的社会氛围，为实现中华民族伟大复兴中国梦凝聚磅礴的精神力量。

一、中华民族共同体意识的提出和思想内涵

中华民族共同体意识是各民族在历史、文化、社会、政治等层面通过不断交流交融而产生的集体身份认同。费孝通先生认为，中华民族的总体特征就是由"中华民族多元一体格局"这一概念衍生出来的。

其中"一体"就是中华民族共同体,即"与中华民族整体有着不可分割的内在联系和共同的民族利益"①。中华民族共同体意识就是指国家层面上每个民族都存在这种内在联系及民族利益。

习近平总书记指出:"我国是统一的多民族国家,一部中华民族史就是一部各民族团结凝聚、共同奋进的历史。民族团结是各族人民的生命线,是新疆发展进步的根本基石,也是13亿多中国人民的共同意志。要维护民族团结,加强军政团结、军民团结、警民团结、兵地团结,铸牢各族人民共同维护祖国统一、维护民族团结、维护社会稳定的钢铁长城。要全面贯彻党的民族政策,高举各民族大团结旗帜,引导各族群众增强对伟大祖国、中华民族、中华文化、中国共产党、中国特色社会主义的认同,像爱护自己的眼睛一样爱护民族团结,像珍视自己的生命一样珍视民族团结,像石榴籽那样紧紧抱在一起。"②历史证明,中华民族共同体意识对于国家统一、民族团结具有重要意义。中华民族共同体意识的基本内涵至少包含以下五种意识:国情家底意识、历史主流意识、政治法治意识、团结合作意识、共建共享意识。

首先,要正确认识少数民族文化是中华文化的重要组成部分。习近平总书记强调,要向各族人民反复讲,各民族都对中华文化的形成和发展作出了贡献,各民族要相互欣赏、相互学习。把汉文化等同于中华文化、忽略少数民族文化,把本民族文化自外于中华文化、对中华文化缺乏认同,都是不对的,都要坚决克服。因此要实现文化共享的前提是相互认同并达成共识,要相互尊重、欣赏和学习。

其次,要正确理解少数民族自身的文化认同与中华文化认同并行不悖。多民族国家内,民族认同和国家认同在客观上同时并存。习近

---

① 哈正利:《构筑起中华民族共同体意识》,《人民政协报》2015年10月8日,第4版。

② 习近平:《在参加十二届全国人大五次会议新疆代表团审议时的讲话》,《人民日报》2017年3月11日。

平总书记指出，不让一个民族认同本民族文化是不对的，认同中华文化和认同本民族文化并育而不相悖。当然，繁荣发展各民族文化，要在增强对中华文化认同的基础上来做，对本民族历史坚持正确的观点，不能本末倒置。这从理论上强调中华文化认同是各民族文化发展的前提和方向，并阐明了认同本民族文化与认同中华文化的关系。

最后，要汲取少数民族文化中蕴含的社会主义核心价值观的养分。习近平总书记指出，社会主义核心价值观决定着各民族共有精神家园的发展方向，一定要在全社会、在各民族中大力培育和践行。少数民族文化具有崇尚自然、爱惜生灵，热爱生活、勤劳简朴，各族相亲、敬重长者，热情好客、守望相助，讲求道义、勇敢无畏，信守承诺、非义不取，自尊自爱、重情重理等文化养分，培育和践行社会主义核心价值观，要注重从少数民族文化中汲取营养。

二、在新疆少数民族文学创作中强化中华民族共同体意识的现实意义

从一定意义上说，文学作品，特别是现实主义的文学作品，也是一种以特殊的审美方式记录时代风云的"历史书写"。中国是一个统一的多民族国家，在新疆少数民族文学中强化中华民族共同体意识有利于以文辅政、巩固国家统一、强化民族团结、发展社会主义新型民族关系、坚守各民族共同的思想信仰与价值追求、积聚全体人民的精神力量，为实现"两个一百年"奋斗目标及中华民族伟大复兴中国梦而奋斗。新疆少数民族文学要得到发展必须要坚持中国共产党的领导，在社会主义制度内，在国家强盛、人民幸福、民族平等团结的背景下。我们党和政府为新疆少数民族文学提供了必要条件和保障，新疆少数民族文学也为社会主义政治文明建设做出了应有的贡献。经过近70年的努力，新疆少数民族文学高举中国特色社会主义伟大旗帜，坚持正

确的政治方向，为人民、为社会、为国家书写了无数具有少数民族特色的文章及乐曲。今后，它将继续为建设中华民族共同的精神家园，奏响爱国主义主旋律，为强化国家认同、中华民族认同、政治认同承担重要责任，并时刻践行维护好文化安全，致力于社会主义核心价值观的培育。

在新疆少数民族文学中强化中华民族共同体意识，有利于发挥文学组织社会、动员社会、和谐社会、服务社会的作用。文学兼具养心、育人、教化的功能，早期的文学都是以口头文学的形式传承，特别是新疆少数民族文学那种崇尚自然、热爱生活、各族相亲的理念不仅是口头文学传承的结果，更以生动的文字和情节得以记载和流传。新疆少数民族文学中，无论是神话、史诗还是俚谚，都体现出极强的精神风貌，在弘扬社会主义核心价值观、促进社会和谐方面起到重要作用。新疆少数民族文学应保持其特有的方式继续发挥教化、抚慰、提升功能，在社会精神层面给予各民族更多的理解交流机会，加强各民族间的交往交流交融，让社会充满更多诗意与美好。

在新疆少数民族文学中强化中华民族共同体意识，有利于弘扬社会主义核心价值观，建设各民族共有的精神家园。少数民族文化在思想、道德、知识等方面应当成为很好的资源，以其独特的方式融入人们的生活中，让人们懂得什么是真善美，辨别是非丑恶，理解国家的历史、社会的形成，更好地服务社会。

三、铸牢中华民族共同意识，繁荣新疆少数民族文学

（一）认真学习习近平新时代中国特色社会主义思想和党的十九大精神，贯彻落实党中央的治疆方略，切实用习近平新时代中国特色社会主义思想武装头脑、指导实践、推动工作，用总目标统领文艺战线各项工作

社会稳定和长治久安总目标，是以习近平同志为核心的党中央治疆方略的核心，是习近平新时代中国特色社会主义思想的重要内容，文艺战线要坚定不移贯彻落实。只有树牢总目标，才能使新疆文艺事业始终坚持正确的政治方向，确保文艺工作不跑偏不散光，使文艺事业在培育和践行社会主义核心价值观中发挥积极引领作用，使文艺工作在社会稳定和长治久安工作大局中有为有位。文艺事业发展的方向要同总目标相一致，始终把总目标作为文艺工作的着眼点和着力点；文艺创作要为总目标鼓与呼，通过创作生产思想性、艺术性、观赏性有机统一的优秀作品，为实现总目标提供强大精神激励。

新疆文艺界的所有工作都要维护祖国统一大局，都必须紧紧围绕新疆工作总目标，必须牢固树立阵地意识、大局意识、责任意识，借助各类文艺作品，用大量正能量的作品，大力宣传党的路线方针政策，激浊扬清，引导各族群众坚决反对"双泛"思想、宗教极端思想、民族分裂思想。进一步加强意识形态反分裂反渗透斗争工作，是新疆文艺和谐稳定的迫切需要，是坚决贯彻落实以习近平同志为核心的党中央治疆方略特别是社会稳定和长治久安总目标的切实体现。

（二）自觉承担起举旗帜、聚民心、育新人、兴文化、展形象的使命任务，高举马克思主义、中国特色社会主义伟大旗帜，坚持以人民为中心的创作导向，讲好新疆故事

习近平总书记强调，做好新形势下宣传思想工作，必须自觉承担起举旗帜、聚民心、育新人、兴文化、展形象的使命任务。为保证各民族群众有更丰富、更有营养的精神食粮，广大文艺工作者要树立正确的历史观、民族观、国家观、文化观，自觉讲品位、讲格调、讲责任，并自觉遵守国家法律法规，加强道德品质修养，坚决抵制低俗庸俗媚俗，用健康向上的文艺作品陶冶情操、启迪心智、引领风尚。习近平总书记指出："广大文艺工作者要坚持以人民为中心的创作导

向"。①广大文艺工作者要深入生活,扎根人民,坚持把社会效益放在首位,不断推出讴歌党、讴歌祖国、讴歌人民、讴歌英雄的精品力作,传承优秀文化,让优秀传统文化绽放异彩,不断增强新疆各族群众对中华文化的认同感。主动发声讲好新疆故事,向世界展现团结和谐、繁荣发展的美丽新疆,为实现新疆社会稳定和长治久安创造更加有利条件、营造良好外部环境。

文学书写或文艺创作是一种责任,也是一种担当。新疆各族作家要不断增强使命意识和责任意识,秉持"守正创新"的创作理念,把握新时代特征,以形式多样的文艺实践,通过细致入微的观察、宏阔深入的分析,洞察复杂的心灵,描摹时代的精神,展望更好的前景,从而书写新史诗,塑造新人物,讲好新时代的新疆故事,向世界展现团结和谐、繁荣发展的美丽新疆,为实现新疆社会稳定和长治久安总目标贡献力量。

(三)深化文化认同,坚持中华民族共同体意识和视野,提倡超族别意识的中华民族叙事,实现中华民族共同体意识在新疆少数民族文学中的建构

新疆各民族文化是中华文化不可分割的一部分,把本民族文化自外于中华文化,是违背历史的、错误的。增强中华文化认同是新疆各民族文化繁荣发展之魂。新疆各民族文化要繁荣发展,需紧跟时代步伐,树立开放多元的包容理念,坚持去粗存精、继承转化,在和中华各民族文化交流融合中,在和世界多元文化交流互鉴中,建设各民族共有精神家园,积极培育中华民族共同体意识,以现代化风貌走遍全国,走向世界。

坚持文化认同是最深层的认同。新疆各民族文化扎根于中华文明

---

① 习近平:《在中国文联十大、中国作协九大开幕式上的讲话》,北京:人民出版社,第5页。

沃土，是中华文化不可分割的一部分。具有独特风貌的新疆少数民族文学是中国文学的一部分，要运用马克思主义国家观、历史观、民族观、文化观、宗教观，坚持中华民族共同体意识和视野，提倡超族别意识的中华民族叙事，实现中华民族共同体意识在新疆少数民族文学的建构。超族别意识的中华民族叙事主要有跨族别叙事、族际叙事和全民族叙事。超越族别意识的中华民族叙事有助于中华民族共同体意识落地生根。

（四）坚持培育和践行社会主义核心价值观，把爱国主义作为文艺创作的主旋律，塑造新人物，书写新故事，创作出更多有筋骨、有道德、有温度的优秀作品

新疆少数民族文学的核心应该建立在各民族同胞手足相亲、守望相助、共同团结奋斗谋求发展的"中华民族一家亲、同心共筑中国梦"理念之上，强调社会主义核心价值观和中华民族共同体理念。由于地理、生产生活方式、宗教信仰、民俗传统与语言的多样性，我国民族文艺与思想资源非常丰富，各民族的民间戏曲、歌谣、传说、故事、叙事长诗、抒情短调等文艺形式多种多样。民族文艺遗产因时代与社会的变化而变化，在悠久的历史进程中不断推陈出新。不同民族文艺的体裁、题材、表现方式、审美风格和技巧手法之间交融并生，取长补短，彼此给养、促生，保持了创作活力。

民族文艺字里行间流露的是本民族的文化血脉，是一种文化自觉，其创作与表演不可逾越文化传统，一定要和一个民族相应的文化相匹配。民族精神是民族文艺的魂魄，丧失民族精神的文艺创作没有生命力，鲜活流动的时代精神是对民族文艺的创新性要求。基于民族精神的深度阐发和时代精神的美学表达，秉持"守正创新"的创作理念，我们可以创造出丰富多样的中国故事、中国形象、中国旋律。把握新时代特征，让社会主义核心价值观、形式多样的文艺实践、不同时期的文化记忆、世界视野等聚合在新时代，相互融合成个体的当代性体

验，在中国文化资源的滋养中形成中国审美经验的独特表达机制，这应该是民族文艺创作始终坚守的方向。新时代激活文艺创作资源，创作高质量的民族文艺作品最根本的是在艺术技巧素养、美学传承之外，拥有自觉的认知、真诚的情感、高尚的旨趣、雅正的趣味、宽阔的胸襟和强健的精神。

（五）加强族际间文化交往交流交融，加强少数民族学习国家通用语言文字的力度，加强国家认同和国家意识，从根本上打破语言隔阂

语言是文化的最重要产物，是民族历史的集体记忆。一个民族的思想、智慧、技术、风俗、历史等，都深深地蕴藏在民族语言里。语言也成为重要的民族认同要素，对某种民族语言的认同就是对该民族文化的认同和对该民族的认同。不言而喻，作为我国通用语言的普通话，是中华民族文化传承与发展的结晶，也是中华民族的纽带和精神家园。

在当前社会流动的背景之下，城市族际交往、异文化互动日益频繁。依据哈贝马斯的社会交往理论，民族语言的趋同是解决族际冲突的关键。因为语言是思想的载体，是人类用以表达思想和情感交流的工具，更是打开人们心灵窗户的钥匙，也是族际交融的一座桥梁。族际交往离不开语言媒介。日常生活世界中包括民族问题在内的一切社会问题都需要通过语言进行沟通和协商，才能达成互动主体间的相互理解或行动上的一致性，促成交往行动的合理化，最终实现生活世界的合理化。我们要鼓励和倡导不同民族之间相互学习语言和文化，以消除隔阂，促进交往、交流和交融，努力营造各民族相互嵌入、多样性文化互补的良好社会结构、社区环境和文化氛围，共同推动中华文化繁荣发展。

坚持"以人民为中心"创作导向
把握好文艺实践的几对关系

戴　清　中国传媒大学戏剧影视学院教授

党的十八大以来,以习近平同志为核心的党中央进一步发展了马克思主义文艺理论关于"人民性"的学说。习近平总书记指出,"以人民为中心,就是要把满足人民精神文化需求作为文艺和文艺工作的出发点和落脚点,把人民作为文艺表现的主体,把人民作为文艺审美的鉴赏家和评判者,把为人民服务作为文艺工作者的天职。"[①] 坚持"以人民为中心"的创作导向对当下文艺创作包括影视创作都有着极为重要的指导意义,学习习近平总书记系列讲话以及《中共中央关于繁荣发展社会主义文艺的意见》等指示精神,笔者认为,重点需要把握和处理好以下几对关系。

[①] 习近平:《在文艺工作座谈会上的讲话》,北京:人民出版社,2015年,第13—14页。

一、表现人民生活与反映社会本质的关系

马克思主义文艺理论提倡文艺创作的"典型性"追求,即在创作中通过表现"典型环境中的典型人物"来揭示社会本质,真实地反映当下社会的时代精神。如《大江大河》运思巧妙地将改革开放初、中期的经济形态(国营企业、集体企业、个体户)、体制改革(金州化工厂)、生活环境(金州厂区、小雷家、电器市场)的典型性与主次人物(宋运辉、雷东宝、杨巡)的典型性对应结合在一起,艺术地呈现了"典型环境"中的"典型人物",自然真实、纵横交织,以不同经济形态的社会众生相连缀成一幅改革/创业的时代全景图。其他如《山河故人》《黄土高天》《我不是药神》《追凶者也》《江湖儿女》《破冰行动》《在远方》等优秀影视剧作品也都较好地完成了典型塑造与对社会本质的形象呈现,自觉地践行了"以人民为中心"的创作导向。

然而,当下一些影视作品乍一看场景生活化、人物鲜活,但稍加注意,就会发现处处漏洞,既没揭示生活本质,也很难令观众产生共鸣。题材类型不断拓宽,但揭示的深度不够,也必然影响作品的真实感。正如别林斯基所说,"我们的人民性在于描绘俄国生活图画的忠实性。"[1]"人民性"不仅要求把人民作为文艺创作的表现主体,需要满腔热忱地为人民抒怀,还要有表现生活的忠实性。"忠实性"是创作的态度,而"真实性"则是客观的效果。缺少"真实感"或"忠实性"不够,都会影响"人民性"的表达及其所融汇的时代感与历史感。

比如近年来的京味剧,作为表现北京首都文化的一道亮丽风景,着力开掘我国优秀传统文化底蕴,表现平民的百态人生,产生了《情满四合院》《正阳门下小女人》等创作水准较高的作品。但是从精品剧

---

[1] [俄]别林斯基:《别林斯基论文学》,梁真译,上海:新文艺出版社,1958年,第68页。

的要求来看，尚存在程度不同的差距。如《正阳门下小女人》就存在表现新中国成立之初的"远景"厚重生动，表现新世纪社会转型及主人公创业等"近景"单薄、随意的不足，颇为遗憾。

"以人民为中心"，是以代表社会发展趋势的"人民主体"为中心；同时是以揭示社会本质、表现时代精神为前提的。偏离此，则很容易背离正确的创作导向。

二、表现伟人、英雄、历史人物与表现普通群众的关系

影视剧创作是大众通俗艺术的载体，"表现什么、表现谁"（内容）比"怎么表现"（形式）始终具有优先性地位。文艺作品中的"人民"，既包括历史人物和英雄人物，也包括广大的普通民众。在塑造前者形象时，要避免一味的"高大全"式的人物，既要表现其英雄事迹、不朽功勋，也要表现出他们和普通人相通的人性与情感，以更好地使英雄、伟人的形象深入人心、感染人心。

同时，新时代的文艺创作当然要关注普通群众的心理状态和现实生活，描写他们的喜怒哀乐、爱恨情仇，表达他们对美好生活的向往与文化诉求。既要创作出像焦裕禄、孔繁森、邹碧华、吴孟超、钟南山等英雄人物、先进人物，也要生动地表现普通百姓的生存状态以及他们在不同历史时期命运的起伏跌宕与苦辣酸甜，这也正是文艺创作以小见大、以普通百姓生活折射时代洪流的特点所在。

在历史题材影视剧创作中，"讲什么""表现谁"则不单纯是内容或对象问题，还是历史观问题：谁创造了历史？是抱定英雄史观还是坚持人民创造了历史？创作者如何看待历史中的帝王、英雄与人民的关系？这既是唯物史观的根本关切，也是新时代文艺"以人民为中心"的创作导向在历史题材影视剧中的具体体现。

过去几年中，有些历史题材影视剧过分集中展示帝王贵胄的派系

斗争、权谋诈术与人际倾轧，在叙事重心上完全集中于表现帝王成长、雄才大略及帝妃爱情，推崇的恰恰是一种"权谋美学"，也是简单化历史、戏剧化史实、片面追求观赏性的结果。中华优秀传统文化博大精深、内涵极其丰富，是历史题材影视剧永不枯竭的创作富矿。其中，儒释道等各派思想在不同朝代千变万化，赋予不同历史阶段以特殊的历史氛围与朝代特质，不同朝代、不同地域都有为历史进步作出贡献的杰出人才及志士仁人的慷慨悲歌；在朝堂、江湖之间，既有以建筑、音乐、装潢、服饰、医药、饮食等为代表的高雅宫廷文化，也有深厚充沛的民间智慧与悠久灿烂的民间技艺。而创造、传承这些文化财富的，最终都是充满了智慧与才情的历史人物，也都有着多姿多彩的故事样态与情感命运。文化观念影响创作者的认知与视野，应该说，以上内容远比一味表现"权谋热""帝妃恋"要丰富得多。

也要注意，"以人民为中心"的创作导向也不是刻意地渲染社会的黑暗面或一味地沉湎于底层群众的生活苦难，以及揭示所谓的"国民劣根性"，而是要"向着光亮的方向去"，表现出现实主义文艺创作与生俱来的希望与力量，用正向价值观启迪大众、引领大众。

三、发挥创作个性与满足人民需要的关系

文艺创作者的个性对于文艺作品有着重要的影响。巴尔扎克曾说："有多少艺术家，便有多少见解独特的生活。"[①] 文艺创作过程实际上是一种"人的本质力量的对象化"，创作者可由内到外或由外到内去实现主客观世界的统一，这其中的对应关系便通过作者自身的创作个性来构建。不同艺术家在人生体验、艺术传承、个性、情感、审美心理结

---

① [法]巴尔扎克:《巴尔扎克论文选》，李健吾译，上海：新文艺出版社，1958年，第9页。

构、文化观念等方面各不相同，对现实或历史的把握也千差万别，这是艺术风格各不相同的重要原因。

电影有所谓"作者电影""作者电影的导演一辈子只拍一部影片"等说法，都是针对创作者的独特风格而言。电视剧艺术中，著名编剧、导演也大多形成了各自的艺术追求与特色，编剧如高满堂、王丽萍、兰晓龙、阿耐等，导演如康洪雷、张黎、刘江、汪俊、安建等。艺术家需要坚持自己的艺术理念和个性，但艺术个性并不就是任性而为，更不是个性偏颇与艺术狂想、妄想，而是要和人民群众的审美需求相互融合、彼此呼应，才能产生真正深入人心的作品；脱离社会、脱离人民、脱离现实的所谓个性追求无异于痴人呓语，是没有发展空间与前途的。

这方面的教训在20世纪90年代前后的纯文学小众写作、先锋戏剧实验创作中不乏例证。当时，一些作家、剧作家受欧美后现代思潮的冲击与裹挟，逐渐习惯于以自我为中心，在"蜗居"里"咀嚼个人身边的小悲欢"，并"拿这小悲欢当大世界"，或一头扎进"怎样讲"的形式追新的窄胡同中，全然忘记"表现什么、表现谁"才是文艺创作的第一要义。电影创作与接受中也颇有以所谓艺术个性掩盖创作硬伤的陋习，明明是影片叙事混乱、逻辑不清，造成市场反响稀落，却偏要认为是曲高和寡，怪罪观众"平庸"、缺乏审美感受力。电视剧创作方面，一方面复制、跟风盛行，创作者的艺术个性被市场化、消费主义所消磨、腐蚀；另一方面，也存在某些艺术个性鲜明的创作者比较任性的做法，个别导演因追求纪实风格或电影影像品质而不恰当地使用长镜头，造成作品节奏缓慢、风格刻意，破坏了戏剧张力，也影响了流畅自然的美学品格。还有一些刑侦探案网络剧以"暗黑系"为个性表征，热衷通过血腥、暴力来揭示人性的黑暗与变态，这都不值得提倡。

四、力求通俗化与力拒庸俗化的关系

新时代影视作品追求中国作风与中国气派，通俗活泼、为普通百姓所喜闻乐见是题中必有之义。在此，通俗并不是俗气、低俗，更不是庸俗、烂俗。

通俗，是作为大众艺术的影视剧的总体特色。以最突出的台词——对白来说，影视剧中的对白大多是老百姓口语化、日常化的表达，不是高头讲章，也不是诗情画意的。但同时这些日常语言同样是经过艺术加工与悉心提炼的，并不等于日常生活中人们的扯闲篇儿。这些通俗对白也担负着特定的叙事功能，表现着人物个性，流露着、暗示着人物特定环境中的心理、情绪、心态，有着精神意蕴的特殊指向性。与情节、细节连缀成篇的对白还常常承载着相应的哲理思考，发挥着深化主题的点题之用。有特色的影视剧中，通俗对白还常常带有地域性、民族化的特征。中国地域辽阔、方言众多，56个民族有着不同的风土人情、方言民俗。一句活泼俏皮的方言对白，生动形象地突显人物性格、化解冲突；一句含蓄、委婉的民俗谚语，则表现出语言的隐喻性，别有一番韵味。浅近、俗白的语言特色结合影像手法还建构了作品的独特韵味与审美风格，使作品在"布帛菽粟"之中，挖掘出许多滋味，咀嚼不尽，传之永远。这也是优秀影视剧作品能够通向大俗大雅、雅俗共赏的圭臬所在。

因此，在通俗化的优秀影视表达及风格中，能够见人物性格、人物命运，见生活智慧，亦见人生哲理，还能体现出作品整体的审美特色与追求。通俗绝不是无章法、不讲究的生活实录，也不是生活同格化的自然主义的俗话、套语，更不同于低俗乃至恶俗的表达。

然而，达到以上较高艺术品格与境界的通俗影视剧作品并不多，创作质量的整体提升仍然任重道远。当下有一些作品精神内涵稀薄、缺乏深意；人物形象、情节发展模式化、套路化，总有似曾相识之感；

人物语言不符合身份，语言乏味、面目可憎；轻浅、无聊的插科打诨随处可见。有些作品甚至以恶趣味、重口味博眼球，对广大观众，尤其是青少年产生了极坏的影响，也违背了影视创作需要讲究节制与分寸的艺术规律。

因此，文艺创作者需要把握好力求通俗化与拒绝庸俗化之间的关系，如此才能讲好有温度、有思想、有情怀的中国故事，创造出更多的时代精品。

习近平总书记指出："走入生活、贴近人民，是艺术创作的基本态度；以高于生活的标准来提炼生活，是艺术创作的基本能力。"[①]这正是新时代文艺创作总的指导原则和方法论，即扎根人民、拥抱火热的生活，描人民之现状、咏人民之情感、书人民之命运、塑人民之形象，把"以人民为中心"的创作导向真正落到实处。

[①] 习近平：《在中国文联十大、中国作协九大开幕式上的讲话》，北京：人民出版社，2016年，第12页。

工作探讨

国家治理体系现代化视角下文联职能及其实现

王 晓 广东省文联党组书记、专职副主席

群团事业是党的事业的重要组成部分，党的群团工作是党治国理政的一项经常性、基础性工作。在国家治理体系现代化的大背景和实践框架下，探讨文联组织如何不断适应文艺新业态，实现新时代文联职能的优化，发挥行业建设中的主导作用，是一个崭新课题，对于推动文联深化改革、促进文艺事业全面发展具有十分重要的意义。

一、文艺发展是推进国家治理现代化的客观要求

党的十八届三中全会首次提出"推进国家治理体系和治理能力现代化"，党的十九届四中全会审议通过了《中共中央关于坚持和完善中国特色社会主义制度、推进国家治理体系和治理能力现代化若干重大问题的决定》，坚持和完善中国特色社会主义制度、推进国家治理体系和治理能力现代化，是党的十九届四中全会的鲜明主题。文化和国家治理有非常紧密的关系。文化是国家和民族的魂，也是国家治理的魂，在国家治理当中发挥着不可替代的作用。中国特色社会主义制度和国家治理体系之所以具有强大的生命力和巨大的优越性，就是因为它们

根植中国大地，独具特色、博大精深的中华文化提供了生生不息的强大精神支撑。

文艺是时代前进的号角，最能代表一个时代的风貌，最能引领一个时代的风气。文艺同样也是社会治理中意识形态领域的一个重要方面。如果把文艺看作一个"自生长"的发展系统，它是由文艺产品的创作与生产、传播、消费、文艺精神价值的实现等环节和要素共同作用而形成的。就社会功用而论，文艺作为一种以审美为基本规定性的精神现象和精神活动，其独特之处就在于以审美为出发点和基本手段，通过影响人的精神世界来达到激发精神力量、引导公共行为，进而起到有效调节社会、文明社群、推动进步的作用。充分发挥文艺的这种良性功用，对于构建一个健康而有活力的社会发展环境来说，是十分重要的。

习近平总书记强调，伟大的事业需要伟大的精神。实现这个伟大事业，文艺的作用不可替代，文艺工作者大有可为。只有大力发展社会主义先进文化，用社会主义先进文化熔铸共同的理想信念、价值理念、道德观念，才能为文化制度提供强大思想动力与信念支撑，才能广泛凝聚起人民的精神力量，构建起国家治理体系和治理能力现代化的深厚精神支撑。作为党领导下的群团组织，文联的改革亟待有突破性的进展，以国家治理现代化的理念和手段优化文艺发展环境，推动文艺引领时代风气的功能实现。

二、找准文联组织在国家治理体系中的功能定位

（一）以治理思维推进文艺发展

法国文艺理论家泰纳曾在其《艺术哲学》一书中提出，精神科学、艺术研究与自然科学在基本原理及方法论上是相类似的，文艺作品无非是记录人类心理的文献。而人类心理的形成，离不开一定的外在条

件。统合起来看，文艺创作及其发展趋向，都是由种族、环境和时代这三个因素所决定的。他把这三者称为"三个原始力量"，并依据其作用不同，分别称之为"内部主源""外部压力"和"后天动量"。文艺作为精神培育、观念引领的核心力量，践行习近平总书记要求的"创作更多体现中华文化精髓、反映中国人审美追求、传播当代中国价值观念、又符合世界进步潮流的优秀作品"[①]，要以良好的文艺发展环境为条件。换言之，大量优秀文艺作品的创作、传播，需要文艺治理的专业化和精细化来作为前提条件和实践保证。党的十九届四中全会所强调的治理现代化，在文艺领域同样也是成立的。不过，鉴于文艺所关涉的精神性和意识形态性，其治理自然也应有不同的思路。

（二）文联组织的功能定位

根据《中国文学艺术界联合会章程》（2016年修订）规定，文联组织"是党和政府联系文艺界的桥梁和纽带，是繁荣发展社会主义文艺事业、建设社会主义先进文化的重要力量"，其宗旨在"团结、动员文艺家和文艺工作者积极投身改革开放和社会主义现代化建设"，"围绕中心、服务大局、与时俱进，深化改革创新，依法依章程独立自主开展工作，保持和增强政治性、先进性、群众性"。文联作为党领导文艺界的人民团体，是文艺领域国家治理的枢纽组织，文联组织的功能定位，从根本上说在于其政治性，即作为国家职能延展的重要部分，文联被赋予了党管文艺的组织职能，此为文联组织的基本价值和能动基础。

文联改革对于文艺发展的作用，构成了一种既"身在其中"又"出乎其外"的结构性关系。一方面，文联组织作为广大文艺工作者之"家"，是文艺系统的要素聚合者和动力平台，起着凝聚文艺力量和

[①] 习近平：《在中国文联十大、中国作协九大开幕式上的讲话》，北京：人民出版社，2016年，第10页。

激发文艺活力的作用。文联所起的职能作用，从以往的"联络、协调、服务"修改为"团结引导、联络协调、服务管理、自律维权"，其在文艺发展系统中的基本职能定位，更加精准化，合乎时代的需要。其中，"团结引导"的职能定位，更加准确地体现了文联组织在新时代文艺发展中的"引路人""带头人"定位，也进一步明确了文联组织在中国特色社会主义进入新时代所承担的国家治理分工与职责；"联络协调"的职能定位，则更加准确地表达了文联组织在新时代面向文艺界和广大文艺工作者所要承担的职责，"联络"体现了文联工作开放性和开拓性的要求；"服务管理"的职能定位，在过去所定位的"服务"基础上，突出了"管理"的职责，使得"服务"有了相对而言更加刚性的政治、法律约束诉求；"自律维权"的职能定位，本属于文联服务管理的职能，单列出来作为一种职能，其目的则在突出行业自律及知识产权保护的重要性和紧迫性。文联组织的基本职能定位，决定了文联组织在实施文艺治理的过程中，必须是以尊重文艺发展规律为前提条件的。另一方面，作为"党管文艺"工作的具体实施者，文联组织肩负着引领文艺繁荣发展的使命职责。因此，能否有效地履行这一使命职责，筑就中华民族伟大复兴时代文艺高峰，也成为判定其在新时代条件下是否"有为"的基本标准。

三、发挥文联在行业建设中的主导作用，积极融入国家治理现代化体系

当前，我国文艺环境、业态、格局深刻变化，新文艺组织大量涌现，新文艺群体十分活跃，文联工作覆盖不到、覆盖不全的问题日益凸显，对文艺从业人员和社会组织引导、管理和服务的手段方法亟待改进。习近平总书记在中国文联十大、中国作协九大开幕式上的讲话中指出，文联工作向基层倾斜，服务向最广大文艺工作者拓展，不断

增强组织活力、组织向心力、组织吸引力、行业影响力。这是对新形势下文联组织改革发展提出的明确要求。文联组织的改革需要将提高政治站位和尊重文艺发展规律结合起来,进一步激发组织活力,引导广大文艺工作者投身于社会主义的文艺事业,创作更多更好的文艺作品,勇攀文艺高峰。

(一) 贯彻落实以人民为中心的文艺观

在国家治理体系中,文艺作为上层建筑的意识形态部分,首先要明确和解决的是为什么人的问题。在马克思主义文艺理论的发展历史中,"人民"一直都是一个十分重要的概念。重视文艺与人民的密切联系,是马克思主义文艺理论家一以贯之的重要思想。党的十八大以来,习近平总书记在一系列重要讲话尤其是有关文艺工作的重要论述中,都明确提出文艺的人民性是新时代中国特色社会主义文艺的本质属性。2014年10月,在文艺工作座谈会上的重要讲话中,习近平总书记明确指出:"社会主义文艺,从本质上讲,就是人民的文艺。""要把满足人民精神文化需求作为文艺和文艺工作的出发点和落脚点,把人民作为文艺表现的主体,把人民作为文艺审美的鉴赏家和评判者,把为人民服务作为文艺工作者的天职"[1]。2016年11月,在中国文联十大、中国作协九大开幕式上的讲话中,习近平总书记进一步指出:"一切优秀文艺工作者的艺术生命都源于人民,一切优秀文艺创作都为了人民。"[2]2017年10月18日,在中国共产党第十九次全国代表大会上的报告中,习近平总书记再次强调:"社会主义文艺是人民的文艺,必须坚持以人民为中心的创作导向,在深入生活、扎根人民中进行无愧

---

[1] 习近平:《在文艺工作座谈会上的讲话》,北京:人民出版社,2015年,第13—14页。

[2] 习近平:《在中国文联十大、中国作协九大开幕式上的讲话》,北京:人民出版社,2016年,第10页。

于时代的文艺创造。"①

新时代的文联工作与文联改革,首先必须旗帜鲜明地确立人民的文艺观,以实现中华民族伟大复兴中国梦和构建人类命运共同体为己任,引导广大文艺工作者坚持以人民为中心的创作导向。

(二)基于文艺发展的治理体系与治理能力建设

近年来,我们对文艺领域社会治理规律的认识不断深化,推进行业发展的能力不断增强,但在新形势下,与国家治理体系和治理能力现代化的要求相比,改革创新的空间还很大。文联组织必须通过系统化的改革来推进文艺发展治理体系和治理能力建设,围绕着优化文联组织基本职能、改革调整文联及所属文艺家协会机构设置和人员配备、改革文联及所属文艺家协会运行机制等方面来展开。

第一,聚焦职能转变,系统推进改革。一是着眼"引领"能力,加强政治建设。我们要全面落实新时代党的建设总要求,始终坚持以党建带群建、带业务、带队伍,把党的建设工作全面贯穿到文联工作的各方面各环节全过程中;始终把政治建设放在首位,坚定政治立场,严守政治纪律和政治规矩,确保文联工作始终坚持正确的政治方向。二是着眼"联络"职能,改进机构设置。新时代文联工作具有开放性和开拓性,要在"联"字上做文章,处理好相关各方面关系,如文联与党委政府、文联与文艺管理相关职能部门、文联与各文艺行业、文联与社会大众等的关系,为文艺发展培育丰厚的土壤和良好的环境,助力文艺家多出作品、出好作品。近年来,广东省文联着力理顺文联系统的纵向联系机制,协调各级文联组织与当地党委政府及相关职能部门的关系,加强各类平台建设,强化联络、激励和信息沟通效能。

---

① 习近平:《决胜全面建成小康社会 夺取新时代中国特色社会主义伟大胜利——在中国共产党第十九次全国代表大会上的报告》,北京:人民出版社,2017年,第43页。

三是突出"服务"功能,提升工作质量。注重"做人的工作"这一核心,按照"强三性""去四化"的要求,切实转变工作作风,增强服务意识,提升服务管理能力,与广大文艺工作者交朋友,为广大文艺工作者办实事,使文联真正成为文艺工作者之家。

第二,优化运行机制,实现与时俱进。文联组织的职能实现不仅需要组织机构的支撑,还需要依靠高效运行的机制来落实。一套高效运行的机制,涉及人员、组织、环境等要素的协同配合。在精简、优化文联机关的同时,需搭建各类联络服务工作平台,充实、加强、优化各文艺家协会、各直属机构的职能,形成机关、各文艺家协会、直属机构既各司其职又有效协同的良性机制。为提高文艺创作水平,催生更多精品力作,广东省文联推动各地市文联因地制宜,在改革方案中建立和完善文艺评奖激励平台及相关措施。比如,中山市建立市级文艺创作扶持资金与经济发展相匹配的增长机制,纳入每年财政预算;河源市制定扶持文艺精品创作奖励办法并设立若干品牌文艺奖项;汕头市建立文艺精品创作生产"三个一批"孵化机制,设立文联文艺精品创作专项扶持资金;梅州市出台文艺精英人才精品创作奖励办法等四个制度文件。

文艺是人们精神生活的时代反映,文艺的发展,是一项综合性很强的工作,必须紧紧围绕以人民为中心的创作导向,秉持问题意识,以发展的眼光、专业的素养和务实的行动,积极融入国家治理体系中,才能切实推进文联职能的落实,推动文艺事业高质量发展。

围绕中心　多翼互动
推动河南文联工作和文艺事业创新发展

王守国　河南省文联党组书记、副主席

"以人民为中心"是习近平总书记关于文艺工作的重要论述中最鲜明的特点、最核心的灵魂。人民是文艺创作的素材来源,也是文艺的服务方向,更是群众文艺的主角。社会主义文艺,从本质上讲,就是人民的文艺。近年来,河南省文联团结引领全省广大文艺工作者,围绕以人民为中心的创作导向,内部健全机制、拓展职能,外部多翼互动,服务群众,发挥桥梁和纽带作用,引导广大文艺工作者把人民群众作为文艺创作的表现主体和服务对象,把艺术家个人的艺术追求融入时代的洪流、融入全面建成小康社会的伟大实践,不断推出无愧于时代、无愧于人民的精品力作,把最美好的精神食粮用最有效的方式奉献给广大人民群众,有力地推动了河南文联工作和全省文艺事业不断创新发展。

一、健全机制、拓展职能,增强文联的服务能力

打铁还需自身硬,作为省级文联,要想更好发挥"桥梁、纽带"

作用，必须加强自身建设，健全机制、拓展功能，不断增强文联的沟通协调能力，提升为广大文艺工作者、为广大群众服务的本领。

（一）增设机构编制

对应中国文联、中国作协的机构设置，适应河南省文联事业发展需要，健全了相应的省级文艺家协会组织。河南省文联现有13个正处级机构编制的省级文艺家协会，具有独立法人资格，为发展文艺事业奠定了坚实的组织基础。

（二）规范协会运作机制

河南省文联所属13个省级文艺家协会，在河南省文联领导下，依据各自的章程，组织全省不同艺术门类的创作、研究、交流和文艺活动，为培养、发展、推荐优秀艺术人才服务。采取省级财政资金保障、地方财政资金和社会资金推动、协会会费弥补的模式运作。

（三）健全省文联干部选拔任用机制

畅通省文艺家协会干部选拔任用绿色通道，积极争取省委组织部和省委宣传部支持，急事快办。2019年至2020年，先后从省直宣传文化系统和全省文联系统选拔调任五名优秀干部担任协会秘书长，配齐配强协会领导干部。打通省文联机关、协会、直属单位干部任用壁垒，根据事业发展需要，统筹使用，采取双向交流任职、挂职，激发动力活力。

二、提升服务功能，扩展服务范围

文艺发展为了人民，文艺发展依靠人民，文艺发展成果由人民共享。近年来，河南省文联坚持以人民为中心的工作导向，团结凝聚广大文艺工作者，广泛开展文艺志愿服务等多种形式的为群众服务工作。

（一）提升公共文化服务功能

河南省文联整合河南省文学院、河南省文艺培训中心、河南文艺志愿服务中心、文学期刊阵地、青少年爱国主义教育基地等资源，一体打造成河南省文学艺术中心，拓展公共文化服务功能。功能由原来的文学创作研究与培训，拓展为文艺创作、研究、交流、普及、展示、艺术教育、咨询服务等。

（二）延伸联络服务范围

针对作为新型文化业态主体的新文艺组织、新文艺群体发展迅猛、体量庞大、人员构成丰富、视野前卫、思想活跃、经济倾向性强等特点，河南省文联积极发挥行业服务、行业管理职能，加强对新文艺群体、新文艺组织的团结引导，不断实现文联从"文艺家"到"文艺工作者"再到"文艺界"的辐射。一是放宽入会门槛，推动各省级文艺家协会积极动员和吸收新文艺组织和新文艺群体中的优秀人才加入协会，提高会员比例。二是完善行业标准，出台《关于加强和改进河南省新文艺群体、新文艺组织工作的意见》，明确团结、服务、管理、引导相关工作举措，为新文艺组织和新文艺群体提供行业服务，让文联成为他们想得到、找得到的"娘家"。三是延伸工作手臂，在新文艺形态及新文艺群体聚集的文化园区、城区商圈、社区（村组）建立基层文联组织，探索与其他群团组织共建共享群团服务站，强化组织服务网络"终端"建设。四是加强扶持引导，改进文艺作品扶持机制和引导机制，平等对待新文艺组织和新文艺群体，促进优秀作品和优秀人才脱颖而出。

（三）拓展文艺志愿服务职能

河南省文联积极探索文艺志愿服务社会化工作模式，加强同中国文联文艺志愿服务中心、河南省文明办等部门对接融合、资源整合；整合省文联内部资源，推动志愿服务上下联通、内外融合、跨域合作，形成全省文艺志愿服务的规模效应和强大合力；健全文艺志愿服务激励表彰机制和文艺志愿服务组织体系，积极推动文艺志愿服务组织建设，在成立省文艺志愿者协会的基础上，推动10个省辖市成立文艺志愿者协会和文艺志愿服务机构，18个省辖市成立文艺志愿服务团队。

截至2020年,全省9000余名文艺志愿者正式注册。全省各级文联共组织开展13000余次文艺志愿服务活动,约12万名文艺志愿者参加活动,累计100余万群众受益;先后组织196名文艺志愿者参加文艺支教活动,5万学生受益;组织近4000名乡村艺术教师、基层文艺骨干参加培训。河南省文艺志愿者协会被中国文联推选为全国学雷锋志愿服务"四个100"先进典型——最佳志愿服务组织,文艺支教项目被河南省文明办评选为全省优秀志愿服务项目。

三、完善机制,着力强化文联事业发展的制度保障

(一)健全完善会员培训机制

河南省文联贯彻中央和省委关于加强文艺工作者队伍建设的要求,坚持正面引导、梯次培养,着力培养造就文艺领军人物和高素质文艺人才队伍。

(二)健全完善文艺评奖机制

河南省文联充分发挥三级奖项对文艺精品创作的引领推动作用,即充分发挥中宣部"五个一工程"奖、全国性文艺大奖等国家级奖项,河南省优秀文艺成果奖、河南省委宣传部精神文明建设"五个一工程"奖、中原人文精神精品工程等省级奖项的导向作用,并对应中国文联所属协会和中国作协所设的全国性文艺奖项,设立11个省级文艺家协会奖项;进一步完善评奖细则,牢固树立以人民为中心的创作导向,组织全省老、中、青优秀作家、艺术家参与创作,推出一大批精品力作。近年来,河南先后有二十余部作品获得包括茅盾文学奖在内的全国文艺类最高奖项,三十余部作品入选国家重点扶持项目。

(三)健全"深入生活、扎根人民"激励保障机制

河南省文联会同省委宣传部做好顶层设计,制定《河南省文艺界"深入生活、扎根人民"管理实施办法》,省委宣传部抓督导检查,省

文联负责日常管理。在管理机制上，实行项目化管理和分级管理；在参与人员上，主要遴选文学、戏剧、影视、美术、音乐等领域的在职作家艺术家；在考核奖励上，实行项目结项考评制度，采取实地考察、座谈了解、专家验收等方式进行考评；在宣传推介上，为"深扎"活动成果提供发表、播映、出版、排演、展示的平台。近年来，河南省直定点深入生活人员创作小说、散文集、报告文学、戏剧和电视剧剧本一百二十余部（篇），诗歌百余首，音乐作品二十余首（部），广播剧两部，其中长篇小说《花儿与歌声》获中宣部"五个一工程"奖、戏剧《焦裕禄》获"文华大奖"。

四、打造品牌，实施河南文艺多项工程

（一）实施"出彩河南"文艺精品创作工程

实施文艺精品创作工程，是推动河南文艺创作从"高原"向"高峰"跨越的重要手段。近年来，河南省文联充分发挥河南文艺精品工程创作项目对文艺精品创作的引领推动作用，组织、扶持、推动优秀文艺作品创作生产，由以扶持作家、艺术家个人创作为主，转变为以扶持重点作品创作为主，实施河南文学艺术重点作品扶持计划，逐步建立起以作品为核心的工作机制，推出一批思想精深、艺术精湛、制作精良的优秀作品。具体举措包括以下几点：一是在加强题材策划的基础上，面向有全国影响力的豫籍作家、艺术家每年遴选三至五部重大作品，按照"选题—出版—推介—影视转化"流程，开展项目化、一体化运作，进行定向扶持；二是面向全省有影响力的作家艺术家遴选 20 部左右重点作品，按照发布选题、组织申报、大纲评审和绩效跟踪评价的工作流程，组织开展作品扶持，将"养作家"与培养人才有机结合；三是面向全省有潜力的青年作家艺术家遴选 30 部作品进行定向扶持。河南文艺精品创作工程项目自 2018 年实施以来，共有三件作

品荣获全国性文艺大奖，1件作品荣获中宣部"五个一工程"奖，162件美术作品入选第十三届全国美展，82件作品入展全国第十二届书法篆刻展。

（二）实施"出彩河南"文艺品牌创建工程

河南省文联着力打造更多具有全国影响、业内权威、群众公认、受众广泛的高水平文艺活动和文艺品牌，具体举措有：一是整合全省戏剧、文学、书法、杂技、摄影等优势艺术门类资源，举办黄河戏剧节、杜甫文学节、国际野生动物摄影大赛，力争通过三至五年的不懈努力，创建若干全国一流艺术品牌。二是引进全国最高文艺奖项落户河南，承办第二十九届中国金鸡百花电影节，第十二、十三届中国摄影艺术节，第十二届中国舞蹈荷花奖古典舞评奖，第三、四、五届中国杂技艺术节，第十届中国曲艺节，第十三届全国美展壁画展，同时第六届中国杂技艺术节暨第十二届中国杂技金菊奖，未来四届的中国摄影艺术节（第十四届到第十七届）落户河南，扩大了河南相关艺术门类影响。三是结合河南省地方文化资源，提高宝丰马街书会、社旗书会、开封清明文化节、洛阳牡丹文化节的活动水平，建立"文联主导、地方政府支持、社会力量参与"的运作机制，形成一批以"互联网＋文艺＋旅游"为特色、有全国影响力的地方文化品牌。

（三）实施河南文艺名家培养工程

河南省文联以河南省艺术名家推介工程、"四个一批"人才培养工程等为牵引，实施百名著名中青年作家艺术家扶持计划，书法、美术、摄影"百人推介工程""百人新锐工程"等，加强系统谋划和资源整合，培养造就一批文艺名家、领军人物和拔尖人才。邵丽当选中国作家协会主席团委员，李树建等六人当选全国性文艺家协会副主席。7人获中国书法兰亭奖，27人次获中国戏剧梅花奖，13人获中国摄影金像奖，14人获中国曲艺牡丹奖，形成整齐的文艺领军方阵。

以人民为中心，以精品服务人民

邓长青　湖北省文联党组书记、常务副主席

一

社会主义文艺，从本质上讲就是人民的文艺。坚持文艺为人民服务、为社会主义服务，这是党对文艺工作提出的基本要求，是文艺发展的根本方向，也是决定我国文艺事业前途命运的关键所在。习近平总书记在党的十九大报告中指出，必须坚持以人民为中心的创作导向，在深入生活、扎根人民中进行无愧于时代的文艺创作。"以人民为中心的创作导向"的提出，是在新的历史条件下对马克思主义文艺理论的坚持与发展。

"以人民为中心的创作导向"是新时代文艺工作必须遵循的基本原则，具有丰富的思想内涵：一是指明了文艺工作的目标，那就是要把满足人民精神文化需求作为文艺和文艺工作的出发点和落脚点；二是阐明了文艺表现的主体是人民；三是明确了文艺价值评判的主体也是人民；四是明晰了文艺工作者的职责，就是把为人民服务作为天职。

在新时代，坚持以人民为中心的创作导向，要求广大文艺工作者植根现实生活、紧跟时代潮流、顺应人民意愿、反映人民关切,从人民的伟大实践和丰富多彩的生活中汲取营养,不断进行生活和艺术的积累,不断进行美的发现和美的创造,以赤子之心为人民抒写、为人民抒情、为人民抒怀,努力创作出更多有筋骨、有道德、有温度的精品力作,满足人民群众的新期盼、新需求。

二

湖北省文联认真贯彻落实习近平总书记关于文艺工作重要论述精神,始终牢牢把握以人民为中心的创作导向,引导全省文艺家和文艺工作者认真解决"为了谁、依靠谁、我是谁"以及"如何为"等问题,深入生活、扎根人民,在行动上接近人民,情感上与人民相通,虚心向人民学习、向生活学习,引导文艺家和文艺工作者树立正确的历史观、民族观、国家观、文化观,用心、用功、用情创作了大量讴歌党、讴歌祖国、讴歌人民、讴歌英雄的精品力作,把服务群众同教育引导群众结合起来,把满足群众需求同提高群众素养结合起来,在实践中逐步摸索出一套行之有效的践行"以人民为中心"的创作导向的模式,为湖北文艺事业开辟了新局面、铸就了新辉煌。

(一)抓好政治引领,把牢正确方向

湖北省文联始终把学习贯彻习近平新时代中国特色社会主义思想作为文联工作的首要政治任务,牢牢把握"二为"方向,引导广大文艺工作者听党话、跟党走,与人民同呼吸、共命运、心连心,具体工作有以下几方面:一是通过理论研讨统一思想认识。湖北省文联组织编撰《中国特色社会主义文艺理论的新高峰》,在《长江文艺评论》开辟"经纬线"专栏,对"人民中心论"进行系统阐释,引导大家形成理论共识;举办"学习习近平总书记在文艺工作座谈会上重要讲话精神暨社会主义核心价值观与文艺创新"研讨会,探讨习近平新时代人民主体性文艺本质观的深刻内涵；开展"东湖青年批评家沙龙"系列活动，结合文艺创作实践，归纳、总结践行"以人民为中心"的创作导向的方法和路径。二是通过专题培训提高思想认识。湖北省文联将思想政治培训作为各类培训班的"开班第一课"，推动学习贯彻习近平总书记关于文艺工作重要论述精神在全省文艺界走心走深走实；开展"崇德尚艺，争做有信仰、有情怀、有担当的新时代文艺工作者"全省巡回宣讲活动，用身边的典型教育引导广大文艺工作者讲品位、讲格调、讲责任，自觉追求德艺双馨，自觉服务人民群众。三是通过主题活动强化思想认识。湖北省文联组织开展"拥抱新时代 共筑中国梦"——湖北文艺界学习宣传贯彻十九大精神进企业、进农村、进机关、进校园、进社区、进军营活动，举办"我把新歌献给党"——歌颂十九大专题演唱会，"习近平用典"全国名家书法特别展，"与时代同行向人民汇报"书法、美术、摄影展等主题文艺活动，引导广大文艺工作者在创作实践中坚定理想信念，恪守职业精神，筑牢为人民服务的思想。

(二) 抓好人才培养，夯实发展基础

"功以才成，业由才广。"人才是践行"以人民为中心"的创作导向的主体，是繁荣发展社会主义文艺的根本力量。湖北省文联高扬"文艺鄂军"旗帜，创新人才培养机制和手段，努力锻造一支德艺双馨、忠诚人民、服务人民，能够引领时代新潮流、满足人民新需求的文艺人才队伍。一是发挥领军人物的示范作用。启动"荆楚艺术名家数字化记录抢救工程"，为80岁以上的文艺大师建立数字化档案、拍摄纪录片，展示人民艺术家的精神风貌和艺术成就，形成示范效应；出版《湖北文艺名家研究》专著，通过研究文艺名家深入生活、扎根人民、勤奋创作的个案经验来梳理、总结文艺人才培养的一般规律；成立"荆楚文艺名家工作室"，以师带徒的方式，以文艺项目为抓手，组织采风、创作、研讨活动，引导、帮助青年文艺人才在实践中成长。二是建立体系化的人才培养机制。建立"湖北省文联中青年优秀文艺人才库",对遴选入库的优秀中青年人才进行跟踪培养,优先给予项目扶持、提供培训机会,进行专题宣传推介,助推人才成长。拓宽文艺人才培训渠道:坚持"走出去",积极推荐优秀中青年人才参加国家级培训班;坚持"请进来",如将中国音协秘书长培训会议、中国曲协曲艺名家精品创作研修班、中国评协全国文艺评论骨干研修班等高规格培训班引入湖北开办;坚持"沉下来",由各省级文艺家协会统筹规划,定期举办全省各类高级研修班,培训文艺骨干一千多人次;坚持"送下去",组建"下基层创作辅导小分队",采用订单式精准辅导培训模式,累计为基层培训文艺人才三千余人次。三是通过"深扎"助推人才成长。将对口扶贫村的一所废弃小学改建成"鄂北文化驿站",打造湖北文艺家的"深扎"基地,湖北省国画院两名青年画家长期在此深入生活、参与精准扶贫工作,不仅创作了大量作品,还光荣加入了中国共产党;90岁高龄的画家周韶华带领创作团队多次到神农架林区体验生活、采风写生,创作"大美神农架"系列美术、摄影作品;组织知名词曲作家深入荆楚大地贫困乡村采风,创作"文艺扶贫奔小康"歌曲;组织音乐家深入长江沿线的城镇、乡村体验生活,创作长江题材歌曲。许多文艺人才正是在"深扎"活动中虚心向人民学习、向生活学习,真正做到"身入""心入""情入",从而走出"小我",升华境界,脱颖而出。

(三)抓好精品创作,不忘初心使命

人民是创作的源头活水,只有扎根人民,创作才能获得取之不尽、用之不竭的源泉。湖北省文联组织引导广大文艺家真诚、彻底、持久地投身人民群众中、到火热的生活中去发现创作主题、捕捉创新灵感,讴歌奋斗人生,刻画最美人物,坚定人们对美好生活的憧憬和信心,创作了大量精品力作,也赢得了人民群众的喜爱。一是组织"绿色长江"主题创作。响应习近平总书记关于长江"共抓大保护、不搞大开发"的号召,开展"写长江、拍长江、画长江、唱长江"等绿色长江主题创作。组织画家、摄影家、书法家开展采风、创作，举办"写意长江——湖北省中国画作品展""视觉长江——湖北省摄影作品展""长江颂——长江流域书法名家邀请展"；组织音乐家创作"长江"主题原创歌曲三百余首，举办"聆听长江——长江主题原创歌曲展演"。二是组织"脱贫攻坚"主题创作。推动文艺创作与脱贫攻坚深度融合，在大悟县陈河村打造"鄂北文化驿站"，集创作采风、文艺培训、农副产品销售等于一体，既为文艺家创作提供"原料"，也为当地农民脱贫致富"加油"。围绕"圆梦小康"主题，组织音乐家为罗田、保康等17个贫困县市创作扶贫歌曲，举办"为你歌唱""荆楚欢歌幸福路"专场汇报演出；组织七十余名篆刻名家深入扶贫现场体验生活，创作、出版《精准扶贫印谱》。三是组织"歌颂英雄"主题创作。策划"歌颂老英雄张富清"主题文艺创作，组织文艺家到湖北省来凤县采访、体验生活，创作了歌曲《坚守》《本色》、湖北大鼓《买药记》、南剧《本色》等30多部文艺作品，并举行"致敬英雄——湖北省文联张富清先进事迹原创文艺作品展演"和"中国——一个老兵的故事"诗歌朗诵会，受到广大群众好评。四是组织"以艺战疫"主题创作。新冠疫情发生之后，及时向全省文联系统发出倡议，组织、推动"以艺战疫"主题创作。在中宣部统一领导下，组织湖北摄影家深入定点医院、方舱医院，为两万多名援鄂医务工作者拍摄最美瞬间；支持湖北省文联青年作家深入抗"疫"一线采访，撰写全景表现武汉抗"疫"的长篇报告文学《生命之证》。截至4月中旬，湖北共创作战"疫"主题文艺作品4.2万余件。其中，《生命之歌》《武汉伢》等40首歌曲入选"全国优秀战疫公益歌曲"。承办《坚信爱会赢——文艺界"以艺战疫"特别节目》，向全国推出一批优秀抗"疫"作品，引起强烈反响。还通过聚焦改革开放40周年、中华人民共和国成立70周年、武汉军运会等重大时间节点，引导文艺家深入群众、深入生活，创作推出一批优秀作品，引起良好社会反响。

（四）抓好志愿服务，满足群众需求

"到人民中去"，既是时代的召唤，也是文艺家的使命和责任。湖北省文联始终坚持以人民为中心的工作导向，组织知名文艺家、文艺工作者奔赴社区、乡村、企业、军营、学校，深入革命老区、贫困地区、边远地区开展形式多样、内容丰富的文艺志愿活动，深受人民群众欢迎。在文艺志愿活动中，文艺家深入生活，获得"反哺"，加深了与人民群众的感情联系。一是开展荆楚"红色文艺轻骑兵"活动。2015年，在全国率先成立省级文艺志愿者协会；2017年，组建湖北省文联荆楚"红色文艺轻骑兵"；2019年，实施荆楚"红色文艺轻骑兵""百千万工程"——组建100支文艺小分队，开展1000余场文艺志愿服务活动，组织1万余名文艺志愿者参加。"红色文艺轻骑兵"的足迹遍布荆楚大地，直接受益群众超过150万人次。湖北省文艺志愿者协会和荆楚"红色文艺轻骑兵"分别被中央文明办表彰为学雷锋志愿服务"四个一百"最佳志愿服务组织和最佳志愿服务项目，成为湖北文艺志愿服务活动的靓丽名片。二是举办"荆楚文艺名家讲堂"系列活动。组织文艺名家到基层开办文艺大讲堂，深入乡村、社区、厂矿辅导基层文艺创作，提升群众欣赏水平。2020年受疫情影响，"荆楚文艺名家讲堂"改为通过网络平台直播，关注人数达10万多，点击量达100万多，受到广大文艺工作者和文艺爱好者的热烈好评。另外，还联合举办"湖北高校戏剧展演"，送戏曲进校园；连续七年在武汉东湖举办"夏之风"东湖戏剧惠民演出周和"秋之韵"东湖音乐会，演出期间市民或游客均可免费观看。这些文艺志愿活动，既让文艺作品接受人民群众的检验、评判，也满足了人民群众日益增长的美好生活需要。

三

通过开展丰富多样的文艺实践，湖北省文联不断深化对新形势下

坚持"以人民为中心"的创作导向的工作特点和规律的认识，初步积累了一些经验。概而言之，主要有以下三点。

第一，党的坚强领导是坚持"以人民为中心"的创作导向的有力保障。"党政军民学，东西南北中，党是领导一切的。"要准确把握党性和人民性的关系，牢牢树立"党性和人民性从来都是一致的、统一的"意识。只有始终坚持党的正确领导，遵循党的文艺方针政策，才能把握文艺的正确发展方向。

第二，文化自信和创新创造是坚持"以人民为中心"的创作导向的基本要求。文艺工作者必须坚定文化自信，坚持创造性转化和创新性发展。首先，文化自信与民族伟大复兴的愿景息息相关。只有从中华文化宝库中萃取精华、汲取能量，保持文化自信，才能使自己的作品成为激励人民不断前行的精神力量。其次，创新是文艺的生命。必须把创新精神贯穿文艺创作全过程，大胆探索，锐意进取，创造出丰富多样的中国故事、中国形象、中国旋律，满足人民群众的需求。

第三，出作品、出人才是坚持"以人民为中心"的创作导向的根本标志。文艺工作的中心环节是创作生产优秀作品。只有创作出更多有筋骨、有道德、有温度的文艺作品，书写和记录人民的伟大实践、时代的进步要求，才能彰显信仰之美、崇高之美，弘扬中国精神、凝聚中国力量，鼓舞全国各族人民朝气蓬勃迈向未来。而要创作生产出更多文艺精品，关键是要以人为本，加强文艺人才队伍建设，培养一大批忠于人民、德艺双馨、具有艺术创造力的文艺家。

文艺"人民性"的遵循与实践

张小莉　河南省许昌市文联党组书记、主席

人民是文艺的出发点、落脚点、立足点、生长点，繁荣发展社会主义文艺、做好文联工作，必须坚持"人民性"。

一、坚持"人民性"是文艺工作的必然选择

"人民性"是马克思主义与生俱来的理论品格。"一切优秀文艺工作者的艺术生命都源于人民，一切优秀文艺创作都为了人民。"纵观古今，从优秀文艺作品中看，"从群众中来，到群众中去"就是一条颠扑不破的真理。只有人民才是历史的创造者，只有人民才是历史的主人，文艺应为历史的创造者和主人而创作，应以人民为中心，积极反映人民的心声。

首先，文艺要扎根人民群众。习近平总书记强调："很多事情都是在细节，演电影、写小说都是细节，细节感人，细节要真实，而真实要去挖掘。"[1]作为基层文联的领头雁，同时身为作家，笔者带头深入基

---

[1] 习近平:《一个国家、一个民族不能没有灵魂》，《求是》2019年第8期。

层进行采风创作。2019年7月至9月，多次到英雄杨水才生前工作的地方——建安区桂村乡，围绕"不忘初心、牢记使命"主题教育，以杨水才为原型，创作了近20万字的长篇纪实小说《小车不倒只管推》。从缺月挂疏桐写至初日照高林，从炎威天气日偏长写至岁云暮矣多北风，一笔一画，用力刻画着这座精神丰碑，刻画着人民心中的英雄，以文学之笔赓续英雄精神，传承红色血脉。在此过程中，笔者深切感受到，要塑造一个鲜明生动的艺术形象，必须用真实而典型的细节打动人心，文艺工作者必须走到人民的生活中，走进人民的心里。后来，《小车不倒只管推》因其塑造了一个平凡而伟大的英雄模范形象，成为多所学校的必读书籍，中央电视台《读书》栏目专门做了两期节目进行推广。

其次，文艺要积极地反映人民生活。习近平总书记指出，广大文艺工作者大有可为，也必将大有作为。我们生逢伟大的新时代，中国共产党正为中国人民谋幸福，为中华民族谋复兴，人民在这样的主旋律中展现了为幸福生活而积极进取、勇于奋斗的感人故事和精神风貌。文艺工作者应当把这种振奋人心的现实生活用形象的文艺手段展现出来，让这种正能量如源头活水，从生活中涌出，涌入艺术家的心里，再涌入人民群众的心田。文艺作品要扬美德、鉴善恶、发良心议论、存正义之声、闪民族之光，与群众的道德风尚保持一致，尽情歌颂和谐、友好的人际关系。文艺作品只有代表了人民利益，代表真善美的希望和理想，代表人类实践生成的历史方向的主题，才能产生思想魅力。

再次，文艺要表达人民心声。习近平总书记要求："文化文艺工作者要跳出'身边的小小的悲欢'，走进实践深处，观照人民生活，表达人民心声，用心用情用功抒写人民、描绘人民、歌唱人民。"[①] 事实证明，一切杰出的文艺家无不心中装着人民，一切优秀的作品无不葆有恒

---

① 习近平：《一个国家、一个民族不能没有灵魂》，《求是》2019年第8期。

久的人民性。近年来,许昌市文联团结带领全市文艺工作者,积极倡导"四力"理念,持续开展"深扎"活动,努力探索了组织引导、服务扶持精品创作的新途径,使一批紧扣时代脉搏的优秀文学作品相继出版。如张小莉的长篇历史小说《曹操传》,赵文强的纪实文学作品集《新时代律师的使命和担当》,丁晨的中短篇小说集《九霄环佩》、中篇小说《斗转星移》,李俊杰的组诗《蜷缩于时间的坚壳,听季节吟唱》,彭春岭出版的五卷本《鸥鸟文集》等都在社会上引起了较大反响。

二、坚持"人民性"是文艺创作的关键所在

文艺创作方法有一百条、一千条,但最根本、最关键、最牢靠的办法是扎根人民、扎根生活。作为新时代的文艺工作者,就是要始终坚持以人民为中心,始终把社会效益放在第一位,把满足人民精神文化需求作为文艺和文艺工作的出发点和落脚点。

一要牢记文艺创作的基本遵循。为人民抒写、为人民抒情、为人民抒怀,是文艺家的天职。文艺创作要把人民放在心中最高位置,强化代言意识,坚定自觉地为人民代言。没有真切的代言,就不会有痛彻的关怀、贴心的呈现。如果一个艺术家缺失对自身使命责任的内省和把握,对人民的喜怒哀乐袖手旁观,一味表现"小事物、小心情、小趣味","总是咀嚼个人身边的小悲欢,并把小悲欢当大世界",文艺就失去了应有的存在价值,其作品也具备不了撼人心魄的艺术魅力。

二要彰显文艺作品的中国精神。中国精神的主体是人民,从人民当家作主到满足人民群众对美好生活的向往,人民才是推动历史和时代发展的真正动力。讲好中国故事、弘扬中国精神、传播中国价值、凝聚中国力量,是文艺工作者的神圣职责。只有认真践行习近平总书记在文艺工作座谈会上的重要讲话精神,深刻领会"文运同国运相牵,文脉同国脉相连"的文化内涵,坚定文化自信,团结、鼓励和鞭策文

艺家，高擎民族精神火炬，才能做到胸中有大义、心里有人民、肩头有责任、笔下有乾坤，创作出反映时代呼声、展现人民奋斗、振奋民族精神、陶冶高尚情操的优秀文艺作品。

　　三要体现文艺活动的社会价值。为最大限度地满足人民群众，尤其是基层群众日益增长的精神文化需求，作为文联组织，要整合文艺资源，突出政治性、先进性和群众性。近年来，我们积极主动地将优质文艺资源下沉到基层一线，持续推进了"党的创新理论进基层"，合理规划、优化了"文艺志愿服务""志智双扶联系点""文艺进校园""文艺进社区"等惠民文艺品牌活动。"双节"期间，我们还组织知名书法家和民间文艺家"送万福进万家"，赴农村义务写春联、剪窗花；每年"六一"我们专门到农村留守儿童学校举办"捐书助学"活动，为全市数十个留守儿童学校捐助中华优秀传统文化读本、红色经典读本和优秀作文选等图书三万多册。

三、坚持"人民性"是文联组织的正确导向

　　近年来，许昌市文联始终坚持"以人民为中心"的工作导向和创作导向，从政治站位、组织实施、行为规范、自我核验等方面不断加大工作力度，努力推动全市文艺工作的健康发展。

　　一是统一思想，提升政治站位。坚持用习近平新时代中国特色社会主义思想武装头脑、指导实践、推动工作，增强"四个意识"，坚定"四个自信"，做到"两个维护"，始终在思想上政治上行动上与党中央保持高度一致。全市文艺界相继开展了学习宣传党的十九大精神、庆祝中华人民共和国成立70周年等重大主题活动，举办了"水墨光影润莲城"许昌市书画摄影优秀作品展暨"我的祖国我的家"获奖作品展，"不忘初心、牢记使命"主题教育，踏访毛泽东、习仲勋许昌足迹，到杨水才纪念馆接受革命教育等活动，使全市文艺工作者从思想上、政

治上、行动上统一到党的新时代文艺工作方针政策上来。

二是围绕中心，自觉服务大局。组织动员全市文艺人才，以文艺的力量把党的意图转化为人民群众的共同意愿，为推动经济社会高质量发展凝聚强大合力。面对2020年初突如其来的新冠疫情，许昌市及时派出了专业医疗队伍驰援湖北武汉，全市上下四百多万人民奋起抵御。我们及时发布了《许昌市文联致全市文艺工作者的倡议书》，号召全市文艺界发挥优良传统和专业优势，用文艺的形式凝聚力量、传递真情，倾情记录和讴歌了发生在疫情防控和经济发展中许昌人民艰苦奋斗的感人事迹。截至2020年，全市已创作各类文艺作品两千余件，在各级媒体发表两百多篇，引起社会各界强烈反响。例如，72岁的许昌作家张长安深入抗击疫情一线采访报道，撰写了长篇纪实文学《战疫颂歌》，被《中国报告文学》杂志采用公开发表；已退休的许昌画家杜文奇用手中的画笔，描绘了不同岗位、不同职业的工作人员不惧艰险、忠于职守的逆行者形象，所创作的美术作品《抗疫逆行者》组图，被《人民日报》《今日头条》等20多家媒体刊发，产生了广泛的社会影响。

三是脚踩大地，打造精品力作。深刻把握"四个坚持"的根本要求，团结引导广大文艺工作者脚踩许昌大地，深入基层一线，在火热的许昌实践中，把许昌大地的历史巨变写进书里、绘在纸上、诵成诗篇、谱成旋律、编成舞蹈、装进镜头，文艺佳作异彩纷呈。诗集《落日与朝霞》获中国作协第七届鲁迅文学奖；歌曲《小村微信群》获中宣部第十五届精神文明建设"五个一工程"奖；小说《轩辕黄帝》、豫剧《撼天情》、歌曲《古村人家》等获河南省第十二届精神文明建设"五个一工程"奖；农村体裁歌曲《小村来客》入选中国音协"听见中国听见你"2019年度优秀推选歌曲，把农村的新气象和城里人爱上美好生态小农舍的生活情趣生动表现出来，展现了新时代农民用勤劳和智慧创造的幸福生活。

四是守正创新，始终服务人民。树牢宗旨意识，强化担当意识，在守正创新中,切实把文艺为人民服务落到实处。在这一点上,不仅是许昌市本级做到了落地落细,所属县(市、区)也都进行了积极有益的探索。襄城县文联以创建"河南省书法之乡"为抓手,把文艺服务做精做细,把书法这一高雅艺术送到了山村、送到了农户,为"千年古县"增了光、添了彩。长葛市文联常年组织文艺家开展文化下乡服务、快乐星期天、送书画进基层活动,赢得社会各界的广泛好评。鄢陵县文联坚持"送文化"与"种文化"相结合,组织文艺工作者深入基层采访采风,相继创作了《鄢陵故事》《鄢陵花木文化》《魅力鄢陵》等图书、画册,歌颂了务实担当的"花都"儿女,展示了古城厚重的历史文化和日新月异的发展成就。

繁荣发展社会主义文艺的有生力量

——深圳市发挥"文艺两新"作用的实践与探索

张忠亮　深圳市文联党组成员、专职副主席
刘上江　深圳市文联组织联络部副主任
林坤城　深圳市文联职员

习近平总书记在2014年10月15日的文艺工作座谈会讲话中深刻指出，近些年来，民营文化工作室、民营文化经纪机构、网络文艺社群等新的文艺组织大量涌现，网络作家、签约作家、自由撰稿人、独立制片人、独立演员歌手、自由美术工作者等新的文艺群体十分活跃。我们要扩大工作覆盖面，延伸联系手臂，用全新的眼光看待他们，用全新的政策和方法团结、引导他们，使之成为繁荣社会主义文艺的有生力量。深圳是改革开放和现代化建设的前沿城市，市场经济和社会建设相对发达。近年来，深圳新文艺组织和新文艺群体（以下简称"文艺两新"）迅猛发展，催生了"互联网+文艺""科技+文艺""创意+文艺""金融+文艺"等一大批新型的文艺样式和文艺业态，呈现了跨界融合的时代特色，带来了文艺观念和文艺实践的深刻变化，推动了深圳文艺事业和文化产业的繁荣发展。

一、深圳"文艺两新"的基本类型与运营模式

深圳"文艺两新"群体数量庞大，形式多样，遍及各艺术门类，特点鲜明，优势突出。据调研统计，截至2020年，深圳有新文艺组织190 336家，其中文学类906家、戏剧类386家、电影类7479家、电视类26 444家、音乐类11 712家、舞蹈类16 900家、美术类65 437家、摄影类52 701家、书法类8026家、曲艺类122家、杂技类24家、民间文艺类10家、文艺评论类2家、文艺志愿类2家、网络文艺类5家、其他180家。按照性质与规模的差别，我们将其划分为以下类型，并对其运营模式加以概述。

（一）个体文艺从业者

个体文艺从业者以一己之力，从事文艺创作活动。深圳个体文艺者队伍庞大，几乎涵盖各文艺门类，包括网络作家、自由撰稿人、独立制片人、音乐制作人、独立演员、歌手、自由美术工作者等。

（二）文艺工作室

这种文艺工作室一般规模较小，主要由三五人组成一个小团队，分工合作，从事文艺创作活动，形成相对完整的文艺创作生产链条，如东一书画院、积微书院等。

（三）民间文艺社团

深圳民间文艺社团数量大、类型多，长期活跃于深圳大小社区街道。这些社团一般通过实行自营与公益演出"两条腿走路"的模式，解决生存、维持运作、寻求发展。

（四）中小型民营文化企业

深圳中小型民营文化企业数量最多，队伍庞大，类型多样，充满创新活力，如氧气传媒、八厘米文化传播、胡桃里音乐酒馆等。这些文化企业规模大小不一，市场化和产业化程度高低不同，处于孵化、成长、发展的不同阶段，但呈现出创作—经营一条龙的运作模式。

（五）半官方性质文化园区

深圳半官方性质文化园区主要是各类依托于政府投资、管理的文化创意园区，如大芬油画村、观澜版画基地、鳌湖艺术村、留仙洞艺术区等。

（六）大型民营文化企业

这类民营文化企业规模相对较大，影响较大，其中不乏业界领军企业，在经济规模、科技含量或者社会影响力等方面具有行业领先地位，如深圳A8、雅昌、华强、腾讯、环球数码、合纵文化、定军山科技等。

二、深圳"文艺两新"的重要作用和主要亮点

"文艺两新"是深圳文艺事业和文化产业的重要组成部分，是深圳文艺版图中的活跃力量，在深圳文艺繁荣发展中发挥了重要作用，呈现出了鲜明的特色和亮点。

（一）丰富市民文艺生活，繁荣城市文艺市场

近年来，政府文化管理职能日渐由"办文化"向"管文化"转变，鼓励社会力量参与公共文化建设，特别是深圳文艺院团改革后，大量的公益性文化服务通过购买服务方式交由企业和社会团体运营管理。深圳"文艺两新"应运而生，并迅速成为政府主流文艺的重要补充，通过承接政府公共文化服务，满足市民文化需求，繁荣城市文艺市场。

（二）创新文艺发展模式，拓展文艺表现样式

文艺与新技术、新金融和新媒体的有机融合与创新，推动了文艺发展模式的变革和进步，创新了文艺发展的模式和平台，拓展了文艺表现样式。近年来，以数字化技术为先导，依托网站、微信、手机短信等平台，形成了蔚为壮观的"网络文艺"现象。

（三）促进文艺市场化，形成文化产业链

"文艺两新"的产品直接面向市场，以商品流通形式为更广大的市

民所选择，一改长期以来文艺创作的计划经济模式。此外，新文艺组织借助高科技和市场资本，在文艺产品的上下游拓展形成文化产业链条，并向文艺以外领域渗透。以影视为例，原著创作、电影制作、电影发行、电影院线和影院形成了影视的传统产业链。

（四）催生文艺精品力作，培育文艺人才队伍

新文艺组织在文化产业链中实现文艺创作与产业市场的有效链接，取得经济效益和社会效益的双丰收，已成为深圳新崛起的竞争力十足的文艺原创力量。特别是深圳大型民营文化企业起点高、实力强，创作了一批既叫好又卖座的文艺精品力作，培育了一批跨文化经营人才和适应市场的专业文艺人才。

三、深圳对"文艺两新"的帮助与扶持

近年来，深圳在实施"文化立市""文化强市"战略的过程中，高度重视发展文化产业，充分关注"文艺两新"，通过顶层设计和具体措施，从政策、平台、资金、组织、产业提升等方面予以帮助和扶持，使之健康成长，有序发展。

（一）出台扶持政策

2004年，深圳率先实施建成高品位文化城市的"文化立市"战略，2012年又提出建设"文化强市"战略。自2003年，深圳先后出台《深圳市建设文化产业基地的实施意见》《深圳市文化产业发展规划纲要（2007—2020）》《深圳市文化产业发展促进条例》《关于加快文化产业发展的若干规定》《关于扶持动漫游戏产业发展的若干意见》《关于促进创意设计业发展的若干意见》《关于支持和促进深圳文化产权交易所发展的若干意见》等规划、法规和专项文件。2011年10月，出台《深圳文化创意产业振兴发展规划》及其配套政策。2012年4月，出台《深圳市文化事业建设费及宣传文化事业发展专项资金使用管理办

法》。2016年1月21日，印发《深圳文化创新发展2020（实施方案）》，对深圳文化发展战略和策略做出了顶层设计。2016年11月，印发《深圳市文化发展"十三五"规划》。2017年5月16日，率先打造"城市文化菜单"。这些文件为深圳文艺事业、文化产业的发展提供了政策依据和措施保障，也为深圳"文艺两新"的生长和发展创造了有利条件。

深圳各区也出台了相关扶持文件，促进文艺事业发展，提升城市文化软实力。譬如，南山区大力实施"文化立区"战略，推出《南山区推进公共文化服务社会化运作指导意见》《南山区社会组织举办高水平体育赛事及大型体育活动资助办法》《南山区剧院（场）演出低票价补贴办法》《南山区社会文化艺术活动项目资助办法》等系列文件，创新公共文化服务手段，鼓励社会力量参与公共文化服务，加快构建现代公共文化服务体系。

（二）搭建发展平台

搭建各类平台，是深圳支持与扶持文化事业、文化产业的重要方式。深圳文博会、高交会以及艺博会等大型国际性展示交易平台为广大"文艺两新"提供了展示空间和交易平台。深圳读书月、创意十二月、深圳设计周、深圳文学季、创意剧场、深圳青年影像节、深圳舞蹈月、深圳国际摄影大展、深圳国际魔术节等文化品牌活动，吸引"文艺两新"的参与，为其提供发展平台。

深圳建立各类文化创意园区，通过各种优惠政策吸纳"文艺两新"的加盟和入驻，形成集聚效应，促进总体发展；吸引"文艺两新"参与老厂房活化、旧街区改造等项目，为之提供文化空间和活动场所；构建各级各类文化服务平台，促进行业发展。譬如，福田区推出"影视IP全产业链融合与创新"平台，罗湖区围绕粤港澳登记大厅等建设构建版权全产业链，等等。

（三）提供资金扶持

深圳积极扶持"文艺两新"，形成了政府引导、全市支持、社会参与的良好局面。深圳市区两级政府设有文化事业建设费及宣传文化事业发展专项资金,投资发展文化创意产业,不设门槛面向"文艺两新"开放。深圳在原创研发、文艺作品创作生产、重大文化创意活动、文化对外贸易、文化新业态、公共技术服务平台建设等方面予以资金资助、补贴或奖励。

此外,深圳还针对"文艺两新"实施工程补助、税收减免、租金补贴等优惠措施,并鼓励"文艺两新"吸引符合国家政策和法律法规的社会投资和民间融资。奖励荣获"五个一工程"奖等重大奖项文艺精品的"文艺两新",鼓励他们参与公共文化服务,在采购文化项目和文化服务时予以照顾。

(四)解决实际困难

深圳市区两级政府积极服务生活于大芬油画村、观澜版画村和鳌湖艺术村等艺术聚落中的"文艺两新",采取系列措施解决其实际生活困难。作为党和政府联系文艺工作者的桥梁和纽带,深圳市文联延伸服务手臂,创新服务方式,积极吸纳优秀的"文艺两新"成员加入相应文艺家协会,给予组织关怀,建设"文艺家之家"。大芬油画村举行青年油画展,对从业人员进行考评,对于成绩优异者给予入户、安居等帮助。福田区成立"街头演艺联盟",为街头艺人提供展示平台、场地、资金和项目等方面的服务,引导参与公共文化项目。

(五)扶持重点企业

作为四大支柱产业之一,深圳文化产业一直保持着快速增长的态势,是深圳经济发展新常态的重要引擎和助推器。为挖掘文化产业潜力,提升文化产业实力,激发文化产业活力,深圳着力打造、引进了一批典型的文化企业和文化产业。首先,重点培育推动一批具有良好发展势头的文艺企业发展壮大,提升深圳龙头文化企业的影响力,打造成深圳乃至全国性的文化标杆企业。其次,引进一批具有良好发展前景的文化产业,提升深圳文化产业发展活力;通过手续审批、建设用地等方面的优惠政策，以及提升配套服务、扶持精品创作等方面的积极举措，吸引一批有活力的朝阳文化企业。最后，通过项目扶持的形式，助推深圳文化企业和民间文化产业基地发展。

随着《粤港澳大湾区发展规划纲要》和《中共中央 国务院关于支持深圳建设中国特色社会主义先行示范区的意见》的出台，深圳文艺事业将迎来一个新的春天，深圳"文艺两新"也将迎来大有可为、大有作为的广阔空间。深圳将进一步发挥"文艺两新"的作用，激发其创新创造活力，使之成为繁荣深圳文艺事业、推进深圳"双区建设"的重要文化力量。

锻造"四力"能力 做文艺调研高手

陈 冰 新疆维吾尔自治区塔城地区文联党组书记、副主席

锻造"脚力、眼力、脑力、笔力"最根本的途径就是深入生活、扎根人民。这就要求文艺工作者主动身入、心入、情入，掌握生活"大数据"，练就一身硬功夫，从中提炼典型形象、创作优秀作品。

深入生活，扎根人民，是新时代文艺精品创作创新的需要。习近平总书记指出，新时代呼唤着杰出的文学家、艺术家、理论家，文艺创作、学术创新拥有无比广阔的空间，要坚定文化自信、把握时代脉搏、聆听时代声音，坚持与时代同步伐、以人民为中心、以精品奉献人民、用明德引领风尚。新时代、新征程，人民需要优质精神食粮，文艺创作如何把脉创作现状，端正态度做法，建言发展思路，共同推动文艺发展繁荣，让文艺创作强起来，迫切需要文艺工作者扎根人民、深入基层，锻造"四力"，做新时代"艺术调研高手"。

目前，一些文艺作品看似在选材上"聚焦当下""接地气"，但时常出现题材跟风、主题立意先行、人物形象干瘪等现象。一些创作者为了让作品"有戏"，不惜人为制造冲突，着力丑化矛盾对立一方，引起不良社会影响，这都是深入生活、扎根人民不够，脱离生活闭门造车、哗众取宠造成的。这些现象，在一定程度上折射出个别创作者自

身的倨傲、懒惰、浮躁与逃遁。这些习气的形成反映出：盲目追求艺术"纯粹性"者有之；意愿上缺乏主动探寻心灵奥妙的好奇、能力上缺乏挖掘生活奥秘的本领，茫然无措者有之；自愿或被裹挟地陷入利益追逐中，无心也无力在生活里潜心挖掘文艺富矿者有之；看到一些尚未解决的社会矛盾时，干脆扭头视而不见，患得患失，不愿担当者有之。如此态度，哪能创作出人民需要的优秀作品。

深入生活、扎根人民，是文艺创作的价值观与方法论。戏剧编剧李宝群把自己30多年的创作经历总结为"从生活中打捞剧本"，他的近百部作品中90%以上都对准生活中的小人物，《父亲》《矸子山上的男人女人》《长夜》等作品开掘平凡中的伟大，回应沉默中的期望，这才是真正带有温度的文艺创作。塔城地区作家王喜从小生活在塔城抗美巷，正是由于对家乡的热爱，让她克服了白血病的困扰，写下了《雪妹》《克拉拉》《欧阳海棠》《生命日记》《静静的莫音塔》等一篇篇具有浓郁塔城特色的小说，实现了她在有限的生命里抒写更多家乡故事的夙愿。她说，是生活在这片土地上的各族父老乡亲，是这里的森林、草原、河流、蓝天、白云，是这片丰饶的土地给了她创作的活水和源泉。她创作的多部作品获得了"塔城文艺奖""天山文艺奖""西部文学奖"等荣誉。优秀的文艺创作者往往怀有大爱之心，深爱着这片孕育自己的土地，深爱着那些自强不息的姐妹兄弟。你越靠近他们，就越能感受到他们的可亲可爱，就越发敬佩他们的奋斗进取，就越发认识到广大人民是中华史诗的书写者、缔造者。有了这样一份真挚的情感和认同，你就自然会为他们抒情、为他们唱颂。情感认同并不是来自别处，而是来自文艺工作者倾注毕生精力和热情，与人民融为一体的那份情和意。

深入生活、扎根人民，是锻造创作者成为"艺术调研高手"的基本功和垫脚石。创作者要带着问题去观察、感受生活，集中精力、用心用情搜集与创作有关联的素材；要摒弃和克服带着设定好的"答案"

从生活中搜集"论据"的惰性；要善于在纷繁复杂的事物中捕捉生动的细节，寻找为己所用的素材支持。作家柳青为反映中国农业社会主义改造进程中的历史风貌和农民思想情感的转变，到陕西长安县黄埔村定居蹲点14年，深入农民生活，集中精力创作出1949—1966年农村题材的代表作——《创业史》，被誉为"经典性的史诗之作"。正是因为他对陕西关中农民生活有了深入了解，所以笔下的人物才那样栩栩如生。柳青熟知乡亲们的喜怒哀乐，只要中央出台一项涉及农村农民的政策，他脑子里就能想象出农民群众是高兴还是不高兴。柳青堪称"文艺调研高手"。

深入生活、扎根人民，要注重素材搜集，在思考研究的基础上创新；要把创新精神贯穿文艺创作全过程，增强文艺原创能力。唐代书法家李邕说："似我者俗，学我者死。"宋代诗人黄庭坚说："随人作计终后人，自成一家始逼真。"面对同样的创作素材，即使排除艺术门类、创作个性等差异，不同创作者仍然会基于不同价值观、人生观与艺术观，从不同角度利用创作素材创作出思想内涵迥异的作品。陆梦是塔城地区乌苏市哈图布呼镇特格里克布拉格村的一个农民作家，正是因为她生活在群众中间，经常和村民在一起聊天，听老人讲故事，亲眼领略红柳、岩画、乌孙古墓、古老驿站等历史人文和优美的大漠风光，才源源不断地涌现出创作灵感，创作出描写磨坊女主人的《漂亮女人》，描写20世纪50年代英雄的《看，那荒原》，描写有志青年依靠母亲烙煎饼考上上海大学的《妈妈的味道》，还出版了《所谓情商高，就是会表达》《陪孩子一起读的天文奥秘》等接地气、深受广大读者喜爱的作品。文艺要发挥价值引导、精神引领、审美启迪的作用，艺术家自身的思想水平、业务水平、道德水平是根本。文艺工作者要自觉坚守艺术理想，不断提高学养、涵养、修养，加强思想积累、知识储备、文化修养、艺术训练，努力做到"笼天地于形内，挫万物于笔端"，创作出不断携引人们走向光明的好作品。

深入生活、扎根人民，是建设政治坚定、德艺双馨文艺人才队伍的前提和保障。文艺事业是塑造人格灵魂、熔铸民族精神的崇高事业，文艺工作者是人类灵魂的工程师。习近平总书记指出，繁荣文艺创造、推动文艺创新，必须有大批德艺双馨的艺术名家。实践证明，只有充分尊重文艺工作者的创造性劳动，重用文艺人才，注重办好文艺人才各类培训，才能为本土文艺人才的成长、提高、创作出精品力作创造良好的条件。只有积极关心文艺人才的成长，想方设法为他们解决实际问题，着力扶持重点文艺创作项目，才能为文艺事业的持续健康发展创造更好的条件和环境，切实发挥本土文艺人才的重要作用。

传承才能创新。文艺工作者要有传承弘扬老一辈文艺家优良传统的格局和胸怀，恪守"爱国、为民、崇德、尚艺"的职业道德，不断加强自身修养，提升精神境界，涵养高尚品质，实现人品与艺品的完美统一。要牢记社会责任，坚守艺术理想，潜心艺术创作，把实现个人艺术追求和促进社会进步作为理想信念，坚决抵制低俗之风，传播先进文化，弘扬新风正气，塑造美好心灵，用人格力量赢得人民赞誉和社会尊重。

培训方能育人。要注重加强对基层文化能人、文化带头人的培养培训，充分发动艺术战线力量，调动广大文艺名家，深入基层传帮带，把普通群众、基层文化带头人中蕴藏的创作能量激发出来，培养、培训好基层文化骨干、文化能人、民间艺人、文化志愿者这支队伍，让他们在群众中发挥文艺作用，使文艺工作更接地气、更有活力、更具影响力。各级文联要发挥联络、引领作用，为广大文艺工作者深入生活、扎根人民提供好平台。通过"送欢乐下基层""文艺家讲堂""下基层采风""文艺轻骑兵"等形式，深入基层，扎根人民，汲取源源不断的活水。开展"请进来，走出去"的文艺活动，以交流、采风的形式，在交流中学习，在学习中提高，带动文艺队伍提升素质。近年来，塔城地区文联相继开展丰富多彩的文艺创作活动，如邀请疆内外名家大家来塔城采风、开展专题培训，利用文联"千人培训计划"等开展各类文艺家到基层交流交融活动。这些举措不仅提升了塔城地区的知名度和美誉度，还有效提高了本土文艺爱好者的能力和水平。

社会主义文艺，从根本上讲，就是人民的文艺。文艺工作者只有牢固树立正确的人民观，才能确保艺术创作取得成功，这是新时代艺术创作的先决条件。人民性正是确保创作立场正确的坚实坐标。有幸生活在中华民族伟大复兴的历史进程中，我们应该有用文艺记录时代、讴歌人民的雄心壮志。只有牢固树立马克思主义文艺观，真正做到以人民为中心，文艺才能发挥最大正能量。只有把文艺创作的根深深扎在生活沃土中，与人民血脉相连，我们才能不辱使命，共同铸就庄严、深情的时代艺术史记。

工作探讨

坚持以精品奉献人民的浙江实践与思考

陈　瑶　浙江省文联党组书记、副主席、书记处常务书记

2020年4月，习近平总书记在浙江考察调研时要求浙江"努力成为新时代全面展示中国特色社会主义制度优越性的重要窗口"。浙江省委十四届七次全会提出建设"重要窗口"十个方面的内容，其中包括努力建设展示社会主义先进文化的重要窗口，要求坚持以社会主义核心价值观引领文化建设制度，大力弘扬红船精神、浙江精神，守牢浙江人民的"根"与"魂"。2019年，习近平总书记在看望参加全国政协十三届二次会议的文化艺术界、社会科学界委员时指出，文艺创作做好"培根铸魂"工作必须遵循"坚持与时代同步伐，坚持以人民为中心，坚持以精品奉献人民，坚持用明德引领风尚"。浙江省文联一直坚持以为人民创作文艺精品为己任，深入贯彻习近平同志2005年在浙江省六次文代会上的重要讲话精神，积极发挥文联组织优势，干在实处、走在前列，为努力成为新时代全面展示中国特色社会主义制度优越性的"重要窗口"贡献文艺力量。

一、以精品奉献人民始终是文联工作的中心环节

浙江作为革命红船启航地、改革开放先行地、习近平新时代中国特色社会主义思想重要萌发地，有"三个地"的政治优势。党的十八大以来，"以人民为中心"已经成为习近平总书记治国理政新理念、新思想、新战略的标识性概念，而以人民为中心的创作导向则是习近平总书记关于文艺工作重要论述的核心要义所在。习近平总书记关于文艺工作的一系列重要论述，与其在浙江工作期间对文化文艺工作作出的重要部署、重要批示，是一脉相承的。2005年11月，在浙江省文联第六次代表大会上，时任省委书记习近平提出"必须始终坚持'三贴近'原则，把最美好的精神食粮奉献给人民"，要求全省广大文艺工作者深切体验社会实践，深入思考社会生活，深深热爱人民大众，从浙江人民改革开放的实践和追求幸福生活的现实中发现新题材，展示新形象，创造出无愧于时代和人民的优秀作品。

2005年，为贯彻落实习近平重要讲话精神，浙江省六次文代会提出，发挥文联的政治优势，强化弘扬先进文化的职能；发挥文联的人才优势，强化繁荣文艺创作的职能；发挥文联的组织优势，强化参与社会协同的职能。为了将"发挥三个优势、强化三项职能"的工作思路进一步落到实处，2010年的浙江省七次文代会提出，着力抓出一批优秀文艺作品，促进文艺创作全面繁荣；着力打造一批知名活动品牌，增强文联公共文化服务能力；着力推出一批文艺拔尖人才，壮大文艺人才队伍；着力创建一批新专业组织，扩大文联工作覆盖。2015年，浙江省八次文代会要求进一步弘扬社会主义核心价值观，争做塑魂铸魂的文艺先锋；进一步打造引领创作繁荣的核心引擎，带动从"高原"向"高峰"的攀登；进一步夯实最广泛团结凝聚体制内外文艺家的人才高地，体现文联组织的优势；进一步拓展基层文化建设的志愿通道，构建人民群众的精神家园；进一步增强政治性、先进性、群众性，履

行文艺界枢纽型组织的新职能。2018年以来,浙江省文联以深化改革为抓手,推动"深入生活、扎根人民"常态化制度化,着力创作与浙江"三个地"相适应的文艺精品。15年来,浙江省文联四任领导班子始终将以精品奉献人民作为工作的中心环节,做到既一以贯之、一脉相承,又在实践中不断完善、逐步深化。

二、浙江推动文艺精品创作的具体实践

21世纪以来,随着文化体制改革的不断深入推进,文艺创作的投入方式和主体日趋多元。在美术、书法、摄影等门类,艺术家个体创作的自主性越来越强;在电影、电视剧、戏剧等综合艺术门类,原来那种制作单位(电影厂、剧团等)靠自养主创人员的封闭式创作生产格局被打破,创作生产的组织方式日益社会化,主创人员的流动性加大,自主性也有了很大增强。这恰好为文联及协会介入创作过程、增强创作的组织化程度、助推创作繁荣提供了广阔空间。浙江省文联抓住机遇,积极谋划立项、创设载体平台、引领文艺创作的正确导向,紧紧依靠广大文艺工作者,积极开展文艺精品创作实践。

(一)以"一度创作"为抓手,突出选题策划,凝聚创作力量

在电影、电视剧、戏剧等综合艺术门类,突出抓前端,积极做好从选题策划、论证到剧本创作阶段的组织工作。以浙江省文联影视艺术创作委员会为平台,组织创作了电影《超强台风》、电视剧《十万人家》、纪录片《南宋》;以浙江省剧协"浙江编剧中心"为平台,创作了越剧《红色浪漫》、绍剧《八戒别传》、越剧《大漠骊歌》、姚剧《童小姐的战场》;浙江省舞蹈家协会创作了民俗风情舞剧《十里红妆·女儿梦》;浙江省音乐家协会组织创作了交响音画《钱塘江》和音乐会组曲《东海之歌》等一批重点作品。浙江省戏剧家协会编剧中心还以签约的形式,将分散在全省各地、各行业、各单位的编剧力量整合起

来，每年召开一次以交流创作情况、研讨剧本为主要内容的"浙江戏剧创作年会"，在剧作家个体与戏剧制作主体间搭建了一个良性互动的平台，形成了推动戏剧创作繁荣的工作机制。

（二）以"主题性创作"为抓手，聚焦时代主题，锻炼创作队伍

在美术、书法、摄影等以艺术家个体创作为主的艺术门类，紧紧围绕一个重大主题开展作品创作、征集和展示活动。早在省六次文代会召开后不久，浙江省委宣传部和省文联联合实施了浙江历史文化重大题材美术创作工程。历时三年多的创作实践共完成113件美术作品，成为习近平书记亲自关怀下建成的浙江美术馆开馆展览和首批藏品，得到了全国美术界的充分肯定，被誉为开创了全国的先河。受其鼓舞，在2014年10月习近平总书记主持召开文艺工作座谈会后，浙江省委宣传部和省文联立即启动了"百年追梦"浙江美术精品创作工程，聚焦1840年以来百年复兴路上的浙江壮丽篇章。在2021年建党100周年之际完成100件创作任务，以文艺形式展示党的百年芳华。两项主题美术创作工程共投入财政资金1.2亿元，动员全省150多名美术家参与，锻炼出了一支老中青相结合的堪称主题性美术创作的"国家队"。同时，围绕浙江省委提出的"五水共治"，浙江省书法家协会组织了"百水赋"书法名家百家百卷创作；根据浙江省政府"诗路文化带发展规划"，浙江省摄影家协会组织开展浙东唐诗之路、大运河诗路、钱塘江诗路、瓯江山水诗路"四条诗路"主题采风创作和摄影工作坊，推出"诗画浙江"全省风景摄影大展。推动创作繁荣的路径有不少，就社会主义文艺而言，我们有集中力量办大事的独特优势，通过有组织的大型主题创作催生精品、锻炼队伍、提升整体创作水平，被证明是行之有效的重要路径。

（三）以"艺术融合"为抓手，发挥文联优势，形成创作合力

浙江省文联充分发挥各艺术门类齐全、人才汇聚的优势，在重要

时间节点，搭建平台、整合资源，推出文艺精品。2019年庆祝中华人民共和国成立70周年之际，浙江省文联整合省级各文艺家协会力量，组织开展"献礼祖国"系列文艺活动，共17项51场，在全省掀起礼赞祖国的文艺热潮。国庆期间，更是调动了浙江省音乐家协会、省舞蹈家协会骨干创作团队有机融入许江同志的美术团队，在浙江展览馆南广场推出了集雕塑主体、建筑立面影像与音舞表演为一体的大型雕塑影像展演《葵颂》。面对2020年初突如其来的新冠疫情，浙江省文联第一时间组织全省文艺界开展了疫情防控文艺创作与宣传，五个月时间里创作了近两万件主题鲜明、富有特色的各类文艺作品。此后，我们会同省卫生健康委组织艺术家深入生活深入一线采风，对抗疫主题作品进行深度创作、加工打磨，并精选出三百多件优秀作品，以全艺术门类融合展的形式展出，得到了观众的普遍赞誉。

三、让文艺精品飞入寻常百姓家的思考

为人民提供最好的精神食粮是文艺工作者的使命和责任，更是创作优秀作品的根本目的。为让更多文艺精品飞入寻常百姓家，浙江省文联将着力在以下三方面下功夫。

一要抓好文艺精品创作规划。凡事预则立，不预则废，有效的组织引导是出精品的一个重要保障。浙江省文联充分发挥文艺评论家协会专家智库的作用，2020年上半年完成了《"三个地"文艺创作题材库建设与创作选题研究》，为全省文艺精品创作选题提供了路线指引。浙江省文联还重塑文艺创作机制，组织实施《浙江省文联精品创作与人才培养规划（2021—2025年）》，明确提出主抓主控的一批创作项目，为组织化创作定目标、画蓝图。

二要加大文艺人才培养力度。文艺精品的创作、展演等环节都有赖于优秀文艺人才。浙江拥有美术创作的"国家队"，戏剧舞台五届

12人获得"梅花奖",摄影连续五届在国展中夺魁,叶文龙等一批青年艺术家登上全国最高的领奖台。但随着老一辈文艺名家的相继故去,浙江省在全国叫得响的文艺领军人物和名家大师越来越少。浙江省文联在持续实施八年的青年造型艺术人才"新峰计划"的基础上,从2020年开始推出文艺名家孵化计划,力争经过三到五年或更长一段时间,推出十名左右在全国有影响力的文艺名家。

三要补齐文艺精品传播的短板。文以载道、文以传情、文以植德,作品叫得响,还要传得开、留得住才行。相较于动辄上亿观看量、阅读量的网络文艺,我们绝大部分的优秀文艺作品在传播量上望尘莫及,需要下大力气改进提高。2019年,浙江省文联全面完成杭州文化地标建筑浙江展览馆的修缮改造,为举办更多高水准的文艺展览、展演提供了实体阵地保障。2020年,整合省文联所属三家报刊社组建了"浙江省文联传媒中心",负责推动传统文艺和网络文艺融合发展。全新改版的"浙江文艺网"已经上线,网上剧院和网上展厅等优秀文艺作品展示功能进一步强化。下一步将积极探索建立网络文艺实践基地,推动网络文艺创作生产,逐步扩大网络文艺阵地。

在深入生活、扎根人民中进行无愧于时代的文艺创造

武雪梅　辽宁省文联党组成员、副主席

党的十八大以来，习近平总书记发表了一系列关于文艺工作的重要论述。这些重要论述全面系统而又创造性地阐明了新时代社会主义文艺实践中的诸多重大问题，继承和发展了马克思主义文艺观和社会主义文艺理论，是指导社会主义文艺实践的根本遵循和行动指南。这些论述中，"坚持以人民为中心的创作导向"是始终贯穿其中的核心观点。习近平总书记围绕这一思想展开的详尽阐述和提出的新颖命题，深刻揭示了社会主义文艺的本质属性，全面阐释了在文艺工作各环节中文艺与人民的关系，为"人民性"文艺话语赋予了新内涵、新特征，具有深刻的时代性、原创性，是新时代党对文艺工作一个重要的理论突破和思想创新，也是马克思主义中国化的最新理论成果。

一、"坚持以人民为中心"的理论溯源

（一）"坚持以人民为中心的创作导向"是与马克思主义文艺观一脉相承、符合社会文艺本质特征的理论表述

重视文艺与人民的密切联系，始终是马克思主义文艺观思想谱系中一以贯之的核心内容。"人民性"话语文艺观植根于马克思主义历史唯物史观之中，是历史唯物主义在精神生产领域的具体体现。历史唯物主义认为，人民是社会物质财富与精神财富创造的主体，历史归根结底是人民创造的。社会主义不仅要在政治上让人民当家做主，在物质上让人民摆脱剥削和压迫，更要在精神文化领域使人民群众的历史地位和主体地位获得体认。社会主义社会的性质，让人民群众的主体地位得到了充分认可，使社会主义人民性的文艺观具有了现实的社会基础。

马克思曾在《莱茵报》发表过许多革命性文章，深刻阐述了报刊出版物的人民性问题。他提出，新闻出版不应该只服务于特权阶层，还应该让人民享有权利，人民应该拥有文学表达的自由和文学评判的权利。列宁进一步发展了马克思这一思想，提出了彻底的人民性文艺理论。他指出，"艺术是属于人民的。它必须在广大劳动人民群众的底层有其最深厚的根基。它必须为这些群众所了解和爱好。它必须结合这些群众的情感、思想和意志，并提高他们。"[1] 在新时代，习近平总书记以其深厚的理论素养和坚定的政治立场，一针见血地指出：社会主义文艺，从本质上讲，就是人民的文艺，并在继承和发展马克思主义文艺观基础上，提出了"坚持以人民为中心的创作导向"的观点。社会主义文艺本质是人民的文艺，这是对社会主义文艺本质属性的第一次、最直接、最精练的概括，也是对中国社会主义文艺始终坚持马

---

[1] [苏联]列宁：《列宁论文学与艺术》第二卷，北京：人民文学出版社，1960年，第912页。

克思主义指导地位的一次理论宣言。

（二）"坚持以人民为中心的创作导向"是继承和弘扬优秀中华文艺传统、汲取社会主义文艺实践经验，在新时代语境下的重大理论话语建构

坚持以人民为中心的创作导向，是对中国传统美学精神和文艺价值观的回归性继承与弘扬。中国传统文化强调"民惟邦本"，优秀传统文化历来重视文艺与社会作用的紧密连接，古代文人更是把赋诗言志、为民代言作为日用而不觉的文艺价值观念。我国古代第一部诗歌总集《诗经》，体现了深厚的人民精神。从一首首以诗歌和民间歌谣建立起的叙事及抒情话语中，我们可以看到古代人民的劳动与生活、婚姻与爱情，感受他们的喜怒哀乐，体会当时的社会风俗。"诗圣"杜甫创作了大量反映人民生活的作品，形成了中国文学史上早期的现实主义风格，体现出炙热的忧国忧民的家国情怀。

这种人文传统被中国共产党在文艺实践中创新性加以继承，在马克思主义文艺理论中国化的过程中，最终完成了"人民性"这一党的文艺思想灵魂的理论建构。早在延安时期，毛泽东同志就对"文艺为什么人"的问题进行了阐述，明确提出了以工农兵为主体的人民本位文艺观。中华人民共和国成立后，随着人民民主专政国家的建立，党对文化领导权的确立，"艺术为人民"成为当代中国文艺的根本方向。改革开放以后，党的几代领导人继承文艺服务人民的基本原则并在此基础上有了新的丰富与发展，"人民性"始终是中国文艺的时代主流。坚持以人民为中心的创作导向，正是在以中华优秀传统文艺观念为根基，吸收党的文艺实践成果的坚持和创新中建构起来的，实现了马克思主义文艺理论的新飞跃。

（三）"坚持以人民为中心的创作导向"是着眼于时代发展的深刻变革，直面文艺事业内生需求，在更为宏观的理论视野和文化视野审视下确立的理论创新体系

坚持以人民为中心的创作导向，不是对马克思主义文艺人民性思想和中华民族文化的简单继承，而是在中国特色社会主义进入新时代的历史时刻，聆听人民心声，掌握现实需要，回答时代期盼，对"坚持和发展什么样的中国特色社会主义文艺、怎样坚持和发展中国特色社会主义文艺"这一重大时代课题的思考和解答，是在此基础上完成的重大理论创新与重建。

"坚持以人民为中心"体现了习近平新时代中国特色社会主义思想蕴藏的深厚文化底蕴。坚定文化自信心和自豪感是习近平新时代中国特色社会主义思想鲜明的特征之一。习近平总书记指出：文化自信是更基础、更广泛、更深厚的自信，是更基本、更深沉、更持久的力量。实现中华民族的伟大复兴需要中华文化繁荣兴盛。可以说，习近平总书记把文艺置于"培根铸魂"的高度，置于实现中华民族伟大复兴的战略高度来认识，深刻揭示了文艺作为精神力量在中华民族伟大复兴中不可替代的作用，赋予了文艺重要的社会地位和崇高的社会使命。

相较于马克思主义文艺理论和以往关于"人民性"的观点，习近平总书记"以人民为中心"的文艺思想是更为完整的整体文艺观念。"以人民为中心"贯穿于文艺创作生产的整个环节，辐射到文艺事业所有场域。从文艺的来源看，"人民是文艺创作的源头活水"，"人民生活中本来就存在着文学艺术原料的矿藏，人民生活是一切文学艺术取之不尽、用之不竭的创作源泉"。[①]从文艺的创作方法来看，"文艺创作方法有一百条、一千条，但最根本、最关键、最牢靠的办法是扎根人民、扎根生活"。"自觉与人民同呼吸、共命运、心连心，欢乐着人民的欢乐，忧患着人民的忧患，做人民的孺子牛。这是唯一正确的道路，也

[①] 习近平：《在文艺工作座谈会上的讲话》，北京：人民出版社，2015年，第15—16页。

是作家艺术家最大的幸福。"① 从文艺工作的任务来看，要把文艺创作作为中心环节，把满足人民精神文化需求作为文艺和文艺工作的出发点和落脚点。从文艺的评价标准来看，"人民的需要是文艺存在的根本价值所在"，必须建立经得起人民检验的评价标准，使人民成为文艺批评的重要依据，进一步丰富了马克思主义文艺批评理论的内涵。

二、在文艺实践中忠诚践行以人民为中心的文艺追求

（一）深入生活、扎根人民，在人民中体悟生活本质、汲取创作养分，为人民抒写、为人民抒情、为人民抒怀

坚持以人民为中心，必须具备深厚的人民情怀，要对人民充满热爱。人民既是历史的创造者、也是历史的见证者，既是历史的"剧中人"、也是历史的"剧作者"。以人民为中心，要带着情感走入生活深处，虚心向人民学习、向生活学习，从人民的伟大实践和丰富多彩的生活中汲取营养，真切地描绘生活，歌颂人民，书写和记录人民群众的真实需要、共同愿望、奋斗历程。近年来，辽宁省文联坚持推动文艺工作者深入生活、扎根人民常态化、制度化。一是建立健全文艺志愿服务组织机构，成立辽宁省文艺志愿者协会，实施志愿者保险计划，为文艺志愿服务体制机制注入强大力量。二是2017年至2020年，连续四年实施"六个一百"项目，建立百余个"深扎"长期联系点、选派三百余名优秀文艺家长期驻点、开展59次采风活动、创作文艺作品1656部、开展文艺名家大讲堂292场、组织文艺志愿活动1073场。三是以"采、创、送、种"为核心内容，打造"到人民中去""我们的中国梦"——文化进万家、"文艺进万家、健康你我他"等文艺志愿服

---

① 习近平：《在文艺工作座谈会上的讲话》，北京：人民出版社，2015年，第18—19页。

务品牌，组织全省文联组织和文艺家协会广泛开展采风创作和文艺惠民活动，不断推动"深扎"活动向纵深发展。通过这些活动，积极引导广大文艺工作者走出方寸天地，紧随人民脚步，在生活中锤炼创作本领，在人民生产生活中寻找创作灵感，用优秀的文艺作品歌颂人民、回馈人民。

（二）把创作优秀作品作为工作中心环节，以思想精深、艺术精湛、制作精良为目标，勇攀艺术高峰

坚持以人民为中心的创作导向，必须不断创作出人民喜闻乐见的优秀作品，不断满足人民群众日益增长的精神文化需求。在新时代多出精品力作，不断推进文艺从"高原"向"高峰"迈进，是我国文艺事业发展的重大战略任务，也是文联组织工作的重要目标追求。随着人民生活水平不断提高，人民对包括文艺作品在内的文化产品的质量、品位、风格等要求也更高了。我们必须团结引导广大文艺工作者创作生产出更多优秀作品，让人民精神文化生活不断迈上新台阶。近年来，辽宁省文联以文艺评奖、展赛为抓手，在打造文艺精品中实现新突破。歌曲《爱国之恋》《和祖国在一起》分别荣获全国第十四届、十五届精神文明建设"五个一工程"优秀作品奖。魔术《九儿》以第一名的成绩勇夺中国杂技金菊奖全国魔术比赛节目奖。在第三届中国美术奖评选中，辽宁获两银一铜的好成绩。在第十三届全国美展中，辽宁入选193件作品，列全国第七位，雕塑类列第一位。在第六届中国书法兰亭奖评选中，辽宁六人入展、一人获三等奖，位列全国第二位。第十二届全国书法篆刻展中，辽宁入选40人，列全国第十位，其中篆刻类列第一位。

面对突如其来的新冠疫情，辽宁省文联充分发挥战线优势，迅速组织开展抗疫文艺创作宣传，全省文艺家和文艺工作者与时代同步伐、与人民共呼吸，以文艺凝聚全民抗疫的精神力量，激荡迎难而上的壮志豪情。12个省级文艺家协会、14个市级文联共创作抗疫主题

作品11834件（组），举办宣传活动和网上展览32项，推送文艺作品1600余件（组）次，《人民日报》及客户端、人民网、央视频、中国文艺网等新闻媒体宣传报道215次。这些作品用生动感人的艺术形式，展现抗击疫情战役中涌现出的典型人物和感人事迹，记录疫情防控中各行各业同舟共济、共渡难关的社会风貌，讴歌伟大时代和中华民族顽强不屈的民族精神。实践证明，文艺工作的成效最终要看作品，文艺创作必须深深融入人民的生活和事业、顺境和逆境、梦境和期待，才能创作生产出无愧于伟大民族、伟大时代的优秀作品。

（三）强化思想政治引领，建设崇德尚艺的文艺人才队伍，让中国精神成为社会主义文艺的灵魂

坚持以人民为中心的创作导向，就必须牢牢把握社会主义文艺前进的正确方向，就必须始终坚持马克思主义文艺观的指导地位。文联组织必须牢牢把握政治性是第一属性的要求，更好地承担起团结引导广大文艺工作者坚定政治立场和政治方向的责任使命。一是聚焦中国梦的时代主题，使文艺工作服从和服务于党和国家工作大局，引导广大文艺工作者汇聚同心共筑中国梦的强大精神力量。辽宁省文联紧紧抓住重大时间节点，围绕学习宣传贯彻党的十九大精神、庆祝改革开放40周年、庆祝中华人民共和国成立70周年、学习宣传贯彻党的十九届四中全会精神，精心组织重大主题文艺展演展示活动，引导广大文艺工作者书写和记录人民的伟大实践、时代的进步，弘扬中国精神、凝聚中国力量，为中华民族伟大复兴营造浓厚的文化氛围。二是把文艺队伍建设摆在重要位置，努力培养崇德尚艺、有信仰有情怀有担当的新时代文艺工作者。辽宁省文联把培训作为开展思想政治引领的重要抓手，持续深入强化文艺界思想理论武装，不断提高文艺工作者的学养、修养、涵养。2017年以来共举办培训班139期，培训21726人。通过持续深入的思想政治引领，进一步增强了广大文艺工作者对党的文艺观的政治认同、思想认同、情感认同。三是突出榜样

的引领作用，礼敬礼遇文艺领军人物。繁荣文艺创作，必须有大批德艺双馨的文艺名家。2019年，我们历时两个月，梳理制作了辽宁有影响的艺术工作者图谱。完成了辽宁414人、20余万字文字资料的整理、编印，形成《辽宁有影响的艺术工作者基本信息》《辽宁有影响的艺术工作者小传》。举办宋雨桂、宋惠民、田连元、冯玉萍等艺术家展览展演研讨活动，树立文艺界新风正气，引导广大文艺工作者坚守艺术理想，为历史存正气、为世人弘美德、为自身留清名，用中国精神引领社会风尚。

（四）转换工作理念、创新工作手段，统筹推进文联深化改革，焕发新时代文联组织的生机和活力

坚持以人民为中心的创作导向，必须要坚持问题导向，直面现实问题，破解文艺难题。当前，新时代文艺业态呈现出深刻变化、面临新的机遇和挑战，亟待文联组织转变陈旧工作理念、摆脱传统思想观念的束缚，发扬创新创造精神，以刀刃向内的勇气谋划改革、推动改革。一是加强顶层设计，深入推进文联职能转型发展。2019年，为落实文联深化改革实施方案，我们研究制定了各文艺家协会、机关处室2019年改革任务清单和落实台账，将改革任务细化为126条具体事项推进落实，目前已完成118项。二是延伸工作手臂，做好"文艺两新"工作。"文艺两新"工作是新时代新形势对文联工作提出的新要求新任务，也是文联组织聚焦"做人的工作"、最广泛团结引领文艺工作者的必然要求。经过两年来的艰苦努力，我们基本实现了辽宁"文艺两新"工作从认识不足到行动自觉、从情况不明到摸清底数、从无所遵循到建章立制、从无从着手到稳步推进的转变。三是强化互联网思维，积极推进"互联网+文联"建设，把互联网这个最大变量转变为文联在新时代改革发展的最大增量，完成辽宁文艺网改版和省文艺家协会会员信息管理建设，积极探索文联工作与媒介融合，通过线上会议召开网上全委会，举办网络展览，与爱因斯坦App、抖音等媒体合作，开

展线上文艺活动。通过提高文联工作水平、创新意识，不断探索更加适应新时代为人民服务的工作模式与路径。

（五）坚持人民评价标准，把握文艺评价的正确方向，充分发挥文艺评论和理论研究的作用

坚持以人民为中心的创作导向，必须高度重视文艺理论研究，必须坚持经得起人民检验的评价标准。文艺理论是指导文艺创作的理论基础。新时代做好文艺理论研究工作，特别是深入研究阐释习近平新时代中国特色社会主义思想，对于引导广大文艺工作者学懂弄通做实党的文艺理论，为繁荣社会主义文艺提供理论支持和学术支撑，具有十分重要的意义。2020年，我们改革原有机构设置，建立内设机构理论研究部，开展调查研究、行业政策制定、文艺舆情和理论阵地建设，进一步增强做好文艺理论研究阐释的力量。此外，我们高度重视文艺评论工作，打造省文联"一丁"影视评论品牌，组织文艺评论家为电视剧《老酒馆》撰写理论文章15篇，人民网、光明网、新华网、中国网等国家级媒体相继转载。辽宁文艺论坛、中青年读书班坚持把社会效益放在首位，坚持用人民标准，坚决抵制趋利媚俗之风，营造文艺创作健康向上的良好生态。

坚持以人民为中心的创作导向的湖南认识与实践

欧阳斌　湖南省政协原副主席、湖南省文联原主席

习近平总书记关于文艺工作的重要论述，具有鲜明的实践品格，从实践中来，又在实践中得到了检验。它为我们做好文艺工作提供了根本遵循，特别是坚持以人民为中心的创作导向的论述，具有极强的针对性、指导性和有效性。

一、守初心、担使命，是坚持以人民为中心创作导向的重要前提

湖南是毛主席的家乡，湖南的文艺工作者要像当年学习毛泽东文艺思想一样学好习近平总书记文艺工作重要论述，要像当年贯彻毛泽东文艺思想一样贯彻好习近平总书记文艺工作重要论述。坚持以人民为中心的创作导向，与要求文艺为最广大的人民群众服务是一脉相承的。为人民抒写、为人民抒情、为人民抒怀就是新时代文艺工作者的初心和使命。

(一)文艺工作者心中一定要时刻装着人民

习近平总书记在纪念红军长征胜利80周年的大会上，深情地讲述了半条被子的故事。他说，什么是共产党？共产党就是自己有一条被子，也要剪下半条给老百姓的人。这就是共产党人为人民服务的初心。文联是党在文艺界的"统战部"。文联的任务就是要把广大文艺家团结在党的旗帜下，为人民服务，为社会主义服务。我们不管取得多大的成绩，不管走了多远，都不应该忘记我们的文艺源于人民、属于人民、为了人民，这是一个文艺工作者必须时刻坚守的初心。2019年去世的湖南省知名戏剧曲艺作家黄士元同志就是这方面的标杆。对这样的身边典型，我们就要大学特学。我们还要努力办好各门类各层级的学习习近平总书记关于文艺工作重要论述专题培训班，教育全省文艺工作者心中时刻装着人民。近三年来，湖南省国家级会员培训率达到98%，省级会员受训达15 000人次。"潇湘无限意，尽在初心中。"笔者经常与湖南省文艺工作者共勉：无穷事业，有穷光景，但相期，不负初心。

(二)文艺工作者一定要有强烈的使命感

习近平总书记告诫我们，幸福都是奋斗出来的。人民是文艺工作者的母亲。新时代的文艺工作者要牢记使命，珍惜时光，努力创作和工作，把生命中最美好的东西奉献给人民。作为一名文艺组织工作者，我一直信奉"哪座山唱好哪个歌，但是并不反对这山望着那山高"，因为上进心是进步的动力。但我们千万不能忘记，前提和基础都是本职工作。本职工作做好了才能展示出你的才华才干，才能体现出以人民为中心的价值追求。笔者在担任省文联主席期间，一直有一种战战兢兢的感觉，每天就像手里捧着一钵油，小心翼翼地往前走，生怕自己没有尽到责任把油泼洒了出去，对不起党，对不起人民，对不起全省文艺工作者。因此自己只要在职一天，就认真地工作一天，努力当好"文艺义工"。笔者跟湖南文联机关的同志多次交心谈心，希望大家心无旁骛地做好本职工作，把主要的时间、精力、工作放到扶持、服务文艺工作者的创作上来，放到心甘情愿为他人做嫁衣上来，甘心当绿叶、勇于做阶梯，在别人的成功中实现自身的价值。笔者也经常鼓励文艺家努力擦亮"文艺湘军"名片，奋力攀登文艺高峰，把最高的才情、最美的艺术献给最好的时代。

二、提高文艺作品质量，是坚持以人民为中心创作导向的必然要求

习近平总书记要求"把提高质量作为文艺作品的生命线"。当前，在文艺供给与需求关系上，存在的不是一般性的供给不足问题，而是有效供给、高质量供给不足的问题。为此，我提出了"六个标志性"的奋斗目标，即努力培养标志性文艺领军人物，努力扶持标志性文艺精品，努力建设标志性文艺基础设施，努力打造标志性的文艺活动品牌，努力发展标志性的文化产业，努力形成标志性的文化区域。其中，人才和精品是关键，是重中之重。

（一）引导文艺工作者"脚踩坚实大地"

引导文艺工作者在持续开展"深入生活、扎根人民"主题实践中获取文艺创作的灵感、主题和题材，在深入开展增强"脚力、眼力、脑力、笔力"教育实践中锤炼艺德和艺品，在投身火热的时代、沸腾的生活中把握时代的主题和人民的情感。近三年来，湖南省自觉奔向全省精准扶贫主战场体验生活的文艺工作者达1200人次。我们连续四年组织"武陵追梦"文艺采风创作活动，几十批文艺工作者深入武陵山片区的沟沟岭岭采风创作，开展文艺扶贫、记录扶贫事迹、书写扶贫实践。

（二）狠抓主题文艺创作

近年来，湖南省文联把紧扣党和国家中心工作、重要时间节点组织创作生产优秀主题作品作为文艺工作的中心环节，心无旁骛，聚焦

发力。组织实施了脱贫攻坚主题文艺创作三年行动计划，签约九位文艺家奔赴贫困地区深入生活，共创作出小说、剧本、报告文学作品21件，并在全省文联系统征集脱贫攻坚主题优秀文艺作品731件。在湖南日报手机客户端"新湖南"、红网开设"圆梦今朝""文艺的力量"专栏，展示这些作品。全力配合协助省委宣传部打造脱贫攻坚主题大型歌舞剧《大地颂歌》、电视剧《江山如此多娇》。为迎接中国共产党成立100周年，着力打造精品广播剧《向着光明前行》，认真组织实施"百年恰是风华正茂"——庆祝中国共产党成立100周年美术创作工程，创作大型交响清唱剧《曙光》和舞剧《热血当歌》。2020年上半年，湖南省深入开展抗击新冠疫情主题创作，为疫情防控发挥了强信心、暖人心、聚民心的重要作用。自1月27日起，组织全省文艺家创作各类文艺作品16000余件，初评推出作品1734件，终评出优秀作品107件，其中沙画作品《祖国不会忘记——逆行白衣战士》网上点击超过了4000万次。

（三）努力造就一批文艺名家和领军人物

湖南省文联按照"全面推进，重点突破"的人才培养思路，实施了文艺人才扶持"三百"工程，遴选了老中青370名文艺人才进行跟踪扶持和培养。健全人才激励机制，办好湖南省文学艺术奖，加大了对国家级获奖作品和人才的配套激励。认真落实深化改革要求，延伸工作手臂，扩大工作覆盖面，激活新文艺组织、新文艺群体的文艺生力军作用，评选推介新文艺群体领军人才，开展新文艺群体艺术系列高级职称专场评审，在各文艺家协会成立新文艺群体工作委员会。同时，建立网络文艺中心，与湖南日报手机客户端"新湖南"、红网合作，开辟文库、艺苑频道和文艺频道，构建文艺宣传的全媒体格局，集中力量推介各文艺门类的领军人物，扩大他们在全国的影响，调动了文艺人才创作积极性，初步形成了才尽其用的局面。

三、满足人民美好生活需要,是坚持以人民为中心创作导向的最终目标

习近平总书记说,人民对美好生活的向往,就是我们的奋斗目标。这句话非常朴实,但字字千钧。精神文化生活是人民美好生活的重要内容,满足人民不断增长的精神文化需求,是我们文艺工作的出发点和落脚点。时代是出卷人,我们是答卷人,人民是阅卷人。我们的文艺能否满足人民美好生活的需要,只能由人民群众来回答和考量。

(一)把最好的精神食粮送到群众中去

近三年来,湖南省文联重点打造了文艺惠民品牌——"笑满三湘"巡回演出,在全省14个市州和西藏、海南共演出87场,参与活动的文艺志愿者6000余人次,直接受众达55万人。"笑满三湘"正在成为湖南文艺志愿服务的一张闪亮名片,在演出现场常常能听到老百姓的心声:"感谢党和政府将这么好的节目送到我们身边。"还有"武陵追梦"文艺采风创作活动、"祖国新春好·幸福进万家"湖湘千名书家写万联送万福活动、"戏韵——湖南名家讲座进校园"活动、"我们的节日·端午节"汨罗系列活动等,都较好地贴合了人民群众的文化需求。

(二)把优秀的作品奉献给时代和人民

这些年,我们朝着"出名作、有影响"目标蹄疾步稳地前进,一批紧扣时代节拍的优秀作品涌现出来。如报告文学《乡村国是》、电影《十八洞村》、电视剧《共产党人刘少奇》《那座城这家人》获得中宣部第十五届"五个一工程"奖,《乡村国是》获得第七届鲁迅文学奖,《十八洞村》获得第十七届中国电影华表奖优秀故事片奖;花鼓戏剧本《桃花烟雨》获得第二十三届曹禺剧本奖;大型版画《秦王扫六合》入选中华史诗美术大展;歌曲《奔驰在祖国大地上》入选中宣部第七批"中国梦"主题新创作歌曲;杂技《丝路芳华——柔术造型》《荷韵——单手倒立》在乌克兰第三届国际青少年马戏艺术节摘得"金栗

子"奖；在第十三届全国美术作品展中，湖南省入展作品135件；在第十二届全国书法篆刻作品展中，湖南省入展作品82件，全国排名第三；在第二十七届全国摄影艺术展中，湖南省入展作品19件，全国排名第六。当然，时代不断进步，人民的文化需求不断转型升级，推出更多唱得响、传得开、留得下的作品，是一个"永远在路上"的课题。

（三）用明德引领社会风尚

文艺工作者要以文化人、培根铸魂，首先自己要挺立起精神的脊梁。湖南省文联持续开展"崇德尚艺，潜心创作"主题活动，用段江华、黄士元等身边的典型引导全省文艺工作者自觉追求德艺双馨，自觉抵制"三俗"，自觉担当意识形态工作责任，坚持"有口皆碑曰名，大众受益曰利"的正确名利观，努力在湖南文艺界建立一个强大的"场"，营造一个清清爽爽的文艺氛围和文艺生态，让每一个文艺家都能够找到发挥所长的舞台，在文联这个大家庭里面能够感受到温暖和亲近，相互之间能够留下一些美好的东西。着力打好团体赛、组合拳、接力赛，推动形成各个艺术门类齐头并进、老中青少几代文艺工作者互帮互学、相亲相尊的文艺大格局和工作合力。

就在笔者从湖南省文联主席岗位退下来的时候，收到了一封来自远方的信，一位读者朋友感谢我几十年前的一本小册子给予她的鼓舞和力量。而笔者在为文艺工作者服务的时日里，也时刻感受到习近平总书记关于文艺工作重要论述对于自己当好文艺界服务员的指导和鞭策。笔者深深感受到，坚持以人民为中心的创作导向，新时代的中国文艺必然迎来高峰耸峙的喜人局面。

立足云南 深挖民族文化
开创少数民族电影新时代

赵春明 云南省电影家协会副主席、云南民族电影制片厂厂长

习近平总书记关于文艺工作的重要论述，深刻分析了文艺领域面临的新形势、新情况、新问题，创造性地回答了文艺繁荣发展的一系列根本性、方向性的重大问题，定方向、立纲领、点问题、提神气，充分体现了党和国家对文艺工作的新思想和新要求。作为新时期的电影工作者，笔者深刻领会习近平总书记关于新时代文艺工作的重要论述精神，对于怎样发展中国电影，如何创作出新时代的优秀电影作品，心里有了底气，行动上有了坚定的方向。作为全国唯一冠以"民族"的国有电影制片厂，云南民族电影制片厂在60多年的风雨历程中，始终立足于多姿多彩的民族文化沃土，深耕细作，创作出了近百部少数民族电影作品，让全国观众通过电影大银幕认识和了解七彩云南，让26个世居民族的形象走进观众心里。

同时，习近平总书记关于文艺工作的重要论述，也让我们更加坚定了繁荣和发展少数民族电影的目标，增强了创作的信心。依托丰富多彩的自然资源和民族文化资源，深入生活、扎根人民，从人民创作

中汲取营养和灵魂，创作出新时代的文艺精品，是每一位电影工作者的初心和使命；用光影记录时代变革、用真情讲好中国故事，焕发新时代国有电影企业的生机活力是云影厂电影工作者的责任担当。

一、立足民族文化资源，深耕新时代民族电影创作

习近平总书记在文艺工作座谈会上的讲话中引用白居易的诗句："文章合为时而著，歌诗合为事而作。"衡量一个时代的文艺成就最终要看作品。推动文艺繁荣发展，最根本的是要创作生产出无愧于我们这个伟大民族、伟大时代的优秀作品。地处祖国最南端的云南，生活着 26 个世居民族、16 个跨境民族和 15 个特有少数民族。奇山秀水的自然景观和多姿多彩的民族文化，为民族影视创作提供了丰富的滋养。云南被誉为"天然的摄影棚"，是许多外来影视剧组最为青睐的地方；云南还是民族文化的百花园，4800 万各族同胞在这里和谐共处、世代相袭，民族风情绚丽多姿，被誉为音乐歌舞的海洋；云南还有 4000 多公里的边境线，毗邻 3 个澜湄流域国家，拥有 18 个国家级口岸，跨境民族和谐共荣的边境生活题材极为丰富。20 世纪五六十年代，文艺工作者在云南创作的一大批反映少数民族生活的优秀电影作品受到全国观众的喜爱。《五朵金花》《阿诗玛》《神秘的旅伴》《芦笙恋歌》等一批少数民族电影作品风靡一时，成为一个时代的标志。改革开放以来，以《孔雀公主》《彝海结盟》《相约在凤尾竹下》《洱海情波》《黑面人》《姑娘寨》《太阳鸟》《花腰新娘》《诺玛的十七岁》等为代表的一大批电影作品再度掀起了少数民族电影的繁荣时代。这些影片带着云南神奇美丽的自然景观和异彩纷呈的民族风情蜚声国内、国际影坛。谢晋、张艺谋、陈凯歌、成龙、姜文、徐峥、章家瑞等一大批影视人纷纷汇聚云南拍片，七彩云南成为省内外影视人、影视剧组炙手可热的地方。

然而，进入 21 世纪以来，云南的少数民族电影陷入了发展困境，

特别是电影高度市场化以来，中国电影发展突飞猛进，而以少数民族题材为代表的云南电影却难有作为。立足本土的云南电影制作机构近些年来少有成果，作品影响力匮乏，相关产业无所适从。究其因在于被市场所绑架，在创作导向和创作态度上出了问题。粗制滥造、急功近利，一味迎合低级趣味的垃圾作品充斥市场。本土的创作机构、创作人丢弃了根本、迷失了方向。

习近平总书记在文艺工作座谈会上的讲话指出："我国少数民族能歌善舞，长期以来形成了多姿多彩的文艺成果，这是我国文艺的瑰宝，要保护好、发展好，让它们在祖国文艺百花园中绽放出更加绚丽的光彩。"① 云南26个民族所构筑的绚丽多姿的民族文化资源，不仅仅是云南文艺创作者的创作源泉，也是全国乃至世界各地文艺创作者所向往的宝藏。20世纪五六十年代创造的"云南电影现象"曾引领中国少数民族电影铭刻下中国电影浓墨重彩的时代烙印。七彩云南绚丽多姿的民族文化资源，成为中国电影取之不尽、用之不竭的创作源泉，为云南的民族电影创作提供了肥沃的土壤。古滇遗迹、南诏风韵、民国遗风、护国运动、滇西抗战、西南联大、民族风貌、民俗节庆；热带雨林、原始山脉、山水田园、高原湖泊、雪山胜景、四季风情……这些独特的人文景致和地域风貌为电影拍摄提供了不可多得的外景资源。作为云南本土的文艺工作者只要珍惜这些上天所赋予的文艺瑰宝，潜下心来，深耕细作，认真挖掘来自各民族灵魂深处的动人故事，以虔诚的态度走进人民中间，一定会创作出无愧于新时代、无愧于人民的精品佳作。

---

① 习近平：《在文艺工作座谈会上的讲话》，北京：人民出版社，2015年，第11页。

二、深入生活，从人民创作中汲取营养和灵魂

习近平总书记在文艺工作座谈会上的讲话指出，"艺术可以放飞想象的翅膀，但一定要脚踩坚实的大地。文艺创作方法有一百条、一千条，但最根本、最关键、最牢靠的办法是扎根人民、扎根生活。"[①] 近些年来，一些文艺工作者把文艺创作当成了追逐利益的摇钱树，为了挣"快"钱，胡编乱写、牵强附会、粗制滥造，没有田野调查，没有创作采风，更没有生活体验，彻底脱离了文艺创作的根本规律。试想对一个民族毫无认知、毫无接触，如何能够创作出揭示本民族灵魂的电影作品，又如何能够得到民族同胞的认可？习近平总书记指出，"人类文艺发展史表明，急功近利，竭泽而渔，粗制滥造，不仅是对文艺的一种伤害，也是对社会精神生活的一种伤害。"[②]2017年，云南民族电影制片厂启动了"云南特有少数民族电影工程"，在推进布朗族民族主题电影创作的过程中，从源自西双版纳布朗山寨的一个祭祀活动中了解到布朗族崇尚自然、崇敬森林的民族原始信仰。为了挖掘一个祭祀木鼓必须要达到50年才能更换的真实故事，组织项目采风创作组先后六次深入布朗山寨，男女主要演员与编剧小组在章朗村体验生活四个月，与布朗族同胞同吃同住，上山采茶。四个月的布朗山生活，让他们有了刻骨铭心的生活体验，多数人可以讲布朗话，甚至被认为是布朗族人本色出演。真实的故事、真实的生活、真实的场景、真实的布朗人，加上电影艺术的渲染和提升，造就了一部真实而生动的好作品。本片受到专家和观众的一致肯定，成为云南本土近年来最受好评的少数民族电影作品之一。

[①] 习近平:《在文艺工作座谈会上的讲话》，北京：人民出版社，2015年，第19页。

[②] 习近平:《在文艺工作座谈会上的讲话》，北京：人民出版社，2015年，第9—10页。

精品之所以"精",就在于其思想精深、艺术精湛、制作精良。在云南民族文化的百花园中,创作出流芳百世的电影艺术精品,创作者就必须要走进生活深处,在人民中体悟生活本质、吃透生活底蕴。只有把生活咀嚼透了,完全消化了,才能变成深刻的情节和动人的形象,创作出来的作品才能激荡人心。

三、聚合同宗同源文化,促进民族电影的交流与合作

习近平总书记在联合国教科文组织总部发表演讲时指出,文明因交流而多彩,文明因互鉴而丰富,文明交流互鉴是推动人类文明进步和世界和平发展的重要动力。

云南是中华文化、中华文明的发祥地之一,也是中国少数民族聚集地,更是连接南亚和东南亚的西南要冲。无论是从历史与现实交融,还是从中华民族融合以及国际文化交流的视角来看,云南都应该成为中国与南亚、东南亚文明交流与互鉴的中心。这既是历史的延续,又符合现实的需要。

澜沧江、湄公河流域的中、泰、缅、老、越、柬六国山水相连,人文相通,16个跨境少数民族和谐相融,其中多个民族有着同宗、同族、同节、同音的宗源关系。一寨跨两国、一户连三江、一江穿六国,金三角、湄公河、滇越铁路、滇缅公路、驼峰航线、泛亚高铁,边境融合互通、国安边防边境所呈现的电影故事惊心动魄、丰富多彩。这些都是少数民族题材电影在周边国家形成交流与合作的独有优势,也是中国优秀民族文化对外传播与辐射的基础,更是云南电影工作者在挖掘共通题材、创立对外合作的得天独厚的优势资源。随着澜湄合作机制的不断深入,中国与澜湄流域国家在互联互通领域的合作已经取得许多积极进展。昆曼公路已经通车,泛亚铁路建设正在如火如荼快速推进中。澜湄六国正在不断探索促进边境口岸通关便利化的合作措

施，积极提升边境口岸开放合作的进程和水平，共同致力于建设繁荣稳定、和谐共荣的边境线。2016年，云南民族电影制片厂在中、老、缅边境交界地州西双版纳创办了以"自然与人文电影的国际化视野"为主题的首届澜湄国际电影周活动，目前已经连续举办五届。澜湄国际电影周是针对澜沧江、湄公河流域不同国家间社会人文交流的重要载体，是推动云南成为面向南亚、东南亚辐射中心的重要举措。澜湄国际电影周活动为加强六国文化交流、传播中华文明起到积极的作用，奠定了坚实的人文交流基础。依托毗邻五国的国际地缘和同宗同源民族文化的相融优势，通过澜湄国际电影周聚合平台的创建，让流域国家电影人走到一起交流合作，让少数民族电影在全球化背景下得到更好的发展，使流域地区民族电影的国际化交融进一步凸显。未来，云南民族电影制片厂将联动澜湄流域国家电影人，充分提升澜湄国际电影周平台的聚合与辐射价值，在民族电影的题材挖掘、创作合作、传播交流方面发挥积极的作用，让民族电影的绚丽之花开遍世界。

新的时代呼唤民族电影焕发出新的生机，在绚丽多姿的民族文化百花园中，我们要走进生活深处、融入人民中间，以文艺工作者的情怀和素养，从人民创作中汲取营养和灵感，与人民共舞、与世界交融，民族电影一定会迎来新的春天。

评文论艺以明德　培根铸魂为复兴

——"傅雷杯"全国文艺评论征文大赛启示

胡晓军　上海市文联理论研究室主任

上海市文艺评论家协会副主席兼秘书长

习近平总书记在 2019 年 3 月 4 日看望参加全国政协会议的文化艺术界、社会科学界委员时指出，文化文艺工作、哲学社会科学工作属于"培根铸魂"的工作，同时提出"四个坚持"的要求——坚持与时代同步伐、坚持以人民为中心、坚持以精品奉献人民、坚持用明德引领风尚。这一论断和四个要求，是习近平总书记关于文艺工作系列讲话精神的再次强调和再度发展，为中国特色社会主义文艺评论工作进一步明确了方向、提供了动力。作为介于文化文艺和哲学社科之间并集两者精华于一身的文艺评论，与文艺创作同样具有"文变染乎世情，兴废系乎时序"的重要地位和巨大作用；作为文艺事业和文化产业的另一轮翼，文艺评论与文艺创作同样是时代前进的号角，最能代表一个时代的风貌，最能引领一个时代的风气，最能承担记录新时代、书写新时代、讴歌新时代的使命。我们的文艺评论工作，必须以扎根传统文化、吸收世界精华为基础，立足中国特色社会主义伟大实践，把握时代脉搏，聆听时代声音，回答时代课题；必须坚持以人民为中心的评论导向，贴近人民生活，感知人民意愿，反映人民关切，从而创造出更多有格调、有价值、有意义的评论作品，不断提升中国特色社会主义文艺的吸引力、感染力和理论的影响力、生命力。

"傅雷杯"全国文艺评论征文大赛的举办，正是我们学习贯彻习近平总书记关于文艺工作的一系列重要讲话精神的一次生动践行和初步尝试。由上海市文艺评论家协会与市作家协会、浦东新区文化体育和旅游局、浦东新区航头镇政府等联合主办的"傅雷杯"全国文艺评论征文大赛于2019年11月21日启动，2020年2月29日截止。经评选共评出一等奖1名，二等奖3名，三等奖6名，优秀奖10名和入围奖20名。

上海文艺评论底蕴深厚、人才众多、作品丰富、影响广远，曾多次立时代社会潮流之头，开全国争鸣风气之先。然而上海举办全国性的文艺评论征文活动，以往则是罕有其例。"傅雷杯"全国文艺评论征文大赛的宗旨，便是立足上海，面向全国，通过发掘上海文艺评论资源，弘扬海派文化精神，为全国文艺评论的氛围营造、平台构建、事业发展发挥倡导和助推的作用。从征稿和评选过程看，这一宗旨可谓初步达成。纵观获奖作品，大致具有以下特点。

一是积极宣传、践行社会主义核心价值观，有强烈的文化使命感和社会责任感，有高度的自信力和饱满的正能量。二是拥有对一个或几个文艺门类的人物及作品、历史与现状的深度认知、思辨系统，观点独到，论说充分。三是以小见大，由浅入深，从作品出发，从现象出发谈论当代文化建设的重大问题，体现了较强的大局观、时代感和建设性。其中有的以古鉴今，总结分析以往创作的经验教训，为当下提供参考；有的针对现实，阐述新媒体的变化给创作、欣赏和评论所带来的新影响及新趋势；有的据理直言，敢于批评，除对具体创作外，更对评论名家观点、评论现状本身提出看法，表现出应有的反思意识。四是部分作品既有学理性，又有审美感，对创作和欣赏同时具有良好的引导和引领作用。五是求真务实贴地气，文风平易说人话，拒绝大话、空话和套话。这些获奖作品的特点使我们感到，如果说文艺创作不能是"一个人的风花雪月"，那么文艺评论则不能是"一个人的青灯黄卷"，必须立足现实、直面生活、扎根人民、拥抱社会。"傅雷杯"全国文艺评论征文大赛这一平台的设立，吸引了全国广大文艺评论工作者汇聚真知灼见，激发思想活力，体现评论能量，为文艺繁荣和文化建设提供全方位、多层面、多角度的智力支持，从而推动文艺评论工作的整体化构建，促进文艺评论的高质量发展。与此同时，更为文艺评论界与社会各界之间提供了共享平台、共有视域和共同发展的可能性。

本次征文，共收到符合征稿要求的作品153篇，分别来自全国26个省、市、自治区和香港特别行政区。虽数量不多，但范围很广。党的十九大报告指出，中国特色社会主义进入新时代，我国社会的主要矛盾已经转化为人民日益增长的美好生活需要和不平衡不充分的发展之间的矛盾。人民对美好生活的需要，不仅是对物质文化生活的更高要求，更是对精神文化生活的更高要求。通过本次征文，我们对这一科学论断有了更具体、更明晰的认识和更深刻、更广泛的理解。在153篇应征作品中，来自文科高校、文艺研究机构、文化报刊、文艺院团等的"圈内"文章约占总数的40%，来自非文艺界和非学术界人士的"圈外"文章则约占总数的60%。显然，这在一定程度上打破了文艺评论"曲高和寡"，是"高端"文体和"冷门"领域的传统思维，令人看到了社会大众对优秀文艺评论的渴望，并不亚于对优秀文艺作品的需求的现实。"圈外"作品虽在专业度上存在不足，在成熟度上略有欠缺，但态度诚恳、愿望美好、直面现实、抨击时弊，能对当代各艺术门类的作品、现象和思潮直抒己见，表现出文艺评论应有的坦率和大胆，展现出当前评论所缺的"剜烂苹果"的战斗力和说服力。其中的不少话题超过了文艺的范围，涉及宏观文化政策、国际文化交流、电子商务文化，还有视听技术进步、演艺器材的进化与创作、审美之间的新型关系,等等。相信这些"圈外"作品所显示的诚意、交流的愿望和朴质的文风,对"圈内"人士也有一定的启发作用和借鉴价值。

从评选结果看,"圈内""圈外"获奖作品各20篇,各占获奖总数的50%。我们进而可从本次征文的高"圈外"投稿率看出,社会大众参与文艺评论的热情开始或已经上升,显现出中国特色社会主义经济社会发展过程中的一个良好态势和未来趋势——人们对精神文化生活的需求已从单向欣赏向双向交流迈进,从主动获取评论向主动创造评论发展。及时地发现这一态势,认真地把握这一趋势,有助于我们进一步坚持正确导向、提升服务自信,从工作理念、决策、举措到平台、资源全方位地向社会开放、向公众覆盖,以更广泛地提升人们的文化使命感,更深刻地加强社会责任感。我们相信,若"傅雷杯"全国文艺评论征文大赛能得到持续运作,将对文艺评论突破小众框架、越过狭窄藩篱,拓展和辐射到整个社会起到积极的作用。文艺评论与文艺创作同样能滋润人心。因此,用明德引领风尚不仅是文艺工作者、文艺评论工作者的事,更是人人可为、人人应为的事。在这个美好愿景实现前,文艺评论工作者必须清醒认识并作出努力——既要主动当好文艺作品与人民群众之间的"摆渡人",又要自觉成为与人民群众互相学习、彼此提升的"同渡人"。

"傅雷杯"全国文艺评论征文大赛的举办,也是上海文化群团近年来深化改革、转变观念、延伸手臂、扩大覆盖,切实增强党的群团组织的政治性、先进性、群众性的一项举措。自2016年群团改革试点以来,上海市文联、市作协、市评协等坚持问题导向,强化服务意识,认真调研了本市文艺评论的现状与特点,分析了做好评论工作的规律和趋势,突破了"专家协会"的传统模式和"精英圈子"的固化思维,更新服务理念,加强顶层设计,下沉工作重心,改善工作方法,努力推进为"家、者、界"服务的均衡度,一方面保持上海作为文艺评论重镇的地位和影响,保持"前浪"的高度和力度;另一方面发现、培育更多新的文艺评论人才，为他们提供业务成长的机会和价值实现的平台，提升"后浪"的能力与活力。与此同时，我们加强了对业余文艺评论工作者、爱好者的关注，运用互联网发表、开放式讲座、评论家与爱好者互动沙龙等形式，让文艺评论回归社会，服务大众，将社会公众的评判度和自身社会价值的实现度作为检验我们工作的主要标准。群众在哪里，群团工作就应该到哪里、在哪里。通过本次征文评选，我们清晰地看到群众正向文艺评论"行进"和"扎堆"，征文的过程和结果，表明我们较有成效地鼓励了群众文艺评论的热情，按照习近平总书记在中国文联十大、中国作协九大开幕式上的要求，"把人民群众中蕴藏的创作能量激发出来，推动文艺事业呈现百花齐放的繁荣景象"①。

另一方面，群众文艺评论的繁荣和发展也能倒逼文化群团深化改革、实现进步。通过向社会开放、向群众学习，文化群团和专业协会能进一步"转职能、转方法、转作风"，文艺评论工作者能自觉地转变学风、文风、评风，实现与社会诉求、群众期待的一致。我们进而认为，通过文艺评论工作，让作家艺术家及其作品更自觉地接受人民群众的检验，只是初步的任务；而让人民群众更主动地对作家艺术家及其作品进行评判，做到两者相向而行、融为一体，才是终极的使命。

傅雷先生是中国现代文化名人，他的故居就在浦东的航头镇。征文大赛冠以傅雷先生之名，一是为了用好浦东文化资源，打响上海文化品牌，推进中国特色社会主义国际文化大都市建设；二是为了弘扬傅雷文化精神，尊崇高尚人格风范，推动当代文艺评论按照习近平总书记在文艺工作座谈会上所要求的那样，一方面"继承创新中国古代文艺批评理论优秀遗产"，一方面"批判借鉴现代西方文艺理论"，"运用历史的、人民的、艺术的、美学的观点评判和鉴赏作品，在艺术质

---

① 习近平:《在中国文联十大、中国作协九大开幕式上的讲话》，北京：人民出版社，2016年，第21页。

量和水平上敢于实事求是,对各种不良文艺作品、现象、思潮敢于表明态度,在大是大非问题上敢于表明立场,倡导说真话、讲道理,营造开展文艺批评的良好氛围"[1]。

傅雷先生学贯中西,不仅专业精深而且涉猎广泛,除翻译了大量西方文艺名著,撰写了许多思想深刻、文笔优美的评论作品,《傅雷家书》谈艺术、谈人生、谈道德、谈理想,学识广博、哲理深邃、情感真挚、个性挥洒、笔调优美,完全可视为一篇篇真诚、亲和、爱憎分明、激浊扬清的文艺评论文章来读。所谓"士以弘道",傅雷先生的文艺评论充分体现了他对先进文化的追求和对高尚人格的锤炼,表现了他对社会理想的憧憬和对人类美好未来的执着进取、永不言歇的精神。在大力推动文化大发展大繁荣,奋发建设文化强国的新时代,我们以傅雷先生之名,旨在倡导健康真诚的文艺评论,营造健康和谐的文化氛围,提升公众文化素质,提高全民道德修养,推动社会文明进步,可谓正逢其时、正当其势、正发其力、正见其效。广大文艺评论工作者理应明确形势,承担使命,把握契机,以傅雷先生为楷模,尊其道德风范,扬其文化精神,切实担起以文化人、以文育人、以文培元的使命,争做真善美的追求者、发现者、创造者与传播者,通过自己的思想和行动"传递真善美,传递向上向善的价值观,引导人们增强道德判断力和道德荣誉感,向往和追求讲道德、尊道德、守道德的生活",按照习近平总书记所要求的"明大德、立大德",树立高远理想追求,培养深沉家国情怀,成为对国家、对民族、对人民有贡献的评论家;成为坚守高尚职业道德,勤下苦功,练成真功,勇于建功的爱业、勤业、精业的文化人;成为自觉践行社会主义核心价值观,讲品位、讲格调、讲责任,坚决抵制庸俗、低俗、媚俗的人类灵魂工程师。

---

[1] 习近平:《在文艺工作座谈会上的讲话》,北京:人民出版社,2015年,第30页。

为人民创作 为时代讴歌

柳　萍　中国戏剧家协会副主席
　　　　宁夏回族自治区文化和旅游厅副厅长

2014年，习近平总书记在全国文艺工作座谈会上发表重要讲话，围绕社会主义文艺的繁荣发展，深刻阐释了文艺与人民的辩证关系，指出要坚持以人民为中心的创作导向，为新时代中国特色社会主义文艺事业的发展指明了方向、明确了目标、提出了要求。2019年，习近平总书记在看望参加全国政协十三届二次会议的文化艺术界、社会科学界委员时发表重要讲话，再次强调："要坚持以人民为中心。一切成就都归功于人民，一切荣耀都归属于人民。"以人民为中心是习近平总书记治国理政的核心理念，它熔铸于中华民族伟大复兴的历史进程，体现在党中央战略部署的方方面面，落实在经济社会发展的各个环节，是中国共产党全心全意为人民服务的根本宗旨的最直接反映，是中国共产党人责任担当的最有力彰显，也是实现全面建成小康社会的重要要求。

2018年，习近平总书记在全国宣传思想工作会议上作出了"宣传思想战线正本清源的任务已取得重大成效，现在进入了守正创新的重要阶段"的历史判断，标志着我国社会主义文艺事业的发展进入了新阶段、迎来了新机遇、开启了新征程。习近平总书记在党的十九届四中全会上提出:"坚持和完善繁荣发展社会主义先进文化的制度,巩固全体人民团结奋斗的共同思想基础。"为推动文艺领域的深化改革、繁荣发展构建了框架体系,立起了"四梁八柱"。"文章合为时而著,歌诗合为事而作。"所谓为时为事者,就是要发时代之先声,在时代发展中有所作为。新时代呼唤新气象,新使命需要新担当,新要求倒逼新作为。未来发展的蓝图已经绘就,处在这样一个新的历史方位和时代坐标上,如何坚持以人民为中心的导向,守正不渝、创新不止,探索文艺事业发展的新路径,推出更多无愧于人民、无愧于时代的精品力作,繁荣发展社会主义文艺事业,自觉承担起"举旗帜、聚民心、育新人、兴文化、展形象"的使命?对于活跃在文艺战线上的同志们来说,是必须深入思考的问题,也是重点实施创作的主题,更是伟大时代赋予的命题。

近年来,特别是党的十八大以来,宁夏在文化和旅游部的大力支持下,认真贯彻中央和自治区党委政府的决策部署,以满足人民精神文化需求作为文艺工作的出发点和落脚点,全方位推进实施文艺精品创作工程,创作上演了一批讴歌时代、礼赞家乡、弘扬正气,贴近群众、贴近生活、贴近基层,在全国都具有较大影响力的精品力作,为全区各族群众团结奋斗、建设家乡提供了精神滋养,为讲好宁夏故事、提升宁夏影响注入了文化内涵。

一、坚持正确导向,弘扬主流价值

习近平总书记指出:"文学艺术创造、哲学社会科学研究首先要搞清楚为谁创作、为谁立言的问题,这是一个根本问题。人民是创作的源头活水,只有扎根人民,创作才能获得取之不尽、用之不竭的源泉。"[①]

[①] 习近平:《一个国家、一个民族不能没有灵魂》,《习近平谈治国理政》,北京:外文出版社,2020年,第323-324页。

文艺创作形式可以百家争鸣、艺术表现的方式可以百花齐放，但创作的起点都应是人民的需求，所有创作的目的都应是为人民所接受和赞赏。近年来，宁夏把传承优秀文化、弘扬中国精神、传播主流价值、凝聚人心力量作为文艺创作的神圣职责，把坚守正确价值导向作为文艺创作的头等大事，引导全区广大文艺工作者树立正确的历史观、民族观、国家观、文化观，自觉讲品位、讲格调、讲责任，自觉遵守国家法律法规，加强道德品质修养，坚决抵制低俗庸俗媚俗，用健康向上的文艺作品陶冶情操、启迪心智、引领风尚。每年从征集选题开始，各级党委及政府相关主管部门就提出具体创作需求，优先选择能够发挥高台教化作用、引领良好社会风尚的创作选题；在年度立项之中，邀请各方专家对剧本（大纲）进行评审，强力扶持弘扬主流价值的文艺创作项目；在初步创排完成后，再次组织有关专家现场看戏，对作品的思想性、艺术性、观赏性进行系统性、综合性评估验收。近年宁夏推出的作品中既有传达扶危济困博爱情怀的《宁夏好人》《闽宁镇移民之歌》，也有讴歌民族团结大爱精神的《丝路天歌》《回族干娘》；既有表达惩恶扬善传统美德的《卧虎令》《白蛇传》，也有反映矢志不移追求革命胜利的《花儿与号手》《红旗漫卷六盘山》等。这些作品演出后，均受到区内外广大观众的普遍喜爱。

二、贴近群众生活，彰显地方特色

习近平总书记在看望参加全国政协十三届二次会议的文化艺术界、社会科学界委员时的讲话中指出：文化文艺工作者要走进实践深处，观照人民生活，表达人民心声，用心用情用功抒写人民、描绘人民、歌唱人民。社会实践是艺术创作取之不尽的灵感富矿，现实生活是一切文艺用之不竭的动力源泉；深入生活、扎根人民，不仅是文艺创作的必由之路，更是文艺价值的基点基石，深入的程度决定情怀的温度，扎根的深度决定立意的高度。近年来，宁夏打造出的每一部作品，可以说都是从宁夏的文化土壤中生长出来的，并具有浓郁的宁夏风味和厚重的泥土芳香。如宁夏秦腔三部曲《花儿声声》《狗儿爷涅槃》《王贵与李香香》，民族舞剧三部曲《月上贺兰》《花儿》《九州花儿美》，扶贫题材话剧三部曲《铁杆庄稼》《回民干娘》《闽宁镇移民之歌》，已在国家级高端平台频频亮相、揽获大奖，并在全国各地多次巡演后赢得业内专家的肯定和广大观众的叫好。这些作品均取材自宁夏各族人民投身革命斗争、经济建设，决战脱贫攻坚、奋斗小康社会伟大历史进程中的故事，大都有原型人物并为广大群众所熟知。

三、狠抓文艺惠民，服务基层群众

习近平总书记强调：要坚持以精品奉献人民。一切有价值、有意义的文艺创作和学术研究，都应该反映现实、观照现实，都应该有利于解决现实问题、回答现实课题。文艺必须为人民服务，脱离了人民群众，文艺就成了无源之水、无本之木。宁夏广大农村地区特别是经济欠发达的南部山区，文化活动相对单一、文化供给相对不足。为进一步丰富基层群众文化生活、保障基层群众基本文化需求，自治区党委、政府近年来将"送戏下乡"等活动纳入城乡基本公共文化服务体系建设的重要内容，并列入每年"10项民生计划及为民办30件实事"之"文体促进计划"重要项目，安排每年实施文化惠民"送戏下乡"演出1600场（次）。人民文艺为人民，是宁夏文艺工作者的信念和担当。自1984年以来，宁夏文化大篷车就成为我区文艺战线的一面旗帜，是宁夏文化建设的亮丽名片。"雷厉风行改革、艰苦奋斗创业、一心一意为民"的精神，感召着一代又一代的宁夏文艺人。他们翻山越沟、进村入户，吃农家饭、住车马店，"一身土、两脚泥"，就为能给山区群众送去一场精彩演出。各文艺团队积极响应党和政府号召,坚持以偏远农村、贫困群众为重点服务对象,运用流动服务车组建演出小分队,克服困难深入贫困乡村,通过送戏进村有效缓解了贫困乡村群众文化生活匮乏的现状,实现了全区2217个行政村全覆盖。2020年6月上旬,习近平总书记来到宁夏视察,对宁夏的发展给出了新定位、明确了新目标、赋予了新使命、提出了新要求。宁夏文艺界要敢发时代之先声,争当前进之尖兵,抓住机遇、借势扬帆、乘势发力,紧紧围绕举旗帜、聚民心、育新人、兴文化、展形象的使命任务,明方向、正导向、转作风、树新风、出精品、育人才,在正本清源上展现新担当,在守正创新上实现新作为,创作推出更多讴歌党、讴歌祖国、讴歌人民、讴歌英雄的精品力作,用心用情用功抒写伟大时代的壮美诗篇。

首先,要着力做好"培根铸魂"的文章。习近平总书记在看望参加全国政协十三届二次会议的文艺界、社会科学界委员时的讲话中强调:要坚持与时代同步伐。中国特色社会主义进入了新时代。希望大家承担记录新时代、书写新时代、讴歌新时代的使命,勇于回答时代课题,从当代中国的伟大创造中发现创作的主题、捕捉创新的灵感。在宁夏今后的文艺创作工作中,我们要紧扣习近平总书记视察宁夏时的重要讲话精神,围绕全面建成小康社会目标任务,以建设黄河流域生态保护和高质量发展先行区为主线,以深化改革开放、决战脱贫攻坚、促进民族团结和生态文明建设等为主题,动员和组织全区专业及业余文艺工作者,切实把思想和行动统一到习近平总书记重要指示精神上来,自觉承担起文艺工作者的崇高使命和任务,做好优秀文艺作品的创作生产和服务供给,实现量的合理增长和质的稳步提升,深刻反映我们这个时代的历史巨变,描绘我们这个时代的精神图谱,为时代画像、为时代立传、为时代明德。

其次,要着力做好"凝心聚力"的文章。习近平总书记指出:"人心是最大的政治,共识是奋进的动力。实现'两个一百年'奋斗目标、实现中华民族伟大复兴的中国梦,需要汇聚全民族的智慧和力量,需要广泛凝聚共识、不断增进团结。"[1]实现"两个一百年"奋斗目标、实现中华民族伟大复兴的中国梦,文艺的作用不可替代,文艺工作者大有可为。四年前,习近平总书记来宁夏视察指导工作,提出了"社会主义是干出来的""走好我们这一代人的长征路"的重要论断。宁夏的文艺工作者乘势发力,创作排演了秦腔现代戏《王贵与李香香》《擎天一柱》、话剧《闽宁镇移民之歌》、音乐剧《花儿与号手》、音舞诗画《红旗漫卷六盘山》等一大批展现塞上各族儿女团结奋斗的文艺精品,为建设美丽新宁夏注入了强大精神动力。习近平总书记2020年来宁,提出了"要把为民造福作为最重要的政绩","社会主义是干出来的,幸福是奋斗出来的"等重要观点,本身就是以人民为中心理念的重要体现,对宁夏的发展寄予厚望。对于宁夏的文艺工作者来说,应当以此为契机深入群众、深入基层,创作更多讴歌时代、赞美人民、凝聚力量的精品力作,为决胜全面建成小康社会、决战脱贫攻坚提供强大精神动力,为建设好经济繁荣、民族团结、环境优美、人民富裕的美丽新宁夏再建新功、再创佳绩。

再次,要着力做好"夯基垒石"的文章。展望宁夏今后的文艺创作,除了需要延续以往良好的工作机制,还须继续加大制度建设和机制创新力度,为文艺事业高质量发展保驾护航。要加强顶层设计,加快制定全区"十四五"艺术创作规划,明确创作重点和方向、筛选优秀作品和服务项目,制定扶持措施和办法,引导艺术创作繁荣发展。要积极推进文艺创作供给侧结构性改革、创新文化惠民模式,实施"宁夏文化大篷车"下基层演出活动,赋予"宁夏文化大篷车"新的时代内涵,推动党的创新理论"飞入寻常百姓家","种"到群众心坎里,

---

[1] 习近平:《一个国家、一个民族不能没有灵魂》,《习近平谈治国理政》,北京:外文出版社,2020年,第326页。

不断丰富演出内容、提升节目质量，满足群众日益增长的精神文化需求，缓解城乡文艺供给不平衡的矛盾。此外，要深化国有艺术院团体制改革、大力扶持民营文艺院团发展，扩大文艺供给主体规模、拓宽文艺供给传输渠道，充分发挥民营文艺院团活跃基层文化、服务农村群众的作用，让更多优秀文艺产品惠及群众、鼓舞群众。